고객전략리더를 위한

CRM 에센셜

고객전략리더를 위한

CRM 에센셜

김형수 지음

한나래플러스

고객전략리더를 위한
CRM 에센셜

지은이 | 김형수
펴낸이 | 한기철

2014년 10월 10일 1판 1쇄 박음
2014년 10월 20일 1판 1쇄 펴냄

펴낸곳 | 한나래출판사
등록 | 1991. 2. 25 제22-80호
주소 | 서울시 마포구 월드컵로3길 39, 2층 (합정동)
전화 | 02-738-5637 · 팩스 | 02-363-5637 · e-mail | hannarae91@naver.com
www.hannarae.net

published by Hannarae Publishing Co.
Printed in Seoul

ISBN 978-89-5566-176-7 03320

* 이 도서의 국립중앙도서관 출판시도서목록(CIP)은 e-CIP 홈페이지(http://www.nl.go.kr/ecip)와 국가자료공동목록시스템(http://www.nl.go.kr/kolisnet)에서 이용하실 수 있습니다. (CIP제어번호: CIP2014028655)

* 본 연구는 한성대학교 학술연구지원비에 의해 수행되었습니다.

머리말

이 책은 CRM을 전사적인 고객경영전략이라는 관점에서 해석하여 고객전략을 고민하는 미래 경영자를 위해 "이 정도는 고객전략 상식으로 알고 있어야 할" 내용만을 추려 직장인들에게 알기 쉽게 제공하고자 하는 목적에서 기획되었다. 직접적인 동기는 저자가 2009년에 출간한 대학교재용 CRM 서적인 ≪CRM 전략: 원리와 응용(영출판사)≫이 원래 의도와는 다르게 대학보다는 기업에 더 많이 보급됨으로써 많은 독자들로부터 일반인이 이해하기 쉬운 용어로 간추린 버전을 집필해 달라는 요구가 있어 왔기 때문이다.(이 지면을 통해 해당 독자분들께 약속을 늦게 지키게 되어 죄송하다는 말씀을 드린다.) ≪CRM 전략: 원리와 응용≫은 대학에서 주당 3시간씩 한 학기 동안 진행하는 교과목을 염두에 두고 기획했기 때문에 단계적으로 학습하기에는 적절할 수 있으나, 분량이나 내용면에서 직장인이 쉽게 읽고, 알아야 할 사항만을 빠르게 체득하기에는 적절하지 않았다. 이러한 점을 인식하고 2010년부터 사단법인 한국CRM협회에서는 직장인들을 대상으로 'CRM 에센셜'이라는 하루짜리 핵심요약 강좌를 운영하여 왔다. 따라서 이 책은 'CRM 에센셜'의 강의 내용을 책으로 집필한 것이라고도 할 수 있다.

그러나, 이 책은 그 교재의 핵심적인 내용을 정리한 것 외에도 고객전략이라는 테마 아래 20가지 유형의 CRM 전략들을 추가로 기술했다. CRM 분야의 전공자가 아니어도 CRM 업무를 맡는 경우가 많기 때문이다. 또한, 이 책에서는 필자의 16년간에 걸친 CRM 연구, 교육, 컨설팅 과정에서 얻은 경험과 노하우를 가급적 많이 담으려고 노력하였다. 필자는 그 동안 40여 개에 달하는 기업의 CRM 관련 분야 컨설팅을 주도해 왔고, 몇몇 기업에 대해서는 CRM 실무자들과 4, 5년간 해당 기업의 CRM 전략을 함께 기획·실행·평가하는 학자로서, 컨설턴트로서 매우 영광스러운 과정을 경험해 보았다. 이러한 과정에서 필자는 현실적으로 쉽지 않은 것들, 불가능한 것들, 실행하면 빠르게 성과가 나타날 수 있는 것들을 더 잘 이해할 수 있게 되었다. 다소 사견으로 들릴지 모르는 필자의 이러한 주장들이 이 책 곳곳에 담겨 있다.

이 책을 집필하는 동안 편집파일 맨 위에는 "쉽게, 간단하게!!"라는 큼지막한 문구가 자리하고 있었다. 글을 쓰다 보면 자꾸 본래 의도와는 다르게 지나치게 상세한 내용을 담게 되는 필자의 좋지 않은 습관 때문에 집필과정에서 자주 상기하자는 의도에서 적어 놓은 것이다. 사실 이 책의 내용이 비전문가를 위해 얼마나 배려되었는지 솔직히 판단하기 어렵다. 그렇다고 하여 읽고 난 후에 "CRM이 중요하다는 사실은 알겠는데 도무지 남는 게 없다."라는 정도로 공허한 개념만 기술하거나, 기존의 지식들을(앞뒤가 맞지 않는 논리로) 짜깁기 하는 수준의 얄팍한 상술의 서적을 만들고 싶지는 않았다. 따라서, "쉽게, 간단하게!!"의 원칙을 지키고자 했지만,

어느 부분에서는 다소 깊게 들어가는 부분이 있을 것이다. 그것은 그럴 만한 내용이므로 과감하게 넘어가기를 당부한다.

저자는 이 책이 가뜩이나 넘쳐나는 수백 종의 고객관련 트랜드 서적 중 하나가 되지 않기를 진심으로 바란다. 그보다는 단 한 사람의 비전문가 혹은 일반 직장인이라도 CRM이나 고객경영전략이 왜 그들의 현재 업무와 연계될 수밖에 없는가를 이해하는 계기를 마련해 준다면 그것만으로도 이 책의 목적은 달성되었다고 생각한다. 그러한 과정이야말로 국내 기업들이 진정한 고객경영 역량을 갖춰 나가는 계기가 될 것이라고 믿기 때문이다.

저자 김형수

차례

PART I.
CRM 제대로 이해하기

PART II.
CRM 기반 지식

PART IV.
CRM 실무전략

PART V.
성공적인 CRM 수행조건

왜 또 CRM인가? 왜 CRM을 고객전략이라는 새로운 범주로 이해해야 하는가? PART Ⅰ에서는 이러한 본질적인 질문에 대한 답변을 제시하고자 한다. 이러한 해답을 유추하기 위해서는 먼저 고객전략으로서 CRM의 정의를 정확히 파악하여, CRM이라는 경영전략도구가 제시하는 기능과 적용범위를 이해해야 할 것이다. 아울러 CRM 전략을 뒷받침하는 다양한 핵심이론들은 CRM의 기저에 놓인 철학과 원리를 이해하는 데 도움을 줄 것이다.

따라서, CRM 전략의 일반론에 해당하는 PART Ⅰ의 내용들은 CRM이 왜 전사적인 고객전략일 수밖에 없는지를 이해함으로써, 마케팅이나 CRM 유관 부서 임직원뿐만 아니라 고위 경영자와 다른 직무의 임직원들도 왜 CRM을 잘 이해하고 있어야 하는지 그 근거와 배경을 제시해 줄 수 있을 것이다.

PART I

CRM
제대로 이해하기

01

전사 고객경영전략으로서의 CRM

■■ 전사전략으로서의 CRM 정의

먼저 CRM의 의미에 대해 살펴보자. CRM은 우리말로 '고객관계관리', 즉 Customer Relationship Management의 약자이다. CRM에 대한 정의는 다양한 시각에 따라 여러 가지로 해석되어 왔다. 필자는 2007년 한국표준협회의 의뢰를 받아 CRM의 개념과 원리, 응용기술 등을 집대성하여 표준화된 교재를 개발하였는데, 이 과정에서 국내외의 수많은 CRM 정의를 검토하여 다음과 같은 표준화된 정의를 내리게 되었다. 현재 많은 학계와 업계에서 이 정의를 CRM의 표준화된 정의로 사용하고 있다.

ESSENTIAL

CRM이란?

기업의 다양한 자원과 역량을 활용하여 고객과의 관계획득, 유지 및 강화 등 전체 고객생애주기에 걸쳐 고객과 기업 상호 간의 이익극대화를 추구하기 위한 기업의 모든 경영활동의 기반이 되는 경영전략 또는 패러다임이다.

CRM의 정의만 제대로 이해한다면 CRM에 대해 90% 이상을 파악했다고 해도 과언이 아니다. 중요한 개념을 살펴보면, 첫째, CRM은 정보기술(IT)뿐만 아니라 인적자원, 기업의 보유 기술, 뛰어난 조직문화, 고객지향적 조직체제, 효율적인 업무 프로세스 등 다양한 기업의 자원과 역량(resource and capability)을 활용한다는 것이다.

둘째, 기업의 이윤창출과정을 고객과의 관계형성과 유지 및 강화과정으로 봄으로써 이러한 관계진화과정 전체를 고려한다. 즉 새로운 고객을 획득하고, 획득한 고객에게는 반복구매를 유도함으로써 잘 유지하며, 기존고객들과의 관계를 강화하여 서로 윈-윈(win-win)하고자 하는 전략을 포함한다. 기업전략을 고객관점에서 보았을 때 모든 경영활동은 고객획득, 유지 또는 강화를 지원하는 활동이라고 볼 수 있다. 신제품 개발이나 생산활동도 마찬가지다. 어떤 새로운 제품이 시장에 출시된 후 주로 새로운 고객을 획득하는 이른바 미끼상품으로 작용한다면 그 제품의 생산은 관계획득 활동의 일환으로 볼 수 있고, 유독 일정 거래기간이 지속된 기존고객들로부터만 매출이 발생한다면 그것은 관계유지활동의 일환으로 볼 수 있다는 것이다.

셋째, CRM은 기업의 수익성만을 극대화시키거나 반대로 고객이 원하는 바를 무조건 충족시키려는 노력이 아니라, 기업과 고객 양자 간의 공정한 가치(fair value)의 균형을 유지한 채 이러한 공정가치의 수준을 극대화시키는 것을 목표로 삼는다.

마지막으로 네 번째는 CRM은 특정 부서의 업무기능만을 지원하는 것이 아니라, 고객과 직간접적으로 연관된 모든 경영활동의 기반으로 작용해야 한다. 여기에는 R&D · 조달 · 생산 · 물류 기능도 포함되며, 심지어는 재무나 인사관리 영역까지 포함될 수 있다.

이제 보다 실무적인 관점에서 CRM의 정의를 살펴보자. CRM은 고객 및 매출 데이터에 대한 체계적인 분석과 전략기획을 통해 신규고객 창출 방안을 마련하고, 기존고객의 반복구매를 유도하며, 안정된 고객과의 유대강화를 통해 자사의 핵심고객 기반을 넓힘으로써 기업의 지속적 경영을 가능하게 하는 것이다. 한마디로 고객을 총체적인 관점에서 분석하고, 전략을 수립할 수 있는 조직의 기능을 의미한다. 따라서 CRM은 간접적으로 모든 경영활동기능에 연결되지만, 보다 직접적인 업무기능으로 본다면 고객접점에서 운영되는 "고객중심적인 마케팅, 영업, 고객서비스 전략체계"를 의미한다고 볼 수 있다.

기업관점에서 CRM의 전략적 목표는 다소 거창하게는 '고객자산가치(customer equity)'의 증대이고, 현실적으로는 영업이익(율)의 증대이다. 영업이익이 증대되기 위해서는 본질적인 사업영역, 즉 고객으로부터의 매출이 증대되는 동시에 이를 위해 소요되는 비용은 절감되어야 한다. 이 때문에 종종 CRM의 단기적 목표 중 하나로 마케팅 및 영업비용의 절감이라는 키워드가 자리잡는다.

한편, 앞에서 논의한 바와 같이 기업과 고객 간의 공정가치는 CRM의 핵심이므로 고객관점에서 스스로 공정하다고 판단되는 주고받기는 CRM의 필수조건이다. 다시 말해, 기업 내부에서 아무리 데이터 분석이나 전략기획이 제대로 수행되었다 하더라도 그 자체로는 고객에게 아무런 의미가 없으며, 고객들은 단지 그들이 느끼는 구매가치, 브랜드 가치, 관계가치의 고객가치요소들을 경험하는 차원에서 기업을 평가하기 때문에 고객만족은 CRM의 또 다른 한 축이라고 할 수 있다.

지금까지 CRM의 개념과 정의를 살펴보았다. CRM은 고객과 직접적으로 관련된 모든 경영활동을 총괄지원하기 위한 기능들을 포함하므로 모든 기업들이 추진해야 할 과제로 봐야 한다. 현재 CRM을 추진하는 기업이라면 이러한 정의와 개념 자체는 대부분 알고 있을 것이다. 그러나 현실을 보면 말 그대로 '정의 따로 실천 따로'인 경우가 허다하다. 즉 CRM이 추구해야 할 궁극적인 모습은 알고 있지만, 정작 자신의 기업에서 CRM을 실천하는 모습은 매우 제한적이거나 협소한 범위 내에서 전개되고 있다. 그 이유는 대부분 CRM에 대한 잘못된 인식에서 출발한다.

■■ CRM의 오해에서 벗어나자

CRM이라는 용어가 경영활동에 도입된 지 20여 년이 흘렀다. 이론적으로는 그 개념과 정의가 본질적인 고객전략의 의미로 진보되어 왔지만, 실무에서는 여전히 CRM의 본질을 제각기 해석하는 시각이 존재한다. 오해에서 비롯된 실무자들의 CRM에 대한(주로 뒷담화 형태로 거론되는) 부정적인 견해들을 몇 가지만 묘사해보자.

"결국 고객만족 아니야? 고객지향적이지 않은 기업 있으면 나와 보라고 그래…"

"말이 좋아 전사전략이지. 그래 봤자 DB 분석하는 것 아니겠어?"

"CRM? 그거 고객등급 나누고 멤버십 프로그램하자는 거 아니야? 돈만 많이 들고 성과는 없다는데…"

"CRM에서 왜 그런 것까지 걱정하지? 자네들 할 일은 분명하지 않나? 오버하지 말게."

이러한 현상의 기저에는 CRM을 고객중심적인 비즈니스 전략의 본질적인 메커니즘으로 이해하기보다 자신만의 시각으로 해석한 단편적인 CRM의 모습이 자리잡고 있다. 많은 사람들의 머릿속에 그려지고 있는 단편적인 CRM의 개념은 크게 네 가지 중 하나일 것이다.

첫째, CRM을 고객데이터를 관리하는 정보시스템으로만 인식하는 것이다. CRM이라는 것을 하나의 IT 산업이라고 판단하는 이들의 대표적인 식견이며, 이러한 식견은 지난 20여 년간 CRM이라는 용어를 많은 기업들에 전파시킨 일등공신이었다는 점을 부인할 수 없다. 그러나, 사실 돌이켜보면 이미 몇 십 년 전부터 부분적이나마 고객관련 데이터를 관리할 수 있었던 마케팅 혹은 영업관련 경영정보시스템(MIS) 모듈이 존재하였던 바, CRM을 고객관련 정보시스템이라고 해석한다면 이것은 최신 트랜드에 어울리도록 그럴싸한 명칭으로 탈바꿈한 것에 지나지 않을 것이다.

둘째, CRM을 단순히 기존고객들을 케어(care)하는 사후서비스 정도의 역할로 한정짓는 것이다. 여기에는 거래지향적이기보다 관계지향적인 기업의 마케팅 활동이 치열한 경쟁상황하에서 장기적인 성과를 가져온다는 방어적 경영전략의 일종인 관계마케팅 이론이 자리잡고 있다. 관계마케팅은 CRM을 전략으로 바라볼 수 있는 근본적인 이론적 뿌리 중 하나임에는 분명하지만, 모든 기업환경하에서 관계지향적 접근이 성과를 가져오는 것이 아니며, 자칫 CRM은 무조건 "장기적인 전략이다." 또는 "CRM은 고객을 사랑하는 것이다."라는 밑도 끝도 없는 허상으로 각인시킬 소지가 다분해진다. 또한, 관계지향적 접근방식에서만 보았을 때 CRM은 쉽게 말해 일종의 '사람관리'이기 때문에 경영에서 중요한 업무라는 점은 맞지만, 이를 다시 생각해보면 사업이 번창할 때는 다른 경영활동에 비해 우선순위에서 밀려 소외되기 쉬운 활동임을 의미하기 때문에 특별히 투자할 대상은 아니라고 판단하는 경우가 많다. 여전히 많은 기업에서 CRM 기능을 일반 부서의 작은 파트로 구성하거나 혹은 한두 명의 담당자를 지정하여 운영하는 것은 이러한 맥락에서 이해할 수 있다.

셋째, CRM을 멤버십 혹은 로열티 프로그램이라고 생각하는 경우이다. 로열티 프로그램은 포인트나 마일리지 축적을 통해 이탈장벽을 형성하거나, 고객들의 거래이력을 효과적으로 수집 활용할 수 있다는 면에서 유용한 마케팅 도구임에는 분명하다. 그러나, 이미 헤아릴 수 없을 정도로 만연된 멤버십 카드들과 회원제도들, 그리고 기존의 충성고객보다 신규고객에게 종종 더 많은 혜택을 부여함으로써 로열티 프로그램의 근본적인 취지를 무색하게 하는 일종의 '묻지마 고객 뺏어오기' 활동들은 로열티 프로그램의 근본적인 가치를 크게 떨어뜨리고 있다. 또한, 로열티 프로그램을 구축·운영하는 데 소요되는 비용과 기업 내에 누적되는 부채성 마일리지는 외형적으로나마 기업의 재무 건전성을 위협하는 요인으로 간주되고 있다. 따라서, CRM을 로열티 프로그램으로 생각하는 것은 로열티 프로그램의 실패가 곧 CRM의 실패라고 인식하게 됨으로써, CRM 자체에 대한 회의적인 시각을 갖게 되는 주요 원인이기도 하다.

넷째, CRM을 마케팅이나 영업활동을 지원하기 위한 하위 분석 기능의 일환으로만 보고자 하는 시각이다. 여기에는 데이터마이닝(data mining)이나 비즈니스 인텔리전스(business intelligence)와 같은 분석적 비즈니스 컴퓨팅이 핵심요소로 자리잡고 있다. 해당 분기의 이탈가능 고객들을 분석·추출하거나, 교차판매나 상승판매를 위한 상품연관성 분석을 수행하고, 때로는 신규 상품·서비스 출시에 대비하여 유효 고객군에 대한 프로파일을 형성함으로써 잠재목표 고객들을 추출하기도 한다. 총매출에 대한 지역별·직종별·연령대별·상품군별·고객 세그먼트별 등 각종 분류기준을 통해 매출 현황을 다각도로 분석하기도 한다. 이러한 분석기능들은 마케팅·영업활동에 있어서 근거 기반의 객관적인 의사결정을 가능하게 한다는 점에서 CRM의 주요 기능 중 하나임에는 분명하나, 이렇게 기능적인 활동 자체를 CRM으로 보는 관점에도 문제가 있다. 이러한 관점에서의 CRM이라면 통계패키지나 비즈니스 인텔리전스 시스템을 도입하고, 분석전문가만 활용하면 CRM은 가능한 것이겠지만, 실제로 분석 자체로는 아무런 변화가 일어나지 않기 때문이다. CRM에 대해 종종 "분석은 있는데, 액션은 없다.", "이것저것 많이 하는데 보여지지는 않는다."와 같은 비판적인 시각들은 이렇게 분석활동 자체가 CRM이라고 판단하는 논리에서 비롯되었을 소지가 크다.

물론 이렇게 통일되지 않은 CRM의 부분적인 실체들이 많은 기업들 속에 난립하게 된 데에는 자신들만의 전문영역을 전체인양 포장하여 주장해 온 일부 솔루션 벤더들, 컨설팅 기업들, 그리고 연구자들에게도 책임이 있을 것이다(필자도 그 중 하나였을 것이다). 그러나, 중요한 것은 엄연히 CRM 전략에 대한 판단과 수행 주체는 다름 아닌 기업이므로 기업 스스로가 CRM에 대한 오해에서 벗어나야 할 책임이 있다. CRM을 단편적인 시각으로만 해석하는 이상 CRM이란 조직의 상황과 여건에 따라 그때그때 그 중요성이 달리 평가되는 대상일 수밖에 없기 때문에 일종의 트랜드 이상의 의미를 부여하기 어려울 것이고, 이는 곧 그 기업에 전사적인 고객전략 체계가 자리매김하기 어렵다는 것을 예상할 수 있을 것이다.

■■ CRM＝전사적인 고객전략?

필자는 CRM을 전사적인 고객전략이라고 강조하고 있다. 그렇다면 왜 CRM이 전사고객전략이어야 하는가? 사실 요즘 '전사적(enterprise-wide 또는 company-wide)'이라는 말만큼 흔해빠진 단어도 없다. 다양한 형태의 컨설팅 펌이나 경영지원 IT 솔루션을 공급해왔던 벤더들 모두 그들의 제품에 '전사적'이라는 용어를 즐겨 사용했기 때문이다. 전사적 자원관리(ERP)나 공급망관리(SCM)도 그랬고, 6시그마나 지식경영(KM), 심지어는 전자상거래의 붐이 일었을 때도 마찬가지였다. CRM 분야 역시 마찬가지여서 세미나나 컨퍼런스, 또는 솔루션 발표회 등의 행사에 가보면 유독 '전사적'이라는 수식어를 그들의 발표제목에 붙여왔지만, 정작 내용을 들여다보면 '전사적'이라는 용어에 대한 구체적인 논리를 발견하기 어렵다. 그러한 실망감이 느껴지는 한편 "하긴, 결국 경영을 잘하자는 것인데 전사적이 아닐 건 또 뭐가 있나."라는 자조 섞인 위안도 삼아본다. 그럼에도 불구하고 CRM이 전사적인 고객전략이어야 한다는 논리에는 분명한 이유가 있다. 가장 큰 이유는 CRM 전략에 관련된 의사결정 사항은 모두 고객이라는 테마로 묶인다는 점이다. 다시 말해, 기업의 모든 부서기능들은 직간접적으로 고객과 관련이 있기 때문에 CRM이라는 전략체계에 완전히 자유로울 수는 없다는 것을 의미한다.

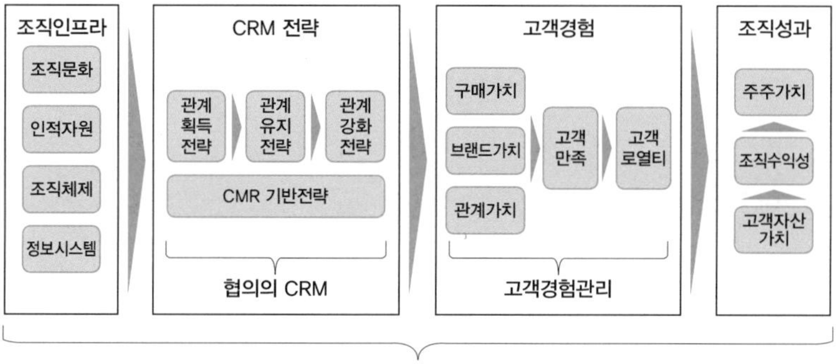

[CRM = 전사적 고객전략]

가령 CRM의 도구로 멤버십 프로그램을 도입한다고 가정했을 때, 일차적으로 멤버십 프로그램에 대한 기획과 운영의 책임은 CRM이나 고객전략팀에서 담당하겠지만, 이 제도가 원활하게 돌아가기 위해서는 많은 부서/팀의 공조가 필요하다. 당장 이에 대한 운영시스템을 정비하기 위해 IT팀과의 협력이 필요하고, 고객접점에서 계획된 멤버십 프로그램을 효과적으로 적용시키기 위해서 매장·지점에서의 협조가 필요하다. 고객 매출에 따라 누적되는 부채성 마일리지에 대한 회계관리를 위해 재무부서와의 협의가 필요하며, 멤버십 프로그램에서 제안하는 할인제도와 모순이 일어나지 않도록 여타 채널을 담당하는 영업부서와도 협의가 있어야 한다. 또한, 상품별로 기획되는 마케팅 메시지들과 충돌이 일어나지 않도록 상품라인별 마케팅 부서와의 협의 또한 절실하며, 멤버십 프로그램을 통해 수집된 고객니즈를 새로운 상품기획에 반영하기 위해 R&D 또는 신제품 개발부서와의 협력체제가 필요하다.

즉, CRM 또는 고객전략 전담팀이 이렇게 고객전략을 수행하는 데 필요한 일련의 프로세스적 기능들을 모두 포함하고 있지 않는 이상(현실적으로 불가능하다) 타 부서와의 공조체제는 불가피하다. CRM 전략의 이러한 특성 때문에 새로운 고객전략이 기획되는 당시에는 타 부서에서(겉으로는) 박수치는 분위기로 환영하지만, 실행의 단계, 즉 실제로 자신의 부서나 팀의 업무에 명백한 변화가 일어나야 하거나, 실질적인 자원을 지원해야 하는 시점에는 협조가 제대로 이루어지지 않아 해당 고객전략의 실행이 지연되거나 심지어는 원점으로 되돌아가는 경우도 종종 볼 수 있다. 이것이 저자가 기업의 CRM을 진단할 때 조직문화 관점에서 부서 간 협업문화도 함께 평가하는 이유이기도 하다. 전사고객전략을 위한 인프라 요소에 대해서는 16장에서 구체적으로 논의한다.

CRM이 전사적이어야 한다는 논리에는 막연히 전사적으로 중요한 개념이기 때문에 조직차원의 공감대를 형성해야 한다는 일종의 '주장'이 아니라도, 여러 부서기능들과의 밀접한 프로세스적 협동체계가 확보되어야만 한다는 분명한 운영적 특성이 존재한다. 한 단계 더 나아가자면, 전사적인 고객전략은 지엽적인 개별 상품이나 브랜드의 매출 극대화가 아니라, 고객자산가치라는 전사적으로 동의된 하나의 목표치를 지향한다는 것이다. 이는 곧 기업관점의 전사 고객자산가치 극대화를 위해서는 종종 개별 상품 또는 특정 브랜드의 희생이 뒤따를 수 있다는 것을 의미한다. 특정 상품의 성과를 끌어올리는 것이 오히려 고객들의 전체 고객자산가치에는 장기적으로 마이너스 효과를 가져오기도 하기 때문이다. 고객들의 주머니 사정이 한정되어 있다고 가정했을 때, 마케팅비용이 많이 소요되는 품목, 반복구매가 어려운 품목, 다른 상품과의 연계성이 떨어지는 일회성 품목들은 같은 매출이 늘어도 실질적인 고객들의 기여가치는 낮아 전체 고객자산가치에는 악영향을 주는 것으로 판명되었다.

02

CRM의 기능과 범위

CRM의 기능과 역할

전사범위의 고객전략을 지원하는 CRM이 기업 경영에서 구체적으로 어떠한 역할을 담당하게 될까? 이를 알기 위해서 먼저 CRM 프로세스와 전략순환고리의 개념을 짚어보자. CRM 프로세스에 대한 구체적인 이론적 배경은 3장에서 설명하겠지만, CRM의 정의에서 표현한 바와 같이 구매자와 공급자 간의 관계는 일정한 단계에 따라 진화한다는 점에 착안하여 기업의 고객전략활동들이 이러한 각 단계를 지원하는 일련의 전략적 행위들로 구성되어야 한다는 것을 의미한다.

한편, 전략순환고리는 모든 전략적 활동에는 계획(plan), 실행(do), 학습(see)의 과정이 존재하고, 학습된 지식을 바탕으로 다시 계획 단계로 피드백해주는 이른바 폐쇄된 순환고리(closed-loop) 형태의 활동들이 존재하는데, CRM 전략 역시 이러한 단계적 기능을 따라야 한다는 것을 의미한다.

먼저 CRM 프로세스 관점에서 보았을 때 CRM은 새로운 고객과의 관계를 창출하고, 기존고객과의 거래관계를 유지하며, 안정된 고객들과의 관계를 강화하기 위한 전략적 기능들을 제공한다(각 전략영역에 대한 구체적인 설명은 Part IV CRM 실무전략편에서 논의한다). 물론 이러한 관계진화과정에 따른 활동들을 지원하기 위해서는 모든 관계진화과정에 공통적으로 적용될 수 있는 일종의 기반 전략들이 필요하다. CRM 기반 전략이란 관계획득, 유지, 강화 등 모든 관계진화과정에 공통적으로 적용될 수 있는 일종의 CRM 인프라 전략이라고 할 수 있다. 여기에는 자사의 핵심고객을 구체적으로 정의하고 관리하는 활동, 적절한 분류기준에 따라 전체 고객을 세분화하고 각 세그먼트별 기준 전략을 수행하는 활동, 각종 마케팅 프로모션과 이벤트를 체계적인 절차에 따라 기획, 운영, 감독, 평가하는 활동, 여러 고객접점에서 수집되는 고객의 소리(voice of customer)를 획득, 대응, 지식화하는 활동, 기업의 CRM 활동을 지속적으로 감독, 평가, 보상해주는 활동, 그리고 주기적으로 고객만족도를 조사하여 내부 정책에 반영하는 활동 등을 포함한다. 이러한 CRM 기반 전략들은 직접적인 경영성과를 요구하는 관계획득전략, 관계유지전략, 그리고 관계강화전략들이 효과적으로 전개될 수 있도록 지원한다.

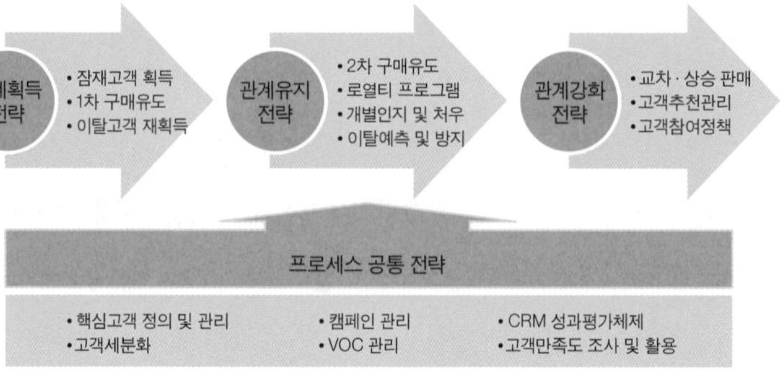

[관계진화 관점의 CRM 프로세스 전략]

관계획득전략은 쉽게 말해 신규고객을 창출하기 위한 활동이다. 즉 새로운 고객들이 신규매출을 일으키도록 하기 위한 목적의 전략이지만, 고객들과의 관계진화과정에서 보면 앞으로 관계를 유지하고, 강화해 나가고자 하는 고객집단(pool)을 늘리는 일련의 활동이라고 할 수 있다. 여기에는 잠재고객을 획득하고, 이들을 대상으로 최초의 구매를 유도하는 전략과 더불어 이미 이탈한 과거 핵심고객을 중심으로 관계회복을 통해 자사와의 거래관계를 재형성하려는 이탈고객 재획득 활동들도 포함된다. 획득된 고객은 CRM의 관계유지기능을 통해 지속적인 거래관계를 유지하게 된다.

한편, CRM의 관계유지활동은 그 의미 자체가 CRM의 주요 목적이었다고 할 만큼 고객전략 영역에서 차지하는 비중이 크다. 고객과의 관계를 잘 유지한다는 것은 곧 새로운 고객을 창출하기 위해 쏟아붓는 막대한 비용을 절감할 수 있고, 좋은 유대관계를 통해 반복적인 매출이 발생함으로써 일차적으로는 영업이익률이 증대하고, 궁극적으로는 고객자산가치의 증대를 도모할 수 있다.

이를 위해 기업은 1차 구매가 이루어진 고객들을 대상으로 2차 구매를 유도하거나, 구매 정도에 따라 차별화된 혜택을 주는 멤버십·로열티 프로그램을 제공하고, 고객접점에서 고객들을 개별적으로 인지하여 차별화된 대우를 하기도 한다. 평상시에는 유지고객들의 구매행위를 모니터링하여 이탈을 예측하고, 이탈 가능성이 높은 고객들에게는 특별히 기획된 오퍼를 제공하기도 한다.

마지막으로 CRM 프로세스 관점의 주요 역할은 관계가 안정화된 고객들을 대상으로 상호 간의 관계를 강화하는 활동이다. 고객의 구매패턴에 따라 연계상품 구매를 유도하는 교차판매(cross-selling)와 한 단계 업그레이드된 상품·서비스로 유도하는 상승판매(up-selling)전략은 전형적인 관계강화를 위한 CRM의 기능이다. 또한, 최근에는 고객 간의 상호 추천을 유도하는 고객추천(customer referral)전략과 신제품 개발이나 주요 고객업무 프로세스의 개선과정에 고객들을 직접 참여시키는 이른바 프로슈밍(prosuming) 정책들도 고객과의 관계를 강화하기 위한 전략으로 주목 받고 있다.

CRM 프로세스 이론이 고객과의 관계 진화과정에 따라 전개되는 CRM의 역할을 묘사한 것이라면, 마케팅의 전략순환고리 이론은 CRM을 통해 기업이 어떻게 전략경영 관행을 체계화할 것인가에 대한 가이드를 제공한다. 앞서 논의한 바와 같이 모든 경영전략은 분석 및 기획, 전략의 실행, 그리고 학습 및 피드백이라는 순환적인 업무체계로 연결되는 것이 바람직하다. CRM 활동 역시 원칙적으로 이러한 순환체계의 흐름을 따르게 된다. CRM의 분석 및 기획단계는 기업의 마케팅이 불특정 다수를 겨냥한 막연한 활동이 아니라, 철저한 사전분석을 기반으로 특정 표적집단에 최적화된 이른바 공학적인(engineered) 마케팅이 될 수 있도록 지원한다. 이를 위해 기업은 고객들의 다양한 인구통계적 정보와 과거 구매이력을 바탕으로 고객 가치평가나 고객 프로파일링(profiling)을 수행하고, 고객들의 향후 행동이나 상태의 변화 등을 예측하기도 한다.

한편, CRM 전략의 실행단계는 단순히 기획된 활동을 실천으로 옮기는 것 이상의 의미를 내포한다. 뛰어난 CRM 역량을 자랑하는 기업은 현재 전개되고 있는 마케팅 활동들의 반응을 다양한 기준으로 모니터링해가며, 변화되는 상황에 맞게 능동적으로 마케팅 메시지나 전달 시점, 접촉 채널 등을 조절한다. 즉 일종의 시나리오 기반 경영활동(scenario-based management)을 실천하는 것이다.

CRM의 전략적 순환고리의 마지막 단계는 학습 및 피드백 단계이다. 이 단계에서는 수행된 마케팅 활동들에 대한 객관적이고 냉철한 성찰을 통해 향후 더욱 개선된 마케팅 활동이 기획될 수 있도록 지원한다. 여기에는 전개된 CRM 전략의 성과를 재무적·비재무적 관점에서 분석하고, 전략의 실행과정에서 발생하는 문제점과 개선방향을 논의하는 활동이 포함된다. CRM 활동의 성과평가는 한 번으로 종료되는 것이 아니라 여러 시점에서 반복적인 측정과 분석이 이루어지는 것이 바람직하다. 그 이유는 CRM의 목적은 단순한 상품판매를 넘어 고객들의 행동변화를 유도하는 것이므로 이러한 고객의 행동변화를 단 한 번의 구매행태로 판단하기는 불가능하기 때문이다. 예를 들어 휴면고객의 활성화를 위해 파격적인 신제품 할인쿠폰을 제공한 경우 행사 당시에는 폭발적인 반응을 보였더라도 과연 그 고객들이 이후에도 지속적인 거래를 유지하는지 주기적인 평가가 필요하다. 여기에서 제품중심 마케팅과 고객중심 마케팅의 차이가 무엇인지를 분명하게 보여준다. 외형적으로는 동일한 활동이지만, 해당 전략이 신제품 홍보나 시장침투가 목적이었다면 행사 당시의 폭발적인 반응만으로도 성과를 거둔 것이다. 하지만 그 활동이 휴면고객 활성화라는 CRM적인 목표를 가졌다면 성과지표(KPI)는 당시의 반응률뿐만 아니라, 최소 3개월 후의 고객유지율을 점검해봐야 한다는 것이다.

CRM의 전략순환고리 개념이 내포하는 또 다른 의미는 CRM 활동들이 완벽을 추구하는, 그래서 단기적인 결과가 해당 전략의 성패를 판단해버리는 일회성 활동이 아니라, 반복적인 실험과 평가를 통해 점진적으로 개선되어 가는 고객전략의 특성을 만들어준다는 점일 것이다. 이러한 점에서 필자는 국내 기업들의 CRM 수준이 점차 향상되고 있다고 느낀다. 많은 기업들이 완벽한 CRM 솔루션을 찾기보다는 실험정신에 의한 점진적인 개선의 힘을 믿고 있고, 특정 CRM 전략을 전개할 때 실험집단과 통제집단*으로 나누어서 비교 평가해본 후에 전면적으로 도입하는 것을 이제는 전혀 어색해하지 않기 때문이다.

---

* 특정 경영전략의 성과를 파악하기 위해 해당 전략을 적용하는 집단을 실험집단, 아무것도 적용하지 않는 집단을 통제집단이라고 하며, 두 집단의 결과를 비교하여 해당 전략의 성과를 분석한다.

■■ 기업의 가치사슬과 CRM

우리는 앞에서 전사적인 관점에서 CRM의 기능과 역할에 대해 고객과의 관계를 획득·유지·강화하고, 이러한 목적으로 진행되는 일련의 경영전략들을 분석·기획·실행·학습이라는 과학적인 순환고리체계의 업무형태로 개선시켜 나가는 것이라고 살펴보았다. 그렇다면 이러한 CRM의 기능과 역할이 구체적으로 기업의 어느 가치사슬 영역, 즉 어느 부서기능과 연관될 수 있는가? 결론부터 말하자면, CRM은 기업의 모든 가치사슬 영역에 직간접적으로 연계된다고 할 수 있다. 왜냐하면 위의 질문은 사실 "고객이라는 키워드가 중요하지 않은 경영활동은 무엇인가?"와 같은 내용이기 때문이다. 이 질문에 어떤 회사가 특정 가치사슬 기능이나 부서를 언급할 수 있다면 이 회사에서 그 기능은 소위 아웃소싱으로 운영해도 무방하다고 볼 수 있다.

즉, 모든 경영활동의 중심에 '고객'이라는 키워드가 존재하는 이상 CRM은 기업의 모든 가치사슬을 지원할 수 있고, 또 궁극적으로는 그렇게 되어야 한다. 물론 현실적으로는 부서 기능마다 CRM의 중요성이 상대적인 차이를 보이고 있는데, CRM이 가장 직접적으로 지원하는 기능은 마케팅, 영업, 그리고 고객서비스 부문이라고 할 수 있다. 마케팅, 영업, 그리고 고객서비스 분야의 공통점은 고객과 직접적으로 접촉이 가능하거나 고객의 정보를 다양한 형태로 획득하고, 이에 대한 분석결과를 즉각적으로 활용할 수 있는 가치사슬상의 기능이라는 점이다.

먼저 마케팅의 경우에는 CRM이 곧 마케팅으로 회자될 만큼 이미 많은 마케팅 기능들이 고객중심적인 활동으로 바뀌었다. 고객세분화와 고객수익성 평가, 그리고 고객행동예측은 가장 중요한 마케팅 분석기능이 되었고, 고객에게 전달되는 제안(offer) 메시지는 고객·채널·상품·가격·시간 등의 변수에 따라 헤아릴 수 없을 정도로 다양하게 개발되고 있다. 마케팅 활동들은 캠페인이라는 단위로 과학적인 관리가 요구되기 시작했고, 상시적인 마케팅 프로그램은 고객에 따라 차등적으로 전개되는 로열티 또는 멤버십 프로그램이라는 이름으로 전개되고 있다. 또한, 규모의 경제시대의 마케팅 산물이었던 '절대불변의 브랜드' 전략과 '일물일가(一物一價)'의 가격정책 역시 고객중심적 브랜드 관리(CCBM: Customer-Centered Brand Management)* 기법과 맥락 기반 가격책정(Context-based Pricing)**으로 빠르게 대체되고 있다.

CRM의 또 다른 주요 적용 영역인 영업분야에서는 우선 영업자동화시스템(SFA: Sales Force Automation) 하나만으로도 영업분야에서 CRM의 위치를 짐작할 수 있게 한다. 영업자동화시스템을 통해 소수의 베테랑 영업사원들만이 가지고 있던 고품질의 고객 지식을 효율적·효과적으로 전체 영업조직에서 공유하게 함으로써 전략적인 지식경영을 가능하게 한다. 또한 B2B 영업에서 고객지향적인

---

* Rust, Zeithaml, Lemon이 제시한 고객기반 브랜드 전략 기법으로서 세대를 아우르는 절대불멸의 브랜드가 아니라 현실적인 고객 세그먼트에 기반한 브랜드 전략을 의미한다. CRM을 브랜드마케팅 영역으로 확장했다는 점에서 중요한 의미를 가진다.

** 같은 상품에는 오로지 하나의 가격만이 있다는 일물일가의 원칙을 넘어 동일한 제품이라도 고객·장소·시점·채널에 따라 다르게 적용하는 가격책정방식.

가치제안서 개발이나 영업단계별로 차별화된 인적 네트워크를 활용하는 전략 등도 영업기능에 응용되는 CRM의 역할이라고 볼 수 있다.

마지막으로 마케팅과 영업 분야에 못지 않게 CRM이 중요한 역할을 담당하고 있는 분야가 고객서비스 분야이다. 이제 고객서비스 기능은 단순히 고객문의나 불만에 대한 대응을 담당하던 기존의 콜센터 역할에서 벗어나 고객접점에서 발생할 수 있는 다양한 상황을 총괄 지원하고, 필요에 따라 마케팅이나 영업 등 기업의 다른 기능을 적절히 연계시킬 수 있는 이른바 고객상호작용센터(CIC: Customer Interaction Center)로 탈바꿈하고 있다. 물론 이러한 고객상호작용센터의 개념으로 고객서비스의 위상이 발전하기 위해서는 기본적으로 모든 고객접점 업무들의 기반에는 CTI(Computer Telephony Integration)를 통한 CRM 데이터베이스와의 연동이 전제되어야 한다.

CRM은 본질적으로 고객지식을 전사적으로 활용하고자 하는 일종의 지식경영이라고 볼 수 있다. 따라서 마케팅, 영업, 고객서비스 부서기능 외에도 여러 부서조직에 고객지식을 전달하고, 중요한 의사결정의 기준을 제공할 수 있다. 신제품 개발이나 제품혁신을 도모하는 연구개발(R&D)부서의 기능은 이미 오래 전부터 고객의 요구나 니즈를 직접적으로 수용할 수 있는 업무 프로세스를 구축하고 있으며, 조달 및 획득기능에서는 원활한 원자재·부품의 수급과 막대한 재고비용을 절감하기 위해 고객접점에서의 수요정보에 기반한 의사결정이 필수가 되었다. 고객이 현재 사용 중인 제품의 실시간 모니터링을 통해 각종 데이터를 확보하고, 이를 기반으로 신제품 개발과 제품혁신을 도모하는 볼보와 고마츠의 사례는 이미 잘 알려져 있다.

생산기능에서도 '범위의 경제(economy of scope)'*를 도모하기 위하여 고객 세그먼트에 기반한 대량맞춤화(mass customization)를 실시하고, 다변화된 고객니즈를 충족시키기 위해 최종 상품의 완성을 고객수요지점까지 연기하는 이른바 지연정책(postponement)을 수행하기도 한다.

물류기능에서 기업은 더 이상 물류비만을 절감하기 위해 고객니즈가 무시된 배송경로의 최적화를 도모하지 않는다. 이제 기업은 개별 고객들의 배송 관련 요청사항이 무시되지 않도록 유통체계나 배송 알고리즘(algorithm)을 고객중심으로 재배치하는 고객지향적인 물류정책을 세우는 데 고심하고 있다.

유통 관점에서 대리점이나 프랜차이즈, 그리고 기타 유통업체들과의 업무공조를 지원하는 파트너관계관리(PRM: Partner Relationship Management)는 유통영역으로 확장된 CRM의 변형이라고 볼 수 있다. 이 밖에도 고객자산가치(customer equity)에 기반한 기업가치평가(corporate valuation)나 직원을 내부고객으로 인식하여 CRM 전략을 적용하는 직원관계관리(ERM: Employee Relationship Management)는 CRM 전략이 재무나 인사관리 영역으로 확장된 사례라고 볼 수 있다.

---

* 기존의 '규모의 경제(economy of scale)'와 대칭되는 의미로, 표준화된 제품 하나를 집중 생산하는 것보다 R&D · 조달 · 제조 · 유통 등의 기능은 공유하고, 생산하는 품목이 많아질수록 원가절감과 더불어 고객유지를 통한 경제적 효과가 창출된다는 이론.

물론 한 기업의 모든 가치사슬 영역에서 CRM을 응용한다는 것은 다분히 이상적인 모습일 것이다. 앞서 언급한 바와 같이 일반적으로 CRM 전략은 일차적으로 마케팅, 영업, 고객서비스 분야에 적용되며, 해당 조직이나 산업의 특수성에 따라 선별적으로 기타 다른 가치사슬 영역으로 적용범위가 확대되는 경우가 대부분이다. 아무튼 CRM 전략이 모든 가치사슬 영역에 적용될 수 있다는 점에서 의문점이 생길 수 있다. CRM 부서기능은 어디에서 담당하는 것이 좋을까? CRM 조직이 필요하기는 한 것일까? 기업 자체가 CRM 조직이 되는 것이 이상적이겠지만, 현실적으로는 고객을 총체적이고 전사적으로 연구하고, 균형 잡힌 고객전략을 수립하기 위해 CRM 조직은 필요하다. CRM 전략을 처음 도입하거나, 조직문화 특성상 CRM이 기업의 주요 기능으로 안착하기 어려운 기업이라면 당분간 CRM 부서나 팀을 최고경영자 직속기능으로 만드는 것이 필요하다. 앞에서 살펴본 바와 같이 고객전략이란 그 성격상 여러 부서기능에 적지 않은 변화를 요구할 수밖에 없기 때문이다. CRM의 위치와 위상이 어느 정도 자리매김한 뒤에는 독립적인 부서기능으로 놓거나(그래도 여전히 최고경영진의 적극적인 지원이 필요하다), 업무적으로 가장 유사성이 높은 마케팅이나 영업부서에 편입시키게 된다.

CRM이 필요한 산업들

CRM이 중요한 산업은 어디일까? 고객이 존재하는 한 CRM 중심의 고객전략은 필수라고 하였다. 이 점에서 모든 산업은 CRM을 필요로 한다. 모든 기업에는 고객이 존재하기 때문이다. 그러나, CRM을 가장 먼저 도입하고, 이를 활성화할 수 있었던 산업은 금융·유통·통신 업계라고 할 수 있다. 이 세 가지 유형의 산업은 다른 산업에 비해 고객정보를 비교적 쉽게 획득할 수 있었기 때문이다.

금융업계의 경우 고객과의 장기적인 관계유지가 기업매출에 직접적인 영향을 주는 보험과 소매은행을 중심으로 CRM이 가장 활발하게 전개되고 있다. 최근에는 개별 고객의 프라이버시 이슈로 CRM 적용이 다소 늦어졌던 투자은행이나 증권사의 경우에도 CRM 전략을 도입하고 있다. 금융업계의 CRM 전략의 특징은 로열티 프로그램과 같은 특정 마케팅 프로그램을 매개로 하기보다는 고객 세그먼트와 생애주기별 맞춤상품 개발 및 제공, 고객에 대한 철저한 분석으로 교차판매, 이탈방지, 또는 리스크 관리 등 고객에 대한 기본적인 대응체제에 CRM 전략을 활용하고 있다는 점이다.

한편, 유통업 역시 제조업과 고객 사이에서 풍부한 고객의 정보를 획득할 수 있다는 점에서 CRM이 가장 효과적으로 적용될 수 있는 산업 중 하나다. 백화점, 대형 할인매장, 인터넷 쇼핑몰뿐만 아니라, CRM이 적용되기 쉽지 않았던 편의점과 개인·중소형 매장에서도 어렵지 않게 CRM이 적용되고 있는 사실을 확인할 수 있다. 유통업체에서는 고객의 실질적인 구매데이터를 확보함으로써 구매 정도에 따른 리워드나 할인쿠폰 등을 제공하는 로열티 프로그램을 중심으로 CRM이 전개되고 있다. 또한 유통업체와 직간접적으로 연계되어 있는 제조업체, 카드 및 보험사, 교육 및 엔터테인먼트 기업들도 다양한 제휴 비즈니스를 구성함으로써 고객의 니즈를 충족시키기 위해 경쟁하고 있다.

CRM이 가장 활성화되어 있는 세 번째 산업은 이동통신서비스를 중심으로 한 통신산업이다. 통신업계의 대표적인 CRM 형태 역시 유통산업과 유사한 멤버십 프로그램이지만, 이는 유통업의 로열티 프로그램과는 성격이 사뭇 다르다. 유통업계의 로열티 프로그램은 여러 경쟁사의 로열티 프로그램을 동시에 사용할 수 있고, 구매 정도에 따라 차등화된 혜택을 받는 반면, 이동통신사업자의 멤버십 프로그램의 경우에는 현재 이용하는 단일 공급자의 프로그램에 전적으로 의존하면서, 미리 제휴된 서비스 영역에 대한 혜택을 받게 된다. 따라서, 외형적으로는 통신사 멤버십이 운영측면에서 기업에 훨씬 유리한 것처럼 보이지만, 통신업의 멤버십 프로그램은 초기에 고객에게 보여지는 제휴 서비스 혜택의 구성이 신규고객 획득에 매우 중요한 포인트라고 볼 수 있다.

이렇게 금융·유통·통신 산업은 CRM을 가장 활발히 전개하고 있는 산업임에는 분명하지만, 그렇다고 하여 이 의미가 CRM을 가장 잘 하고 있다는 것을 반드시 뜻하는 것은 아니다. 실제로 CRM이 핵심적으로 적용되는 이러한 3대 산업에서도 궁극적인 의미의 CRM을 방해하는 요인이 존재하는데, 이러한 요인들은 해당 산업에서 오랫동안 지속된 좋지 않은 영업관행에 의한 것이라고 볼 수 있다.

가령 보험사의 신규고객 확보에 따른 영업사원들의 리베이트는 장기적인 고객관계를 오히려 해치게 된다. 영업사원들이 리베이트를 받기 위해 종종 신규가입 후 일정 기간만 지나면 고객에게 해지를 오히려 권장하기도 하기 때문이다. 은행의 경우도 자본 건전성과 부실의 선제적인 관리라는 명목으로 필요 없을 때 대출을 권장하고, 고객이 어려울 때 대출조건을 강화하거나 이자율을 높이는 관행은 CRM이 지향하는 기업과 고객 간의 상호발전적 관계를 원천적으로 차단한다. 고객들은 시중은행의 이러한 행위를 종종 햇볕이 쨍쨍할 때 우산 빌려주고, 비 오면 우산을 걷어가는 행위에 비유한다. 얼마 전 한 보험회사가 신문에 게재한 비 오는 날 고객에게 우산을 씌워주는 광고는 어쩌면 이러한 금융업계의 관행을 벗어나고자 하는 자성의 메시지일 수도 있다. 최근 한 국내은행이 장기고객에 대한 우대정책으로서 그들이 경영위기를 맞았을 때 대출금 상환을 유예하거나 낮은 금리의 추가 대출을 지원하는 서비스는 CRM 관점에서 보면 매우 의미 있는 정책이다.

한편, 유통업의 경우에도 CRM 전략이 완전히 정착하는 데 커다란 장애요인이 있다. 대부분의 유통업체는 당장의 매출신장에 큰 비중을 두고 있기 때문에 일년 내내 지나치게 많은 이벤트성 혹은 계절성 행사들로 점철되어 있다. 이는 고객관점에서 보면 구태여 특정 유통업체와 장기적인 거래관계를 형성하지 않아도 충분한 구매혜택을 얻어갈 수 있고, 이러한 이벤트성 구매혜택이 포인트나 마일리지 누적으로 얻는 효과보다 크다는 것을 알기 때문에 기업이 진정한 CRM의 성과를 거두는 데 장애가 된다. 또한, 백화점의 경우 신규점포를 개설할 때 인근 경쟁업체의 VIP 고객들이 보유한 VIP 등급혜택을 일순간에 제공하는 등 파격적인 유입조건을 제시하기 때문에 기업들의 CRM 노력이 일순간에 물거품이 되어버리기도 한다. 이러한 현상은 통신산업에서도 심심치 않게 볼 수 있다. 이동통신사가 제공하는 신규가입 또는 통신사 전환 시의 단말기 지원이나 초고속 인터넷서비스 기업의 리베이트성 현금보상 행위들은 "오랫동안 한 기업의 서비스를 받는 고객은 바보이다."라는 웃지 못할 통념을 만들어버렸다. 물론 이러한 혜택들은 기업차원에서 공식적으로 진행하는 것이라기보다는 대부분 대리점 차원에서 주도하고 있는 것이 사실이지만, 대리점 역시 이러한 투자를 불사하고 고객 빼어오기를 하는 이유는 기업으로부터 결국 그만한 보상을 받기 때문이다. 통신사들의 이러한 출혈경쟁은 결국 기업의 수익성에도 악영향을 미칠 뿐 아니라, 기존 충성고객들의 반발심도 불러일으킨다는 연구결과가 있다. 이렇게 꼬리에 꼬리를 무는 통신업체들 간의 출혈경쟁에서 과감하게 탈출한 일본의 NTT 도코모는 신규 가입고객보다 기존 장기고객에 대한 우대를 강화함으로써 전세계 통신업체 중 가장 높은 고객유지율과 고객수익성을 자랑한다.

한편, 금융·유통·통신 외의 다른 업종들은 어떨까? CRM과 DB 마케팅 분야에서 가장 영향력 있는 기관인 미국의 DMA(Database Marketing Association)에서는 매년 연말에 NCDM(National Conference of Database Marketing)이라는 대규모 산학협동 컨퍼런스를 개최하는데, 이 행사에서 발표된 CRM 사례 기업들의 분포는 다음과 같다.

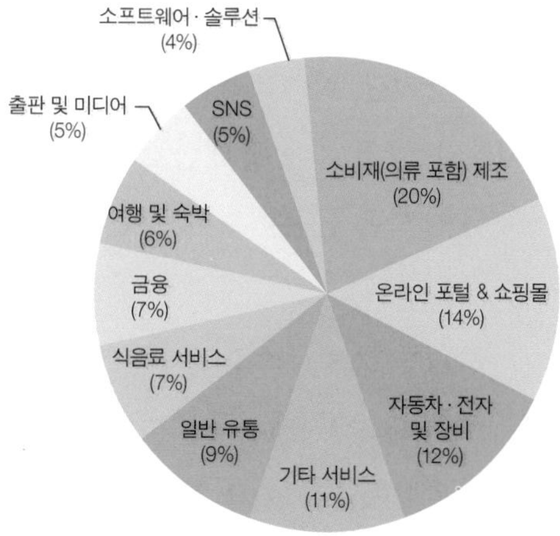

[2012 NCDM에서 논의된 CRM 사례 기업 유형]

이 분포는 CRM이 이제 금융·유통·통신 산업의 전유물이 아님을 분명히 하고 있다. 오히려 소비재와 자동차·중장비를 포함한 제조업이 CRM 전략을 가장 활발하게 추진하고 있는 것으로 나타났으며, 인테리어·미용·청소대행·애견·세차·환전서비스·NGO 등 기타 서비스 영역으로 점차 확대되고 있는 추세를 보이고 있다. 제조업체들의 경우 점차 최종 소비자에 대한 직접적인 접촉 채널이 확대됨에 따라 전면적인 CRM 전략을 도모함으로써 충성고객의 확보 및 유지뿐만 아니라 고객지식 확보를 통한 신제품의 개발 및 품질개선, 그리고 서비스업으로의 재포지셔닝 기회를 얻고 있다. 궁극적으로 제조업체의 CRM 역량 강화는 거의 전적으로 유통업체가 쥐고 있던 소비자 의사결정에 대한 영향력에 어느 정도 변화를 불러오기 때문에 장기적으로는 제조업체와 유통업체 간의 관계가 종속관계가 아닌 상호협력의 관계로 발전해 나갈 수 있다는 점에서도 의미를 가진다.

한편, 일반적으로 영리기업에 해당하던 고객이라는 개념이 이제는 비영리조직이나 공공기관, 나아가서는 국가차원에서도 도입될 수 있기 때문에 비영리·공공 기관에 대한 CRM 전략도 활발히 논의되고 있다. 병원이나 대학은 물론이고, 자선단체(NGO), 지방자치단체, 정부 산하 협회 및 기관, 정당, 국공립 연구센터 등에서는 민원 및 행정 서비스의 업무 프로세스를 고객지향적으로 개편함으로써 내부의 비효율적인 요소를 제거하는 동시에 각 기관에 대한 고객만족도를 높이는 데 비중을 두고 있다. 외형적인 업무체계의 변화뿐만 아니라 수집된 고객 데이터 분석을 통한 세금탈루 예측, 맞춤진료, 기부금 요청 타게팅, 선거유세지역 우선순위 결정 등 공공분야에서의 데이터 분석 영역도 점차 넓어지고 있다. 비영리·공공 기관의 경우 영리기업처럼 수익창출이 주요 목적이 아니기 때문에 CRM 전략의 범위와 깊이에는 차이가 있지만, 해당 조직의 고객만족도가 그 조직의 예산편성에 직접적인 영향을 미치고, 나아가서는 해당 기관의 존속 당위성을 투영하는 중요한 지표로 간주되고 있기 때문에 CRM은 필요하다. 최근 한 공공기관의 고객만족도 조작사건은 그 사실 여부를 떠나 고객만족이라는 평가항목이 해당 기관에서 차지하는 중요성을 짐작하게 하는 사건이라고 볼 수 있다.

■■ CRM과 혼동되는 개념들

CRM은 '고객'이라는 키워드 때문에 종종 다른 유사개념들과 혼동을 일으키는 경우가 많다. 사실 아래에 거론되는 대부분의 개념들은 주변에서 흔히 들을 수 있는 것들로, 종종 완전하게 때로는 부분적으로 CRM과 동일한 의미를 지니고 있다. 각 유사개념들을 개략적으로 살펴보고, 이것이 CRM과 어떤 관계를 갖고 있는지 알아보자.

일단 가치사슬의 흐름, 즉 공급망상의 고객의 유형에 따라 SRM(Supplier Relationship Management), ERM(Employee Relationship Management), PRM(Partner Relationship Management), CRM(Consumer Relationship Management)으로 구분하기도 한다. 공급자관계관리(SRM)는 제조업의 경우 부품 · 원자재 공급업자, 서비스업의 경우는 부분서비스를 제공하는 제휴업체를 대상으로 전개하는 관계관리전략이다. 기업 내부에서는 임직원들이 중요한 고객이므로 그들을 대상으로 직원관계관리(ERM)가 존재한다. 기업의 제품과 서비스가 완성된 후 실질적인 고객에게 전달되는 과정에는 크게 두 가지 CRM이 존재할 수 있다. 대부분의 제조업은 유통업체를 통해 제품이 공급되므로 백화점, 할인마트, 대리점, 편의점 등의 유통기업을 중심으로 파트너관계관리(PRM)를 전개할 수 있으며, 최근 다양한 소비자 접촉 채널이 증대됨에 따라 소비자에 대한 직접적인 관리체제인 소비자관계관리(CRM)가 존재할 수 있다. 여기에서 CRM은 소비자(consumer)를 대상으로 한 협의의 CRM임을 유의해야 한다.

다음 그림을 보면 고객유형에 따른 CRM 종류의 관계를 볼 수 있다. 흥미로운 점은 동일한 소비자를 대상으로 자사가 전개하는 CRM과 파트너기업이 제공하는 CRM이 존재한다는 것이다. 흔히

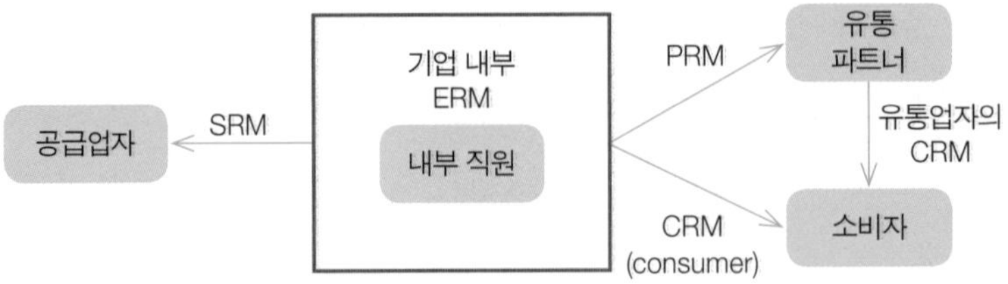

[공급망상의 고객유형에 따른 CRM의 분류]

백화점에서 물품을 구매할 때 브랜드 사에서 제공하는 CRM과 백화점에서 제공하는 CRM이 공존하는 경우를 볼 수 있는데, 이 때문에 종종 정책 간의 혼선이나 충돌이 빚어지기도 한다.

한편, CRM의 본질적인 적용영역은 앞에서 마케팅, 영업, 고객서비스 기능을 중심으로 R&D나 제조, 물류 등 기업의 전사적인 기능에 적용될 수 있다고 설명하였다. 이렇게 전사적인 CRM의 개념을 논하는 용어로는 ECRM(Enterprise CRM), CKM(Customer Knowledge Management), TQM(Total Quality Management) 등이 존재한다. 전사 CRM(ECRM)은 기존 협의의 CRM 영역이었던 마케팅, 영업, 고객서비스 분야뿐만 아니라 기업의 모든 기능에 CRM 기법을 도입해야 한다는 CRM의 확장 개념으로 도입되었으며, 고객지식경영(CKM)은 CRM과 지식경영(KM)의 중간적인 형태로서 기업이 보유하는 지식 중 가장 핵심적인 지식은 고객지식이고, 이를 바탕으로 기업의 경영전략이 재편되어야 한다는 이론이다.

한편, 우리가 익히 알고 있는 전사적 품질관리(TQM) 역시 하나의 전사적 CRM을 의미한다고 볼 수 있다. 그 논리에는 생산 부문의 제품 품질관리만으로는 기업이 고객니즈를 충족시킬 수 없고,

기업의 조직 및 구성원 모두가 고객지향적인 관점에서 품질관리의 실천자가 되어야 한다는 것을 가정하여 제품의 생산, 판매, 유통, 서비스에 이르는 전체 주기에 대한 모든 과정을 품질이라는 개념으로 측정·관리해야 한다는 주장이 존재한다. 이렇게 ECRM, CKM, TQM은 모두 본질적으로 기업의 경영전략이 고객중심으로 재편되어야 한다는 전사적인 고객전략의 개념을 담고 있다고 할 수 있다.

CRM을 바라보는 기반 이론 관점에서 관계마케팅(relationship marketing)과 일대일 마케팅(one-to-one marketing)을 자주 접한다. 관계마케팅은 단기적인 거래지향적 접근에서 탈피하여 고객 등 이해관계자와의 강한 유대관계를 바탕으로 장기적인 이익극대화를 추구하자는 이론이고, 일대일 마케팅은 불특정 다수에게 동일한 메시지를 전달하던 대중마케팅(mass marketing)에 대치되는 개념으로, 궁극적으로 모든 개별 고객에게 차별화된 마케팅을 전개해야 한다는 돈 페퍼스(Don Peppers)와 마사 로저스(Martha Rogers)의 마케팅 개념이다. 즉 이 두 가지 개념은 CRM 자체라기보다 CRM의 근본적인 철학을 제공하는 이론적 배경이라고 할 수 있다.

또한, CRM의 실천방법론에 따라서도 두 가지 중요한 개념이 존재한다. 바로 통합 마케팅 커뮤니케이션(IMC: Integrated Marketing Communication)과 비즈니스 인텔리전스(BI: Business Intelligence)가 대표적인 것들이다. 통합 마케팅 커뮤니케이션은 채널별로 실시해온 개별 마케팅 커뮤니케이션의 기획 활동을 통합시켜 광고 및 프로모션과 더불어 다양한 매체를 통해 전달되는 마케팅 활동의 총체적인 기획, 예산할당, 그리고 성과평가를 전체 최적화의 관점에서 수행하자는 개념이고, 비즈니스 인텔리전스는 기업들이 신속하고 정확한 비즈니스 의사결정을 하기 위해 사용하는 데이터의 접근·수집·보관·분석 등을 지원하는 애플리케이션과 관련 기술들을 총칭하는 개념이다. 통합 마케팅 커뮤니케이션은 CRM 전략의 구현에 있어서 채널 간의 효율적·효과적인 운용을 가능케 하는 채널통합관리의 방법론을 제공하고, 비즈니스 인텔리전스는 CRM 아키텍처의 한 영역인 분석 CRM 자체를 의미함으로써 과학적 분석을 중요시하는 CRM의 기술적 기반을 의미한다고 볼 수 있다.

한편, CRM이 전개되는 채널에 따라서도 CRM의 파생개념들이 등장하기 시작했다. eCRM(e-Biz CRM), mCRM(mobile CRM), 그리고 sCRM(social CRM)이 그것이다. eCRM은 인터넷이 기업의 핵심 채널로 인식되기 시작하면서 기존의 CRM 전략의 모든 분석 및 실행활동을 온라인 채널에 집중시킨 개념이라고 볼 수 있다. 온라인의 개념이 휴대폰과 같은 개인 이동통신장비로까지 확대되면서 모바일 환경에 적용된 개념이 mCRM이다. 또한, 최근에는 고객들이 사이월드, 블로그, LinkedIn, 트위터, 페이스북, 카카오톡 등 각종 SNS(Social Network Service)를 사용하는 경우가 폭발적으로 증가함에 따라 기업들이 이러한 SNS를 새로운 기회의 채널로 인식하고 SNS 채널에 집중한 sCRM에 주목하고 있다. 즉 eCRM, mCRM, sCRM은 CRM과 별개의 개념이 아니라 고객접촉 채널의 유형에 특화된 CRM 전략의 하위개념이라고 보는 것이 타당하다.

03

CRM 핵심이론과 실무적 의미

고객의 개념과 유형

2장에서 관계유지전략의 시작은 2차 구매유도라고 밝힌 바 있다. 즉 기업의 경우 두 번 이상 구매가 발생한 고객부터 본질적인 관리 대상의 고객이 된다. 왜 한 번 구매한 고객은 진정한 고객의 의미로 보지 않는 걸까? 고객의 개념과 유형을 알아보고, 이것이 CRM 전략에 주는 실무적 의미를 되새겨보자.

고객(顧客)이란 단어는 글자 그대로 돌아볼 고(顧)와 찾아온 손님을 뜻하는 객(客)으로 구성되어 있다. 그냥 물건을 구매하는 손님이 아니라, 반복적으로 구매하는 단골손님을 뜻하는 말이다. 한편, 영어의 Customer는 '늘 반복적으로 이루어지는 습관'이라는 단어 'Custom'에서 기인하는 말로서, 늘 반복적으로 이루어지는 어떤 행동을 수행하는 주체 혹은 반복적인 행위의 대상이라는 의미로 해석할 수 있다. 즉 단어의 뜻에서도 알 수 있듯이, 일회성 구매자는 본래의 의미로도 고객이라고 할 수 없다. 또한, 이미 많은 산업에서 2회 구매가 이루어진 이후부터는 안정적인 관계유지가 형성될 가능성이 상당히 높다는 사실이 실증적으로 밝혀졌다.

한편, 반복적이라는 의미도 실무적인 관점에서 다시 한 번 살펴볼 필요가 있다. 상품·서비스를 구매하는 소비자 관점에서는 구매라는 행위가 반복적이어야 하겠지만, 기업이 성장하는 데 있어서 구매 외에도 직접 혹은 간접적으로 도움을 주는 행위라면 그 어떤 행위도 반복적인 패턴이 유의미할 것이다. 그렇다면 기업 내부의 임직원, 공급자, 파트너사 등의 이해관계자들도 '고객'이라고 볼 수 있다. 이러한 고객유형에 따라 ERM, SRM, PRM이라는 CRM의 파생개념들이 존재한다는 것은 2장에서 이미 논의되었다. 중요한 점은 각기 다른 고객유형에 따라 그들이 갖는 가치관과 고객니즈 또한 다르기 때문에 각 고객유형에 적용하는 CRM 전략은 다를 수밖에 없고, 이러한 이질적인 가치와 니즈는 종종 서로 상충되는 경우가 많다는 것이다.

가령 한 제조업체가 파트너를 대상으로 한 B2B(Business to Business) CRM, 즉 PRM을 전개할 경우 그 파트너의 비즈니스가 성공할 수 있도록 지원하는 것이 핵심이슈이지만, 이것은 동시에 그 제조업체가 최종 소비자를 대상으로 전개하는 소비자 CRM에는 오히려 상충되는 경우가 있다. 이는 거꾸로 말하면 제조업체 관점에서 소비자 관계를 적극적으로 관리하겠다는 것이 다른 의미로는 파트너사의 영업권과 사업능력을 어느 정도 훼손한다는 입장으로도 보이기 때문이다. 따라서, 다른 유형의 고객들에게 별도의 CRM 전략을 추진할 경우 각 고객유형 집단의 이해관계가 충돌하지 않도록 매우 신중하게 접근해야 한다. 이 때문에 제약업체, 건설업체, 방판사업, 또는 네트워크 마케팅 중심의 제조업체의 경우처럼 소비자의 상품구매 의사결정에 유통파트너(distributor)가 지대한 영향을 미치는 산업이라면 CRM과 PRM은 처음부터 함께 기획되어 상호조화를 이루도록 하는 것이 필요하다. 반대로, 유통파트너가 중요하긴 해도 최종 구매의사결정에 상대적으로 소비자의 자율의지가 더 중요한 경우라면 PRM과는 별개의 CRM 전략을 추진해도 무방하고, 오히려 소비자 대상의 CRM을 적극적으로 고려해야 한다.

한편, 컨설팅 조직이나 증권업체와 같이 개별 컨설턴트나 영업사원의 역량에 의해 조직의 성과가 좌우될 수 있는 경우에는 직원들에 대한 관계관리, 즉 ERM의 노력이 중요할 수 있다.

여러 유형의 고객에 대해 SRM, ERM, PRM, 소비자 CRM 등 각기 다른 CRM 유형이 존재하지만, 이 책의 목적이 소비자 중심의 CRM이므로 여기에 논의를 다시 집중해보자. 어떤 기업이 소비자를 대상으로 하는 CRM 전략을 추진하기로 결정했다고 가정하자. 그렇다면 CRM 관리대상 고객이 소비자라고 확신할 수 있는가? 많은 경우 산업은 소비자＝구매의사 결정자이기 때문에 소비자 대상의 CRM(이후에는 그냥 CRM이라고 함)은 별 문제가 없다. 그러나 아파트를 공급하는 건설회사나 효도관광을 제공하는 여행사, 학습지

출판사 또는 사설학원, 남편의 정장을 아내가 대신 구매하는 경우가 많은 의류회사, 청소년 대상의 이동통신서비스 등 실소비자와 구매자가 완전히 다른 사업은 참으로 많다. 엄밀히 말하면 소비의 과정에도 실소비자, 거래과정에서 발생하는 데이터 대상자, 구매자, 구매의사 결정자라는 다양한 형태의 이해관계자가 존재한다.

그렇다면 누구를 CRM 대상 고객으로 봐야 하는 걸까? 이에 대한 해답의 실마리는 데이터 발생 대상자와 구매의사 결정자에 관한 두 가지 질문을 통해 얻을 수 있다. 첫째, 거래과정에서 획득하는 데이터는 누구의 것인가? 둘째, 구매의사결정에 가장 지대한 영향을 미치는 이해관계자는 누구인가? 구체적으로 말하자면, 실소비자가 누구냐에 상관없이 데이터 획득 대상과 의사결정자가 동일인물이라면 두말할 나위 없이 그 대상을 CRM 관리고객으로 삼는다. 만약 데이터 획득 대상과 의사결정자가 다를 경우에는 가급적 의사결정자를 대상으로 CRM 전략을 전개하는 것이 필요하다. 그러나 데이터 획득 대상자가 실질적인 구매의사 결정자에게 어느 정도 영향을 미치는 경우라면 데이터 획득 대상자만을 위한 CRM 전략도 가능하다.

ESSENTIAL

CRM 전략의 대상은 누구인가?
여러 고객유형 중 누구를 CRM 대상으로 삼을 것이냐의 질문에 대해서 실소비자가 누구냐에 상관없이 데이터 획득 대상과 구매의사 결정자가 동일 주체라면 두말할 것 없이 그 대상을 CRM 관리고객으로 삼는다.

이제 기업에서 CRM 전략의 대상이 되는 고객유형이 명확해졌다고 하자. 그러나, 실무적인 관점에서 CRM 전략을 위한 고객유형은 더 나누어져야 한다. 기업의 필요에 따라 여러 가지 고객세분화가 가능하겠지만, CRM을 위해 가장 기본적인 고객분류 중 하나는 관계진화과정에 따른 고객세분화이다. CRM 대상 고객유형 내에서도 관계의 진화에 따라 잠재고객·신규고객·기존고객·핵심고객 그리고 이탈고객으로 분류할 수 있으며, 각각의 관계진화과정별로 고객들이 가지고 있는 욕구나 행동뿐만 아니라 이들이 제공하는 고객가치 역시 상이하기 때문이다. 따라서 기업은 각 고객집단의 특성에 맞게 차별화된 마케팅 전략을 구현하는 것이 필요하며, 이렇게 관계진화과정의 각 단계에 따라 구분된 CRM 전략을 CRM 프로세스 전략이라고 일컫는다. 고객들의 관계진화과정은 기본적으로 구매의 최근성(recency), 구매빈도(frequency), 구매금액(monetary) 정보를 활용한 RFM 지표를 사용하여 분류할 수 있다. 이러한 정보들은 매출데이터상에 기록될 수 있는 것이기 때문에 각 관계진화과정에 대한 실제 고객리스트를 자동으로 추출 및 관리할 수 있는 기능은 CRM 시스템으로도 구현이 가능하다.

관계진화이론

관계진화이론은 CRM을 고객에 관련된 근본적인 경영전략으로 바라볼 수 있게 해주는 중요한 이론이다. 관계진화이론이란 구매자와 공급자의 상호관계가 인지(awareness), 탐색(exploration), 확장(expansion), 그리고 몰입(commitment)의 단계로 점차 진화 발전해 나간다는 개념이며, 이 때문에 관계유지를 위한 공급자의 노력은 이러한 일련의 관계진화단계에 따라 적절히 변화될 수 있어야 한다는 점을 시사하고 있다. 관계진화이론은 실무적으로도 두 가지 큰 의미를 제공한다.

첫째, 동일한 고객이라도 기업과의 관계진화과정에 따라 그 특성이 변하기 때문에 관계단계에 따른 또 다른 고객 세분화가 이루어질 수 있다는 점이다. 우선 관계진화과정에 따른 고객분류는 잠재고객, 신규고객, 기존고객, 핵심고객 그리고 이탈고객으로 분류할 수 있다. 관계의 진화과정에 따라 고객을 분류해야 하는 이유는 각각의 단계별로 고객들이 가지고 있는 욕구나 행동뿐만 아니라 이들이 제공하는 고객자산가치 역시 상이하기 때문이다.

둘째, CRM이라는 것은 고객과의 관계를 형성하고 유지시켜 나가기 위한 일련의 경영전략이기 때문에 기업의 CRM 전략 활동들은 관계진화과정에 따라 배치되어야 한다는 점이다. 이는 고객 중심적인 관점에서 기업의 모든 활동이 신규고객을 창출하거나, 기존고객을 유지하거나, 혹은 기존고객과의 관계를 강화하는 일련의 CRM 프로세스 중 일부로 간주할 수 있음을 의미한다.

고객가치요소

CRM의 정의에서 보았듯이 CRM은 기업과 고객 양자 간의 상호이익을 극대화하는 전략이다. 여기에서 기업이 고객으로부터 얻는 가치는 고객자산가치(customer equity)이고, 고객이 기업으로부터 얻는 가치는 인지적 가치(perceived value)*라고 한다. 고객가치요소는 이 중 후자, 즉 고객이 얻는 인지적인 가치를 의미하며, 고객이 느끼는 가치가 여러 가지 측면에서 발생할 수 있기 때문에 구성요소(component)라는 개념을 추가한 것이다. 고객가치요소는 구매가치, 브랜드 가치, 그리고 관계가치로 구성되며, "고객은 왜 우리 기업의 제품과 서비스를 구매하는가?" 혹은 "고객은 왜 우리 기업과 관계를 형성하는가?"라는 질문에 대한 상호 배타적이면서(mutually exclusive) 전체적으로 완전한(collectively exhaustive) 답변을 제시해준다. 즉, 고객들이 특정 기업의 제품이나 서비스를 지속적으로 구매하는 이유는 반드시 이 세 가지 가치요소 중 하나 이상에 근거하게 된다는 것이다.

먼저, 구매가치는 상품·서비스 구매를 통해 고객이 직접적으로 얻게 되는 실용가치를 의미하며, 기업이 제시하는 상품 및 서비스의 객관적 품질이나 가격, 그리고 편의성에 기초하여 형성된다. 따라서, 구매가치는 고객이 기업과 관계를 맺는 가장 근본적인 이유라고 할 수 있다. 여기에는 기업의 상품이나 서비스가 고객의 니즈나 기대를 충족시키지 못한다면, 기업이 아무리 유명한 브랜드를 제시하고, 강력한 고객관계유지 활동을 전개한다 하더라도 아무 소용이 없다는 의미를 내포하고 있다. 얼마 전 홈플러스가 지하철역에서 스마트폰을 이용한 바코드 및 QR코드 인식기술로 가상

---

* 인지적 가치라는 용어는 원래 Zeithaml(1988) 교수가 제시한 개념으로, 구매가치에만 해당하는 것이었다. 그러나 고객이 느끼는 가치는 구매가치 외에도 브랜드가치, 관계가치가 포함되므로 이 책에서는 세 가지 가치기준을 포함한 포괄적인 개념으로 사용되었다.

스토어를 개설한 것은 편의성에 기초한 구매가치를 높이는 전략이라고 해석할 수 있다.

한편, 고객은 제품의 품질이나 가격, 편의성 같은 실용적 가치 외에도 특정 브랜드의 명성 때문에 구매하는 경우가 있다. 즉, 브랜드 가치라는 요소 역시 고객들의 구매의사결정에 영향을 미친다는 것이다. 브랜드 가치는 객관적으로 지각된 가치를 넘어 브랜드에 대한 고객의 주관적이고 무형적인 평가를 통해 고객들이 특정 브랜드를 소유함으로써 느끼게 되는 심리적 가치를 의미한다. 브랜드 가치는 세부적으로 브랜드 인지도, 브랜드 연상, 그리고 브랜드 이미지에 의해 결정된다.

브랜드 인지도는 소비자가 특정 브랜드를 알아보거나 그 브랜드명을 쉽게 떠올릴 수 있는 능력을 의미한다. 머리 아플 때 고객들이 '타이레놀'을 먼저 떠올린다면 타이레놀은 브랜드 인지도가 높은 것이다.

브랜드 연상은 소비자가 특정 브랜드와 연관된 심벌, 속성, 편익, 이념 등을 쉽게 떠올려 해당 브랜드를 잘 기억하는 정도를 의미한다. 건전지 에너자이저 하면 지치지 않고 푸시업을 해대는 '백만돌이'가 떠오른다면 에너자이저는 브랜드 연상력이 좋은 브랜드라고 할 수 있겠다.

끝으로, 브랜드 이미지는 특정 브랜드를 통해 고객들이 인지하는 긍정적인 혹은 부정적인 인상의 정도를 의미하며, 이는 고객들의 기억 속에 저장되어 있는 다양한 브랜드 인지도나 연상들이 복합적으로 결합되어 나타나기 때문에 상대적으로 모호한 개념이다.

하지만, 특정 브랜드나 기업에 대해 고객들이 갖는 긍정적·부정적 이미지는 고객들의 구매의사결정 시에 요구되는 인지적 노력을 경감시켜줄 수 있기 때문에 브랜드 이미지 역시 중요한 개념이다.

우리가 특정 기업의 상품이나 서비스를 선택하는 이유에는 실용적인 구매가치나 브랜드 가치 외에도 다른 요인이 존재할 수 있다. 그냥 오래 써 왔기 때문에, 그 회사에 잘 아는 사람이 있어서, 쌓아 놓은 적립금이 아까워서, 그 회사 제품의 사용법을 잘 알기 때문에, 나를 잘 알고 대해주는 직원이 있어서, 또는 내 주변 친구들이 같은 제품을 사용하고 있어서 등 현실적으로는 이렇게 실용가치나 브랜드 가치로 설명하기 어려운 제품선택의 이유가 많이 존재한다. 이러한 원인들은 대부분 고객과 기업이 오랫동안 관계를 형성하면서 이루어진 것들로서 관계가치라고 부를 수 있는 것들이다.

관계가치란 이렇게 특정 기업에 대한 구매가치나 브랜드에 대한 인지적 수준의 평가를 넘어서 기업이 고객과 형성하게 되는 관계의 양적·질적 정도를 의미한다. 관계가치가 중요한 이유는 구매가치나 브랜드 가치를 통해 특정 제품을 선택한 고객이라도 일정 기간 관계가 지속되었을 때 그 고객은 결국 관계가치라는 가치항목을 경험하게 되고, 이렇게 관계가치에 의해 연결된 고객은 그렇지 않은 고객에 비해 상대적으로 더욱 굳건한 관계를 지속해 나가기 때문이다. 이 때문에 기업은 강력한 관계자산을 구축하기 위해 로열티 프로그램, 고객에 대한 특별한 인지와 처우, 친근화 프로그램, 그리고 고객 커뮤니티 프로그램과 같은 다양한 마케팅 활동을 전개한다.

ESSENTIAL

왜 이 회사 상품을 구매하셨나요?

고객이 특정기업의 상품을 선택하는 이유는 무엇일까? 여기에는 제품 구매를 통해 얻는 실용적 가치(구매가치), 특정 브랜드를 선호하는 심리적 가치(브랜드가치), 그리고 오랜 기간 거래관계를 통해 쌓은 유·무형의 이탈장벽(관계가치)이 그 해답을 제공한다.

그렇다면 이러한 고객가치요소들이 CRM 전략 관점에서 시사하는 바는 무엇일까? 고객들이 특정기업의 상품이나 서비스를 선택하는 데 있어서 고객이 판단하는 가치요소들이 존재한다면 기업이 고객에게 전개하는 모든 활동은 이러한 고객가치요소들에 소구할 수 있어야 한다는 것이다. 즉, 기업이 전개하는 마케팅, 영업, 고객서비스 활동들의 내용에는 고객들이 인지하는 구매가치, 브랜드 가치, 관계가치 요소 중 반드시 하나 이상의 요소에 영향을 줄 수 있어야 한다는 것이다. 기업의 CRM 활동과 고객가치요소들에 대한 구체적인 연계점은 7장에서 자세히 논의하기로 한다.

■■ 고객만족

고객만족은 모든 기업에서 화두가 될 만큼 중요한 이슈이지만, 사실 20여 년 전부터 고객만족에 대한 중요성이 논의되어 왔다. 그 배경에는 기업이 속한 시장의 형태에 따라 구분될 수 있는 본질적인 경영전략의 유형에서 살펴볼 수 있다. 기업은 크게 공격적 경영전략과 방어적 경영전략을 추구할 수 있다.

공격적 경영전략은 규모의 경제를 창출할 수 있는 기회가 있는 시장, 즉 시장이 한창 성장하고 있거나 해외시장 또는 인접시장으로 진출할 경우 혹은 기존 시장에서 새로운 브랜드의 런칭이나 새로운 개념의 상품으로 시장에 초기 침투를 노리는 경우에 취할 수 있는 경영전략이다. 즉, 깃발을 꽂으면 내 땅이 되는 시장, 구체적으로는 신규고객이 지속적으로 창출될 수 있는 시장이다. 이때는 두말할 나위 없이 브랜드 인지도를 확장하여 시장을 팽창시키고, 시장점유율을 증대시키는 전략이 필요하다.

반대로 방어적 경영전략이란 시장이 더 이상 커지지 않고, 시장 참여자(경쟁자)만 늘어나서 제 몫이 줄어들 수 있는 시장에서 고객을 빼앗고 빼앗기는 치열한 경쟁상황에 돌입한 기업이 추구해야 하는 전략이다. 이때 기업은 신규고객을 창출하기 위한 기존의 활동들이 비용 효과적인 측면에서 매우 부적합하다는 것을 알게 되고, 자사의 현재 고객들을 효과적으로 유지하는 것이 중요한 생존방식이라는 것을 느끼게 된다. 따라서, 기업이 이러한 상황에서 고객들에게 유·무형의 이탈장벽을 형성하거나 고객만족을 높이는 방향으로 경영전략을 전환하는 것은 자연스러운 현상이다. 고객만족이 점차 더 중요해지는 이유 중 하나는 바로 이렇게 주변의 많은 산업유형들이 이미 치열한 경쟁국면으로 들어갔기 때문이다.

고객만족을 높이는 것이 중요한 또 다른 이유는 아이러니컬하게도 불만족한 고객들의 여파 때문이다. 펜실베이니아 대학교 와튼 경영대학의 보고에 의하면, 불만족한 고객이 기업에 직접 항의하는 경우는 전체 6%에 지나지 않으며, 63%는 침묵, 그리고 나머지 31%는 열심히 뒤에서 친구들이나 가족들에게 좋지 않은 정보를 전파하고 있는 것으로 나타났다. 더 큰 문제는 이 31%에 해당하는 불만고객들의 불평을 전해들은 사람들의 80%는 또 다른 주변사람 3~5명에게 이 소문을 전파한다는 사실이다. 간단히 계산해 보아도 이에 대한 여파는 어마어마하다. 이번 달에 접수된 고객불만이 60명밖에 안 되더라도 전체 불만고객은 1,000명 이상일 것이라는 계산이 나오고, 이 중 300명 이상은 열심히 그 기업의 브랜드 이미지를 무너뜨리는 데 동참하고 있으며, 이것은 곧 수천 명의 부정적 시각을 가진 고객을 낳게 될 것이다. 게다가 인터넷과 모바일, 그리고 SNS를 통해 이루어지는 자유소통의 시대에서는 잠잠했던 63%의 고객들도 31%의 움직이는 불만고객 대열에 참여하게 될 것이다. 몇 년 전 한 미국 로컬 항공사의 열악한 고객서비스에 대한 악성 패러디 동영상이 유튜브를 통해 퍼지자(보통 이런 UCC는 재미가 있어서 쉽게 퍼진다.) 그동안 참아 왔던 많은 불만고객들이 동참해 결국 그 항공사는 문을 닫은 사례가 있다. 이렇게 고객만족은 고객을 유지하기 위한 차원에서도, 불만고객의 여파를 방지하는 목적에서도 중요한 의미를 가진다.

그렇다면 고객만족에 대한 정확한 개념은 무엇일까? 고객만족(customer satisfaction)이란 "어떤 대상에 대한 기대수준(expectation)과 실제 경험(experience)의 차이에서 발생하는 불일치(discrepancy) 정도에 대한 주관적인 평가의 결과"라고 할 수 있다. 이 정의를 가만히 살펴보면 실무적으로 얻을 수 있는 두 가지 중요한 통찰력을 얻을 수 있다.

첫째, 기대수준이나 실제 경험이 없으면 고객만족이란 존재하지 않는다는 것이다. 유명 브랜드라고 해서 길거리나 인터넷, 혹은 무작위로 전화를 통해 사용해보지도 않은 잠재고객들에게 고객만족도 설문을 진행하면 그 결과는 왜곡된 것이며, 또 실제 구매고객이라 해도 일용품이나 저관여 소비재와 같이 별로 기대하지 않고 사용하는 고객이라면 고객만족도가 높게 나왔다고 한들 큰 의미를 부여하기 어렵다.

둘째, 기업이 제시하는 제품이나 서비스의 품질이 아무리 높아도 고객만족 수준은 낮을 수 있고, 반대로 제품과 서비스의 품질이 그다지 좋지 않음에도 불구하고 고객만족이 충분히 높을 수 있다는 것이다. 전자의 경우라면 과도한 광고 등으로 고객들의 기대수준이 너무 높아져 실질적인 제품 사용의 경험이 있는 고객들의 기대수준을 따라가기 어렵거나, 고객들의 기대수준을 충족하고 있지만 고객들의 주관적인 평가기준이 지나치게 인색한 경우일 것이다. 반면에 후자의 경우도 충분히 가능한데, 기대하지 않았던 중소기업의 제품이었지만 실제 경험한 품질 수준은 비교적 높아 결과적으로 높은 고객만족으로 나타날 수 있다는 것이다.

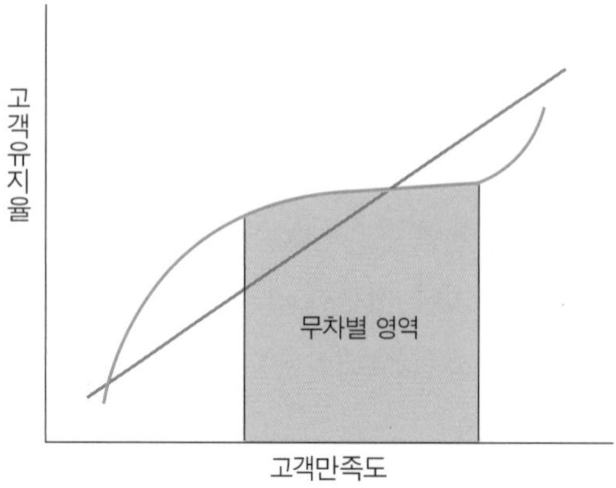

NOTE: 가운데 직선은 만족도-유지율 곡선의 비선형관계를 선형관계로 추정한 것이다.

[만족도-유지율의 비선형관계]

한편, 기업이 고객만족을 추구하는 실질적인 이유는 앞에서 논의한 바와 같이 고객유지율을 높임으로써 기업의 수익성을 높이는 것일 테지만, 고객들의 만족도가 높아진다고 해서 고객유지율이 반드시 좋아지지는 않는다. 위의 그림에서 보는 바와 같이 고객만족도와 고객유지율은 어느 정도 상관관계가 존재하는 것은 사실이지만 선형관계는 아니며, 더욱이 고객만족도가 높아져도 고객유지율은 제자리에 머무는 이른바 '무차별 영역(zone of indifference)'이 존재한다. 문제는 대다수의 기업들이 이 무차별 영역에 놓인 상태라는 것이다. 고객만족도가 높아짐에 따라 고객유지율도 개선되는 부분은 무차별 영역 이전 단계이거나, 무차별 영역을 완전히 벗어난 최상의 고객만족을 제공하는 경우이다. 무차별 영역의 전 단계는 고객서비스 체계가 제대로 자리잡지 못한 신생기업이나, 이제야 본격적으로 고객만족에 신경 쓰는 독과점 기업이나 비영리·

공공 단체 정도가 해당된다.

그러나, 대개의 기업들은 예전부터 고객서비스와 고객만족을 위해 갖은 투자와 노력을 해오고 있으며, 이러한 기업들의 노력에 대해 고객들의 기대수준은 더 높아지고, 때로는 당연시하고 있는 것이 사실이다. 즉, 고객만족으로 승부하여 고객유지율을 획기적으로 끌어올리기 위해서는 극단적인 고객만족을 추구해야 한다. 이 사실을 간파한 것이었을까? 얼마 전 국내의 한 대기업은 "고객만족 200% 달성"이라는 다소 황당한 캐치프레이즈를 내걸었다.

고객로열티

고객로열티는 고객만족과 마찬가지로 고객들의 구매가치·브랜드가치·관계가치에 의해 종합적인 결과처럼 나타나는 기업에 대한 고객들의 심리적 평가지표임에도 불구하고, 고객만족도에 비해 조직의 재무적 성과와 보다 밀접한 연관성을 가진다. 로열티가 있는 고객을 가진 기업이 경쟁기업보다 60% 높은 수익을 올릴 수 있고, 재무분석가의 예측보다 2배의 매출을 올릴 수 있으며, 고객로열티의 5% 증가가 수익을 25~85%까지 증진시킬 수 있다는 연구결과는 이러한 연관성을 반영한다. 이 때문에 경영전략 차원에서 CRM은 다소 막연해 보일 수 있는 고객만족보다는 고객로열티라는 개념에 더 큰 비중을 두고 있다.

고객로열티(customer loyalty)란 '한 기업의 사람, 제품 또는 서비스에 대한 애착(attachment) 또는 애정(affection)의 감정 상태'이며, CRM 관점에서는 '특정 상품·서비스에 대해 지속적으로 구매·

이용하려고 하는 의지 또는 몰입의 정도'라고 할 수 있다. 특정 기업에 대해 진정한 로열티를 갖고 있는 고객들은 일단 해당 기업의 제품과 서비스에 대해 반복구매나 교차구매, 상승구매를 통해 기업의 수익성에 직접적인 기여를 할 뿐만 아니라, 가격 민감도가 낮아져 가격변동과 같은 정책의 변화를 관대하게 수용할 수 있게 된다. 뿐만 아니라 불만사항·칭찬·제안 등 기업에 유의미한 고객 의견을 기꺼이 제공함으로써 이른바 고객에 의한 고객지향적 혁신이 가능하게 하고, 주변 사람들에게 그 기업에 대한 긍정적인 입소문이나 추천활동을 전개함으로써 우호적인 고객층 확보와 실질적인 신규고객 확보에도 도움을 줄 수 있다.

고객로열티가 이렇게 기업에 긍정적인 현상을 제공할 수 있는 것은 사실이지만, 고객만족과 마찬가지로 고객로열티를 판단하고 관리할 때는 주의해야 할 점이 있다. 겉으로 나타나는 행동적 로열티와는 다르게 잘 보이지 않는 태도적 로열티도 엄연히 존재하며, 이 두 가지 로열티가 공존할 때에만 진정한 고객로열티가 형성된다는 것이다. 행동적 로열티는 고객들의 구매행태로서 일반적으로 반복구매의 정도로 나타나지만, 태도적 로열티는 일종의 심리적 애착으로서 쉽게 포착하기 어렵다.

아래 그림에서 보는 바와 같이 행동적 로열티와 태도적 로열티를 각각 높고, 낮음으로 판단할 때 고객로열티는 크게 4가지 형태로 구분할 수 있다. 둘 다 높은 경우를 초우량 로열티, 심리적 애착은 강하지만 반복구매의 정도는 약한 잠재적 로열티, 반복구매는 강하지만 심리적 애착은 매우 약한 타성적 로열티, 그리고 두 가지

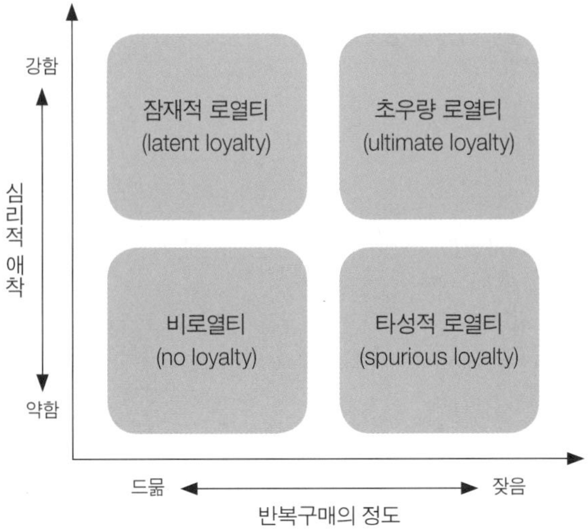

[반복구매와 심리적 애착 상태에 따른 로열티 구분]

모두 약한 비로열티가 그것이다. 초우량 로열티야말로 앞서 논의한 진정한 고객로열티라고 할 수 있으며, 기업이 목표로 해야 하는 이상향일 것이다. 비로열티는 당연히 여기에서 논의할 바가 없다.

잠재적 로열티는 심리적 애착은 있지만 실질적인 반복구매가 나타나지 않는 고객들의 특성으로서 그 원인을 명확하게 파악하려는 노력이 중요하다. 잠재적 로열티에 포함되는 고객들은 그 형태가 다양하기 때문이다. 경쟁사 제품을 이용하면서 자사의 문화행사나 각종 초대 이벤트에만 응모하는 체리피커(cherry picker)일 수도 있고, 구매능력이 아직 없지만 해외명품이나 외제 승용차에 대한 막연한 동경심과 관심을 가지고 있는 젊은 잠재구매층 고객일 수도 있으며, 특정 브랜드를 선호하지만 자신의 주변에는 해당 브랜드가 진출하지 않아 이용이 불가능한 시장소외지역의 고객일 수도 있다. 쉽지는 않겠지만 잠재적 로열티에 해당하는 고객들의 유형을 파악하고, 해당 유형에 따른 차별화된 전략을 수립하면 장기적으로는 초우량 로열티 고객층을 확대하는 데 성공할 수 있다

그러나, 기업 입장에서 현실적으로 더 중요하고 시급한 문제는 타성적 로열티에 있다. 단지 반복구매 정도가 높으면 고객로열티가 형성되었다고 착각하기 쉽기 때문이다. 위에서 언급한 잠재적 로열티의 시장소외지역에 있는 고객들을 생각해보자. 어떤 고객이 A브랜드를 선호하지만, 그 지역에 A브랜드가 없어서 어쩔 수 없이 다른 대안인 B브랜드를 반복구매하고 있다면, 그 고객은 A브랜드 입장에서는 잠재 로열티가 있는 고객이지만, B브랜드 입장에서는 타성적 로열티에 해당하는 고객이다. 이때 B브랜드는 그 고객이 자사에 대한 진정한 고객로열티를 가지고 있다고 생각해서는 안 된다. 경쟁사 이용에 대한 물리적 장벽이 고객들의 행동적 로열티를 강제하고 있을 수도 있기 때문이다. 타성적 로열티의 취약점은 보통 경쟁사가 진출했을 때 단번에 드러난다. 과거 10여 년 동안 행복한 독점을 누려온 경상도 한 도시에 있는 K유통은 경쟁사가 출현하자마자 충성도가 높다고 판단했던 고객들이 우르르 빠져나갔다. 심리적 로열티의 중요성을 뒤늦게 깨달은 예이다.

따라서 기업은 반복구매가 높은 고객들과 판매 외적인 부분에서도 지속적인 커뮤니케이션을 수행하여 심리적 애착심을 높이도록 노력하는 것이 필요하다. 핵심고객들에게는 상품 리스트가 빼곡히 인쇄된 DM이나 교차판매를 위한 전화 마케팅 외에도 따뜻한 시(詩) 한 구절 들어간 편지나 불편사항 여부를 묻는 해피콜을 보낼 수 있어야 하고, 바겐세일과 각종 할인이벤트 행사 외에도

동호회나 문화행사처럼 상품구매와 직접적인 연관이 없는 일로도 기업을 방문할 수 있도록 유도하는 것이 필요하다.

> **ESSENTIAL**
>
> **많이 구매하는 고객이 핵심고객?**
> 반복구매가 높은 고객이라고 해서 안심하지 말고, 상품판매 외적인 부분에서도 지속적인 커뮤니케이션을 수행해야 한다. 그래야 위기상황일 때 버텨주는 진정한 고객로열티가 형성된다.

■■ 고객자산가치

지금까지 논의한 고객가치요소와 고객만족, 그리고 고객로열티는 결국 기업의 재무적 성과에 기여할 수 있어야 한다. 기업의 재무적 성과를 나타내는 지표에는 영업이익, 당기순이익, ROE, ROA 등 다양한 것들이 존재하지만, CRM 관점에서 표현하는 재무적 성과지표는 고객자산가치(customer equity)이다. 즉, 기업의 CRM 활동은 궁극적으로 고객자산가치를 성장시키기 위한 활동이라고 할 수 있다. 고객자산가치의 개념을 정확하게 이해하기 위해서는 equity라는 용어를 이해할 필요가 있다. equity는 흔히 논의되는 자산(asset)과는 다른 의미이다. equity는 또 다른 용어로 net asset, 즉 순자산이라고도 불리는데, 이는 기업의 총 자산(total asset)에서 부채(liability)를 차감한 순수 '자본'의 개념이라고 할 수 있다. 따라서 고객자산가치란 고객을 기업의 중요한 자본 혹은 순자산의 개념으로 관리하겠다는 의미이며, 모든 자산항목이 적절한 가치를 평가 받듯이, 고객 역시 기업의 중요한 자산항목으로서 가치평가를 함으로써 기업의 진정한 가치를 가늠할 수 있다는 것이다. 이에 따라 고객자산가치는 개념적으로 "기업의 모든 고객이 기업에 제공하는 재무적 기여의 총합"이라고 정의할 수 있다. 고객자산가치의 전형적인 측정방식은 현재 측정할 수 있는 고객들의 기여가치, 좀 더 구체적으로는 개별 고객의 생애가치(CLV)의 총합으로 나타낼 수 있다. 그런데, 고객자산가치의 정의에서 "기업에 제공하는 재무적 기여"라는 부분을 잘 생각해볼 필요가 있다. 위키피디아에서 제공하는 고객자산가치의 개념을 살펴보면 명확해진다.

ESSENTIAL

고객자산가치는 고객생애가치와 같은 것인가?

위의 질문에 대해 2006년에 필자와 유명 CRM 컨설턴트 간에 갑론을박한 적이 있었다. 필자는 "고객자산가치 = 직접구매가치 + 간접후원가치"라는 의견이었고, 그 컨설턴트는 두 가지가 완전히 같은 개념이라는 주장이었다. 당시 명확한 결론이 나지 않았으나 몇 해 뒤 위키피디아에서 결론을 내주었다.

고객자산가치는 기업의 관점에서 바라본 고객의 순현재가치(net present value)이다. 여기에는 재무적 가치로 표현되지 않은 고객의 로열티(loyalty)나 옹호(advocacy)와 같은 호의도(goodwill)의 가치를 반드시 포함해야 한다.
_ 위키피디아

즉, 고객이 기업에 제공하는 가치는 해당 고객이 직접 제품이나 서비스를 구매함으로써 기여하는 가치가 있을 수 있고, 또한 그 고객이 다른 고객을 추천하거나 다른 사람들에게 그 기업에 대한 좋은 입소문을 전파함으로써 다른 고객들이 제품이나 서비스를 구매하도록 하는 간접적인 기여도 존재한다는 것이다. 따라서, 고객자산가치의 개념을 충실히 반영하려면 어떤 방식이 되었든 고객들의 직접적인 기여와 간접적인 기여를 함께 재무적인 가치로 환산할 수 있는 측정모델이 존재해야 한다. 이를 위해 고객들의 직접적인 기여가치 측정은 고객생애가치(customer lifetime value)모형을, 간접적인 기여가치 측정은 고객추천가치(customer referral value)모형을 활용할 수 있다(이 두 가지 모형에 대한 설명은 4장에서 다룬다). 이러한 고객자산가치의 두 가지 측면은 CRM 전략이 고객들의 직접적인 반복구매를 촉진시키는 활동과 더불어 고객 스스로 기업에 우호적인 태도를 갖고 간접적인 기여를 할 수 있도록 고객 친화적인 활동도 포함해야 한다는 것을 시사한다. 이것은 앞서 논의한 고객로열티의 두 가지 측면과, 그리고 이후에 논의할 공정가치이론과 그 맥락이 일치하는 것을 알 수 있다.

또한, 고객자산가치는 CRM 전략이 기존의 데이터베이스 마케팅과 다른 점을 설명하고 있다. 데이터베이스 마케팅이 고객데이터의 분석을 통해 기업의 마케팅 활동을 보다 효율적으로 추진하기 위한 방법론적인 접근이었다면, CRM은 고객자산가치라는 전사적인 성과지표 하에 모든 경영활동을 고객단위의 통합된 관점으로 최적화하려는 철학이다. 따라서 만약 다수의 브랜드를 가지고 있는 기업에서 개별 브랜드 단위의 CRM을 하고 있다면 그것은 엄밀히 말해 CRM이 아니라 개별 브랜드의 데이터베이스 마케팅을 추구하고 있는 것이다. CRM이 추구하는 전체 최적화란 부분 최적화의 단순 합으로 나타나지 않을 뿐더러, 종종 특정 영역의 부분 최적화는 오히려 전체 최적화를 달성하는 과정에 마이너스가 될 수도 있기 때문이다.

ESSENTIAL

CRM과 DB 마케팅의 차이를 단적으로 보여주는 사례
만약 다수의 브랜드를 가지고 있는 기업에서 개별 브랜드 단위의 CRM을 하고 있다면 그것은 엄밀히 말해 CRM이 아니라 개별 브랜드의 데이터베이스 마케팅을 추구하고 있는 것이다.

한편, CRM 전략의 핵심이론으로서 고객자산가치가 더욱 중요해지는 이유 중 하나는 "기업의 가치는 무엇으로 평가될 수 있는가?"라는 본질적인 질문에 대해 새로운 답변을 제시해주고 있기 때문이다. 실질적으로 기업의 가치평가가 중요해지는 시점 중 하나는 기업의 인수합병(M&A) 시 대상 기업에 대한 적정한 가격(price)을 산정하는 때일 것이다. 전통적인 기업평가(corporate valuation)방식에서는 청산가치(기업을 청산했을 때 남게 되는 가치)를 주요 기반으로 삼는데, 이때 청산가치는 일반적으로 회계장부상에 기재될 수 있는 다양한 자산항목들과 유·무형의 지적 자산(특허·기술·정보시스템 등)을 고려하여 산정한다. 그런데, 문제는 이러한 항목들만으로는 기업의 진정한 가치가 평가되지 않는다는 것이다. 전통적인 기업평가방식을 통해 산정된 값비싼 기업을 인수한 후 성과를 보지 못한 채 과도한 비용만 낭비한 후 도산하는 경우를 흔히 볼 수 있다.(물론 M&A의 실패가 다양한 조직 통합의 이슈로부터 나오는 경우도 있지만,

여기에서는 물리적 가치평가가 높은 기업이 반드시 실제 비즈니스 성과로 이어지는 것만은 아니라는 점을 이야기하고 있다.)

기업의 물리적인 자산항목 가치평가로 구글(Google)이나 애플의 진정한 기업가치를 평가할 수 있을까? 이런 초일류 기업들의 가치는 어디에서 오는 것일까? 이에 대한 새로운 시각의 해답이 고객자산가치에 있다. 즉, 기업의 수익은 그 기업이 생산하는 제품이나 서비스 자체의 가치가 아니라 다름 아닌 고객으로부터 창출된다는 것이다. 이러한 관점에서 고객은 기업의 중요한 자산항목일 수밖에 없으며, 고객을 기업의 순자산으로 관리할 수 있는 개념이 고객자산가치라고 할 수 있다. 최근에는 고객자산가치가 기업의 재무현황을 종합적인 관점으로 나타내는 주요 지표로 인식되면서 공식적인 기업재무보고서에 포함되기도 한다.

■■ 공정가치이론

CRM에서 반드시 기억해야 할 또 하나의 중요한 원칙이 공정가치이론이다. 공정가치이론은 기업의 어떠한 활동이든 그 활동을 통해 고객이 얻는 가치와 기업이 얻는 가치가 공정(fair)해야 하고, 공정해진 상호 가치를 극대화하는 관점으로 기업의 활동이 추진되어야 한다는 것이다. CRM 역시 이 원칙에 기반해야 하고, 이 공정가치이론에 위배되는 CRM 활동은 장기적으로 지속될 수 없다는 의미를 내포하고 있다. 다음은 공정가치이론을 공정가치선이라는 개념적인 도구를 사용해 표현한 그림이다.

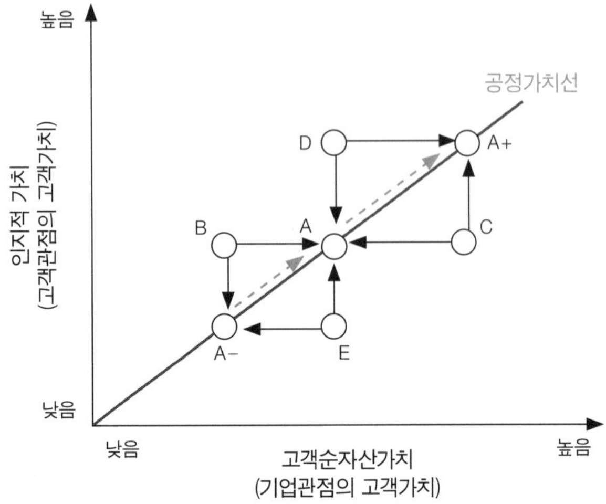

[공정가치이론]

여기에서 B와 D에 해당하는 기업은 CRM을 통해 고객이 얻는 가치가, C와 E에 해당하는 기업은 CRM을 통해 기업이 얻는 가치가 상대적으로 과도한 기업으로서 두 가지 모두 공정가치에 위배된 상황이라고 볼 수 있다.

B기업과 D기업의 고객들은 자신들이 지불하는 비용보다 이 기업을 통해 얻는 가치가 높은 반면, 기업의 입장에서는 경영의 효율성이 떨어지는 문제점을 갖게 된다. 이러한 상황은 새로운 제품이나 서비스의 론칭(launching) 초기나 경쟁이 과열된 시장에서 많이 나타나는데, CRM 관점에서 보자면 일명 '퍼주기식 CRM'이 만연한 상황이라고 볼 수 있다. 선심성 선물과 혜택, 과도한 마일리지나 할인제도, 무조건적인 교환·환불정책, 타당성 논의 없이 관철된 시설정비 및 확충 등 고객만족을 위해 묻지마 투자가 진행된다.

고객만족도는 높아지겠지만, 문제는 앞서 논의한 바와 같이 많은 기업들이 이미 무차별영역에 놓여 있기 때문에 실질적인 경영성과로는 쉽게 나타나지 않는다. CRM을 몇 년 시행하다가 포기한 많은 기업들은 이렇게 CRM을 막연히 고객만족을 위한 '서비스 제공'이라는 관점에서 접근했을 가능성이 크다.

그렇다면, B와 D 같은 기업이 CRM을 포기하지 않고 취할 수 있는 방법에는 무엇이 있을까? 당연히 고객에게 제공하는 가치의 수준을 낮추거나(B→A- 또는 D→A), 동일한 고객가치 수준에서 기업이 고객에게 받는 가치 수준을 높임으로써(B→A 또는 D→A+) 공정가치선상으로 복귀하는 것이다. 전자는 고객에게 돌아가는 각종 혜택에 관련된 정책들이 변하는 것이므로 즉각적인 고객불만이 유도될 수 있다. 후자의 방법은 CRM에 대한 전략적인 입장을 좀 더 강화하는 접근으로서 고객만족뿐만 아니라 CRM을 통한 직접적인 수익창출 활동을 강화하는 것이다. 즉, 실무적인 관점에서 보면 고객서비스 부서의 CRM 활동뿐만 아니라, 마케팅 또는 영업부서의 CRM 활동을 강화한다는 의미다.

ESSENTIAL

공정가치이론, CRM 성공의 열쇠

고객의 가치만을 추구하는 '퍼주기식 CRM'과 기업의 가치만을 추구하는 '쥐어짜기식 CRM'은 모두 성공은 커녕 지속적으로 운영되기도 어려운 실패한 CRM의 전형적인 두 가지 모델이다.

한편, C와 E에 속하는 기업들은 고객을 통해 얻는 성과가 큰 반면, 고객들은 자신들이 지불하는 비용에 비해 실질적으로 얻는 가치가 떨어진다고 느껴서 고객불만을 야기할 수 있는 문제점을 안고 있다. 이러한 상황은 흔히 독과점 시장이나 인접 시장과 격리된 시장에서 주로 발견된다.

하지만 일반적인 경영환경의 CRM 관점에서도 나타나는데 일명 '쥐어짜기식 CRM'이 바로 그것이다. 고객만족은 온데간데 없고, 추가판매 기회를 포착하기 위한 분석활동과 교차판매를 위한 고객접촉활동으로 점철되어 있다. 이에 일반 소비자들은 CRM을 귀찮은 스팸메일이나 영업유도 전화 정도로 이해하고, 이 때문에 기업의 CRM 활동에 대해 큰 불만을 가지고 있는 고객도 존재한다. 신규거래관계가 형성되자마자 그 다음 날 해피콜을 가장한 상담원의 추가판매를 시도하는 전화는 고객만족을 이끌기는커녕 어렵게 형성된 고객관계를 오히려 깨뜨리는 잘못된 CRM 관행 중 하나다. 이러한 잘못된 CRM 관행의 원인 중 하나는 과거에 컨설팅 기업들이 CRM을 경영전략으로 민간기업에 제안하면서 CRM을 통해 재무적 성과를 단기적으로 끌어올릴 수 있다는 달콤한 미래상을 제시하였기 때문이다.

실제로 불과 몇 년 전까지만 하더라도 외국계 컨설팅 기업의 CRM 전략 프레임워크는 획득→유지→강화가 아닌 획득→강화→유지였다. 즉, 관계만 획득되면 곧바로 매출 극대화 노력을 추구한다는 것이다. 그러나, 인간관계도 그렇듯이 아직 안정화되지 않은 관계를 바탕으로 무언가를 얻으려고 시도하는 것은 상대방으로 하여금 불쾌감을 일으키기 마련이다. 따라서, '쥐어짜기식

CRM' 역시 공정가치이론을 위반한 잘못된 CRM 활동이며, 이러한 영역에 있는 기업이라면 고객에게 제공하는 가치의 수준을 높이거나(E→A 또는 C→A+), 동일한 고객가치 수준에서 고객에게 받는 가치 수준을 낮춤으로써(E→A- 또는 C→A) 공정가치선상으로 회귀해야 할 것이다. 전자는 CRM 활동을 통해 고객서비스를 강화하고, 고객에게 돌아가는 혜택을 증대시키는 방향이고, 후자는 가격할인이나 기존의 마케팅적·영업지향적 CRM 활동을 축소하는 방향일 것이다. 기업이 영리를 목적으로 움직이는 조직이라는 전제를 감안하면 당연히 후자를 통한 수익성 감소는 기업으로서 감당하기 어려운 선택이 될 수 있다. 따라서, '쥐어짜기식 CRM'을 추진했던 기업이라면 전자에 해당하는 방향으로 CRM 전략의 밸런스를 추구하는 것이 바람직할 것이다.

CRM 전략이 외형적으로 과거의 대중 마케팅 방식과 분명하게 다른 점 중 하나는, 어떠한 활동이든 고객에 대한 철저한 분석과 체계적인 프로세스를 통해 전개되는 과학적인 경영방식을 가능하게 한다는 점일 것이다.

PART II에서는 이러한 과학적인 고객경영전략으로서 CRM을 가능하게 해주는 핵심적인 기반지식들을 다루고자 한다. 여기에는 기업의 경영현황을 고객이라는 주제 아래 평가할 수 있는 다양한 분석모형과 방법론, 효과적인 고객전략을 수행할 수 있도록 지원하는 CRM 시스템, 그리고 방대한 규모의 데이터를 효과적으로 분석하여 유의미한 비즈니스 규칙을 도출하도록 지원하는 데이터마이닝 기법들이 있다.

PART II

CRM 기반 지식

04

CRM 고객가치의 분석과 활용

■■ 고객자산가치

고객가치를 분석하고 활용하는 경우 가장 먼저 논의해야 할 부분이 고객자산가치(customer equity)이다. 고객자산가치는 고객전략을 통해 기업이 달성하려는 조직의 성과를 제품이 아니라 고객 측면에서 평가하려는 시도이다. 이는 CRM이 단지 고객 데이터베이스를 효과적으로 사용하여 보다 정교한 마케팅 활동을 전개하려는 데이터베이스 마케팅과의 차이가 무엇인지를 보여주는 두드러진 특징이라고 할 수 있다. 데이터베이스 마케팅을 통해 아무리 적합한 표적고객을 찾아내고, 효과적인 방법론을 적용한다 하더라도, 결국 주요 목적은 해당 제품과 서비스의 매출증대이다. 따라서, 방법론만 달라졌을 뿐 제품지향적인 마케팅이라는 근본적인 입장은 변하지 않는다. 그러나, CRM의 목적 자체는 제품이 아니라 '사람'이기 때문에 이에 대한 성과 역시 '사람'을 중심으로 평가해야 한다는 것이며, 고객자산가치라는 개념이 그 역할을 맡고 있다.

우리 주변에서 고객자산가치의 개념이 적용되는 한 가지 사례를 보자. 교회도 사고판다는 얘기가 있다. 성스러운 종교에 비즈니스 관점을 들이대는 것 자체가 교인들에게는 불쾌한 일이겠지만, 여기에서는 괜한 오해를 불러일으킬 만한 의도가 없음을 밝혀 둔다. 아무튼, 실제로 고객전략의 범위는 영리기업뿐만 아니라 공공기관과 비영리단체, 종교집단, 심지어는 가족과 개인에게도 해당된다는 것을 이미 밝혀 둔 바 있고, 실제로 해외의 유명 경영저널에서는 교회나 성당, 군대와 같은 집단에 CRM이 적용된 사례가 심심찮게 등장하고 있다. 본론으로 돌아가서 교회를 사고판다는 얘기가 사실이든 아니든, 교인들로 가득 차고, 에너지가 넘치는 교회가 어떤 이유에서든 주인이 바뀌는 과정이라면 그 교회의 가치가 정당하게 평가되어야 할 것이다. 이 과정에서 그 교회의 가치는 무엇으로 평가할 수 있을까? 하나님의 성령이 가득 찬 정도를 무엇으로 평가할 수 있는가? 교회 시설? 교회 위치? 목사의 인지도? 무엇보다 충성스런 교인의 수일 것이다. 다시 말해 교회의 가치는 교인들의 가치, 즉 교회관점에서의 고객자산가치가 그 교회를 평가하는 가장 중요한 잣대가 되는 것이다. 따라서, 고객자산가치는 전통적인 재무·회계 방식으로는 보여주지 못하던 기업의 진정한 가치를 평가해준다는 점에서도 의미가 있다.

그러나, 고객자산가치를 피상적으로만 이해하고 적용한 경우 자칫 허구에 지나지 않는다는 비판을 받을 수 있다. 이것은 실제로 2000년대 초반 IT 버블시대에 닷컴 기업들에 대한 고객자산가치 평가를 시도한 경험에서 현실로 나타났다. 묻지마 투자가 성행했던 당시에는 닷컴 기업들에 대한 적절한 기업가치 평가방법이 없어서 기업이 보유한 고객의 수, 엄밀하게 말하자면 단지 데이터베이스상에 등록된 식별고객의 수로써 기업가치를 평가하고자 했다. 가령, 등록된 고객 개개인에 대해 5천 원, 2만 원 등 작위적이고 동질적인 재무적 가치 수준으로 평가한 뒤 기업에서 보유한 고객 수만큼 곱해 그 기업의 고객자산가치라고 공표하곤 했다. 이것이 유행으로 번져 닷컴 기업뿐만 아니라 전통적인 굴뚝산업(brick and mortar)의 기업들도 이에 편승하였다. 이를 바탕으로 기업들은 자사의 주식(stock)을 재평가했고, 재평가된 주가가 현재 주가에 비해 월등히 높게 나타나자 장밋빛 미래가 보이는 듯했다. 그러나, 곧 IT 버블이 꺼지고 기업들의 주가가 처참하게 곤두박질치자 결국 고객자산가치라는 개념은 허상이었다고 판단하는 이들이 많아졌다. 그렇다면 고객자산가치라는 개념은 단지 허상에 지나지 않는 것일까? 무엇이 문제였을까?

이 사례에서는 잘못된 점이 세 가지 있었다. 첫째, 고객자산가치를 평가하는 방식이 잘못되었다. 모든 고객의 자산가치를 동일하게 평가하는 것 자체가 고객자산가치의 근본적인 개념에 위배되는 것이었다. 즉 고객자산가치의 개념을 잘못 받아들여 사용한 것이었다.

둘째, 당시 고객자산가치로 주가나 기업가치를 평가하기 위해 참여했던 대부분의 기업들은 경쟁사 간에 고객들의 이동이 자유로운 비계약업종(non-contractual) 위주였는데, 이에 대한 고려가 고객자산가치 평가에 반영되지 못했다. 즉, 어떤 기업의 데이터베이스에 등록된 고객일지라도 얼마든지 경쟁사 데이터베이스에도 등록될 수 있기 때문에 그 고객이 기여할 수 있는 재무적 가치는 얼마든지 분산될 수 있다는 것이 고려되지 않았다.

셋째, 고객자산가치의 용도가 잘못되었다. 고객자산가치가 정확하게 평가되었던들 이것이 주가를 평가하는 데 적절한 설명변수일까? 물론 주식이라는 것이 그 기업의 유기적인 성장지표들과 정확히 일치하는 패턴으로 변화한다면 가능한 일이겠지만, 기업의 직접적인 수익지표조차도 그 기업의 주가를 정확히 예측하지 못해 "차라리 동전을 던져라."라는 말이 있을 정도로 각종 외생변수의 역할이 존재하는 것이 주가이다. 고객자산가치가 기업의 가치평가를 위해 사용될 수 있는 것은 사실이지만, 아직까지는 전통적인 기업평가지표들을 보조하는 역할에 지나지 않는다. 또한, 실무적으로 고객자산가치의 중요한 목적은 고객지향적인 경영전략을 수립하기 위한 기준점과 성과지표로서 활용되는 것이다. 즉, 고객자산가치가 정확하게 평가되었을 때 그것이 기업의 실질적인 수익성을 비교적 정확하게 반영할 수 있는 것은 사실이지만, 기업의 주가까지 예측한다는 것은 아직까지 무리인 것이다.

그렇다면, 고객자산가치는 어떻게 측정해야 할까? 3장에서 고객자산가치는 "기업의 모든 고객이 기업에 제공하는 재무적 기여의 총합"이라고 정의하였고, 여기에서 재무적 기여란 고객이 직접적으로 제공하는 재무적 기여와 간접적으로 제공하는 재무적 기여를 모두 포함하는 개념이어야 한다고 강조하였다. 물론 각 기업마다 자사의 특성을 고려한 고객자산가치 모델이 존재할 수 있지만, 기본적으로 고객자산가치는 아래와 같은 정의를 통해 측정할 수 있다.

ESSENTIAL

고객자산가치 핵심요약

- 기업의 고객자산가치 = 기업의 전체 고객들에 대해 개인별 고객자산가치를 합산한 금액
- 개인의 고객자산가치 = 개인의 직접적인 기여가치(고객생애가치) + 개인의 간접적인 기여가치(고객추천가치)

여기에서 한 가지 염두에 두어야 할 사항은, 고객자산가치는 비록 고객들의 과거 데이터를 바탕으로 계산되지만, 결국 고객들의 향후 거래기간에 대해 미래가치를 추정한 값을 도출한다는 것이다. 즉, 특정 고객의 고객자산가치는 그 고객이 앞으로 관계유지가 가능한 시점까지 기여해줄 수 있는 직접적인 가치와 간접적인 가치를 합산한 추정값이라는 것이다. 모든 추정값들이 그렇듯이 과거 데이터가 바뀌면 미래에 대한 추정값도 바뀌게 된다. 따라서, 고객자산가치는 계산시점에 따라 매번 달라질 수 있다.

■■ 고객생애가치

고객자산가치의 직접적인 기여가치 측면을 나타내는 고객생애가치를 먼저 살펴보자. 흔히 CLV(Customer Lifetime Value) 혹은 LTV(LifeTime Value)로 칭하는 고객생애가치는 고객들로부터 미래의 일정 기간 동안 얻게 될 이익(= 수입 − 비용)을 할인율에 의거해 현재가치로 환산한 재무적 가치를 일컫는다. CLV는 단순한 모형이지만 고객들이 기업에 가져다줄 수 있는 미래의 가치를 평가해볼 수 있다는 점에서 중요한 의미를 지닌다. 기업의 관점에서 보면 현재까지 고객이 기여한 가치도 중요하지만, 기업의 고객전략은 향후 그 고객이 기업에 제공할 미래의 가치가 얼마나 되느냐에 따라 고려되어야 하기 때문이다.

고객생애가치에 대한 개념적인 정의는 매우 쉽게 받아들여지지만, 기업이 실제로 이를 측정하고 활용하기 위해 필요한 조작적인 정의는 비교적 까다로운 편이다. 그림에서 보는 바와 같이 고객생애

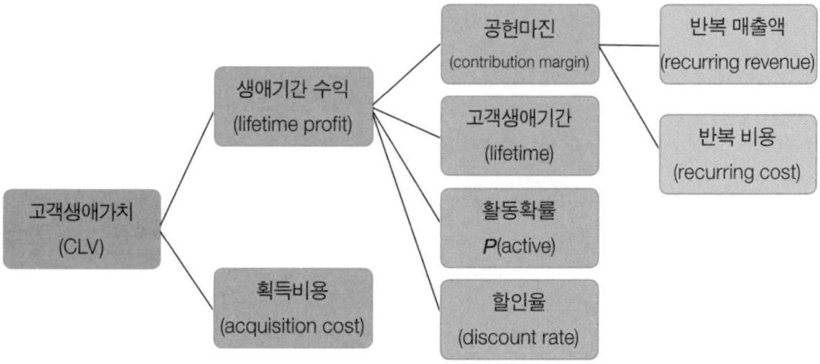

[고객생애가치의 구성요소]

가치를 계산하기 위해서는 크게 고객별 생애기간 수익과 그 고객에 대한 획득비용을 알아야 한다. 고객과 관계가 지속될 수 있는 기간 동안의 기여수익에서 그 고객을 처음 획득하는 데 소요되었던 비용을 빼면 그 고객의 고객생애가치가 된다. 그런데, 문제는 고객의 생애기간 수익을 계산하기가 쉽지 않다는 것이다. 고객의 생애기간 동안의 수익을 파악하기 위해서는 공헌마진, 고객의 생애기간, 활동확률, 그리고 미래가치를 현가로 환산하기 위한 할인율을 고려해야 한다. 우선 공헌마진은 고객의 반복매출액에서 반복적인 마케팅비용을 차감한 순수 기여가치를 의미한다. 여기에서 반복적인 마케팅비용이란 해당 고객을 유지하기 위해 소요되는 관계유지비용이라고 할 수 있다. 그러나, 현실적으로 대다수의 기업에서는 마케팅비용을 CRM 프로세스 전략의 구분에 따라 관계획득비용, 관계유지비용, 그리고 관계강화비용으로 관리하고 있지 않다. 따라서, 국내의 현실로 보았을 때 관계진화과정에 따른 마케팅비용을 고려한 공헌마진을 추출하기 어렵다는 결론에 도달한다.

이에 대해 현실적으로 가능한 대안 중 하나는 고객의 매출액에 영업이익률을 곱해 공헌마진을 추정해내는 것이다. 또는 종종 기업들이 공헌마진율을 내부적으로 미리 설정해 놓기도 하는데, 이 경우 어느 정도 반복적인 비용수준을 고려한 수익률이므로 내부적인 공헌마진율을 활용하는 것도 고려할 만하다.

한편, 고객생애가치의 특징은 고객생애기간과 활동확률에서 나타난다고 해도 과언이 아니다. 고객생애기간은 앞으로 고객이 거래할 수 있는 잔존 거래기간을 의미한다. 즉, 고객별 잔존 거래기간은 그 산업의 최대 구매가능 연령에서 현재 그 고객의 연령을 뺀

기간을 사용할 수 있다. 그러나, 약정 기간이 있는 이동통신서비스나 건강보험상품과 같이 계약의 시작과 더불어 종료 시점이 명확한 계약성(contractual) 산업의 경우에는 잔존 거래기간의 신뢰성이 높지만, 일반적인 상품 구매와 같이 비연속적이면서 종료 시점을 명확히 알 수 없는 비계약성(non-contractual) 산업의 경우에는 잔존 거래기간이 갖는 의미가 크지 않다. 이렇게 불확실한 미래의 잔존 거래기간의 의미를 보정해줄 수 있는 기제가 활동확률이다.

활동확률은 특정 시점에 고객이 거래할 확률을 의미하며, 불확실한 미래의 잔존기간별로 활동확률을 반영해줌으로써 보다 현실적인 생애가치 추정을 가능하게 한다. 미래 시점에 대한 활동확률을 계산하는 방식은 지수분포나 포아송 분포와 같은 특정 확률분포이론에 기반하여 추정해내는 이론들이 있지만, 본서의 취지에 맞지 않고, 현업에서 사용하는 경우는 드물기 때문에 구체적인 설명은 생략한다. 다만 기억해야 할 점은 고객별로 과거 구매패턴에 따라 미래의 구매확률을 달리 적용해야 하고, 그 기업의 연령대별 구매분포에 따라 구매액의 증감추세를 반영할 수 있도록 설정해야 한다는 것이다.

마지막으로 고객생애가치 추정 시 고려해야 할 요소는 할인율이다. 할인율이란 미래에 발생하게 될 고객가치를 현재가치로 환산하기 위해 필요한 비율로서 일반적으로 이자율의 역수를 취하여 사용한다. 따라서, 할인율은 시장 이자율에 따라 달라져야 하므로 금리변동 수준을 적절한 기간마다 반영해주어야 한다.

한편, 고객생애가치는 아직 실현되지 않은 미래의 잠재가치를 현재가치로 환산하는 과정이기 때문에 기업이 할인율을 설정할 때에는 이러한 미실현된 고객가치를 바라보는 자사의 입장이 반영되어야 한다. 고객유지가 상대적으로 용이한 계약성 산업의 경우에는 미래가치를 긍정적으로 바라볼 수 있기 때문에 고객유지가 상대적으로 어려운 비계약성 산업의 경우보다 할인율을 낮게 설정하는 것이 일반적이다.

ESSENTIAL

고객생애가치(CLV) 무용론

이미 오래 전부터 활용해 온 모형임에도 불구하고, 국내 일부 컨설턴트나 실무자 중에서는 여전히 CLV의 이론적 모형이 복잡해 보이기 때문에 현업에서 사용할 수 없다는 식의 논리를 펴는 사람들이 있다. 이들은 분명 단순한 수준의 CRM을 필요로 하는 기업에서만 근무했거나, 최근 데이터 사이언스(data science)라고 불리는 모델링 업무 경험이 없는 컨설턴트일 가능성이 크다. 최근에는 CLV는 물론이고, 이보다 훨씬 복잡한 모형을 개발하여 고객 DB에 파생변수로 만들어 CRM 전략에 활용하는 기업들이 많다.

■■ 고객추천가치

고객추천가치(customer referral value), 즉 CRV는 고객자산가치의 간접적인 기여가치 측면을 나타내는 모형으로서, 고객들이 기업에 간접적으로 제공하는 추천 및 입소문의 가치를 측정할 수 있는 평가모형이다. 특히 요즘과 같이 고객들 간의 소셜 네트워크가 더 이상 암묵적이지 않고, 다양한 커뮤니케이션 채널을 통해 명시적으로 형성되고 있는 시점에서 고객추천가치는 기업에 더욱 큰 의미를 부여하고 있다. 그럼에도 불구하고, 고객추천가치는 종종 현실과는 동떨어진 너무 작위적인 개념이라고 생각하는 사람들이 있다. 그러나, 사실 고객추천가치는 자연스러운 인간의 보상심리 중 하나다. 예를 들어, 여러분이 잘 아는 식당이 있다고 하자. 어느 날 그 식당에 여러분이 동료들을 데리고 가서 회식을 하였고, 음식맛에 반한 동료들이 그 이후에 그 식당의 단골손님이 되었다고 가정하자. 이 경우 식당 주인은 새로운 손님들에게도 감사해야겠지만, 무엇보다 그 손님들을 데리고 간 바로 여러분에게 더 고마워해야 하는 것이 당연한 것 아니겠는가?

ESSENTIAL

소문 내준 손님과 소문 듣고 찾아온 손님

물론 둘 다 고마운 손님이다. 그러나, 소문 듣고 찾아온 손님은 엄밀히 말해 소문 내준 고객이 없었다면 존재하지 않는 고객이다. 성공하는 상공인은 소문 내준 손님에게 더 감사해하며, 그들이 소문을 더 잘 내줄 수 있도록 다양한 방법을 고려한다. 즉, 고객추천가치는 이론에만 존재하는 뜬구름 잡는 개념이 아니라, 사람들의 상거래 활동 속에 존재해 왔던 자연스러운 인간의 보상심리를 반영한 현실적인 개념이다.

기업관점에서 보자면, 기업에 대해 호의적인 태도나 심리적인 애착을 가지고 있는 고객들은 주변 사람들에게 긍정적인 입소문(words of mouth)을 전파하거나, 지인들에게 그 기업의 제품이나 서비스를 직접 추천함으로써 기업의 입장에서는 특별한 마케팅 혹은 영업활동을 전개하지 않아도 새로운 신규고객을 확보하는 효과를 얻게 된다. 뿐만 아니라 추천에 의해 확보된 신규고객들은 마케팅이나 영업활동에 의해 확보된 일반적인 신규고객들보다 이탈률이 더욱 낮다는 점에서 효율적이고 효과적인 신규고객 창출방법이라고 할 수 있다. 이렇게 고객들의 입소문이나 추천의지가 기업에 긍정적인 효과를 가져온다는 사실이 입증되면서 많은 기업들이 고객순추천지수(NPS)와 같은 지표를 자사의 중요한 핵심성과지표(KPI)로 채택하는 경우가 늘어나게 되었다. 그러나, NPS는 어디까지나 '추천의도'일 뿐 고객들의 간접적인 기여가치 자체를 정확하게 평가할 수는 없다. 이렇게 고객들의 추천이나 입소문과 같은 긍정적인 지원활동들의 결과적인 측면을 측정할 수 있는 방법이 고객추천가치(CRV)이다.

고객추천가치는 한 고객의 추천활동을 통해 창출되는 모든 재무적 가치의 총합이라고 정의할 수 있다. 고객의 추천활동은 구체적으로 Type 1 추천가치와 Type 2 추천가치로 구분할 수 있다.

Type 1 추천가치란 직접추천가치(direct referral value)로서 고객의 직접적인 소개로 인해 그 소개를 받은 고객이 기업의 신규고객으로 확보된 경우 그 신규고객이 창출하는 재무적 가치를 의미한다. Type 1 추천가치에 포함되는 재무적 가치는 추천 받은 고객이 구매를 통해 기여한 공헌가치와 그 고객을 추천이 아닌 일반적인 마케팅 활동으로 획득할 경우 소요되는 획득비용, 즉 절감된 획득비용을 포함한다.

Type 2 추천가치는 간접추천가치(indirect referral value)로서 고객의 소개를 통해 잠재고객으로 확보되었지만, 바로 실제 신규고객으로 전환되지 않았거나, 소개받은 고객이 결국 자신을 소개해준 고객을 참조하지 않고 자신의 의지로 신규고객이 된 경우 그 신규 고객을 통해 얻은 재무적 가치를 의미한다. 즉 Type 2 추천가치가 포함하는 재무적 가치는 추천을 통해 획득한 고객을 추천이 아닌 일반적인 마케팅 활동으로 획득할 경우 소요되는 획득비용, 즉 절감된 획득비용만을 포함한다. 왜냐하면, 이 고객의 직접적인 구매 의사결정은 결국 추천이 아닌 본인의 자율의지에 의해 이루어졌다고 보는 것이 타당하기 때문이다.

한편, 고객추천가치도 고객생애가치와 마찬가지로 고객생애기간에 따른 활동확률과 적정 할인율에 의거하여 현재가치로 환산하는 과정이 필요하다.

고객추천가치가 가장 먼저 적용된 산업은 소위 다단계(multi-level marketing) 업종이라고 불리는 네트워크 마케팅(network marketing) 산업이지만, 선진국에서는 이미 통신이나 보험산업, 그리고 일반 슈퍼마켓과 같은 유통산업에도 활발히 적용되고 있다. 물론 국내에서도 일반적인 마케팅·영업 방식과 더불어 네트워크 마케팅 방식을 병행하는 기업에서는 고객추천가치의 개념을 부분적으로 적용하고 있으며, 일반기업들도 이벤트성이 짙기는 하지만 추천인 정보 기입을 통해 여러 가지 형태로 고객추천가치를 보상하고 있다. SNS를 통해 고객 간의 네트워크가 더욱 가시적으로 형성되고 있고, 기업들이 이를 마케팅에 활용하려는 노력이 커지고 있는 만큼 조만간 고객추천가치는 기업의 핵심성과지표 중 하나로 자리매김하게 될 소지가 크다.

고객점유율

앞서 논의한 고객자산가치는 사실 고객이 기여하는 절대적 수준의 가치 측면을 보여준다. 그러나, CRM에서는 개별 고객들의 상대적 수준 가치 역시 중요한 의미를 가지며, 전략적인 관점에서는 상대적인 관점의 가치 평가가 더 유의미한 경우가 많다. 가령, A와 B라는 고객이 모두 100만 원의 고객자산가치를 보유하고 있다고 본다면, 고객자산가치 측면에서는 동일한 고객 특성을 보인다고 판단할 것이다. 그러나, 만약 해당 상품 영역에서 A고객은 총 200만 원을 소비할 수 있는 고객이고, B고객은 총 1,000만 원의 소비가 가능한 고객이라는 정보를 알았다면 두 고객은 더 이상 동일한 고객그룹에 속한다고 보기는 어려울 것이다. 이렇게 고객자산가치는 절대적인 수치의 고객가치를 평가해주지만, 고객별로 다를 수 있는 상대적인 고객가치의 수준을 제시해주는 데는 한계가 있다. 이러한 한계점을 극복할 수 있는 또 다른 형태의 고객중심적 측정지표로 고객점유율을 사용할 수 있다.

고객점유율(share of customer)이란 한 고객이 소비하는 제품이나 서비스군 중에서 특정 기업을 통해 제공받는 제품이나 서비스의 비율을 의미한다. 위와 같은 사례에서 A고객은 50%의 고객점유율을, B고객의 경우는 단지 10%의 고객점유율을 확보했다고 판단할 수 있다. 물론 고객점유율이 높은 것이 무조건 긍정적인 현상이라고 보기는 어렵다. 고객점유율은 어디까지나 상대적인 개념이기 때문에 절대적인 가치 수준에서 제공해주는 정보는 알 수 없기 때문이다. 가령, 잠재구매력이 20만 원인 고객의 구매액이 10만 원인 경우나, 잠재구매력이 2,000만 원인 고객의 구매액이 1,000만 원인 경우나 고객점유율 측면에서는 동일하게 평가된다. 따라서, 고객점유율은 고객구매력과 함께 판단해야 유의미한 마케팅 통찰력을 얻을 수 있다. 아래 그림은 고객구매력에 대한 고객점유율 현황을 바탕으로 고객전략 매트릭스를 표현한 것이다.

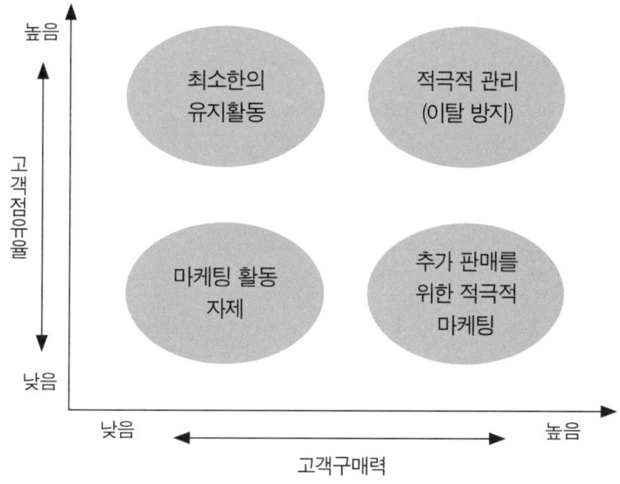

[고객구매력×고객점유율 매트릭스]

한편, 개인 수준의 고객점유율을 기업 수준으로 측정한 고객점유율을 기업의 총 고객점유율(aggregate share of wallet)이라고 하며, 모든 고객들의 고객점유율을 평균한 값으로 표현된다. 기업의 총 고객점유율은 그 기업의 고객관리 역량을 가늠할 수 있는 좋은 지표이면서 시장점유율과 함께 분석했을 때는 거시적인 관점에서 전략적인 방향성도 함께 제시해준다는 점에서 의미가 있다. 예를 들어, 특정 상품영역에서 세 개의 기업(A, B, C)이 있고, 시장에는 단지 세 명의 고객(1, 2, 3)이 있다고 가정해보자. 아래 제시된 표는 해당 기업과 고객들 간의 이번 분기 구매액 현황을 예시하고 있다. A기업의 경우 모든 고객(1, 2, 3)을 보유하고 있으므로 시장점유율과 고객점유율이 동일하다. 그러나, B기업의 매출총액은 A기업과 같으므로 시장점유율면에서는 A기업과 동일하지만, 보유한 고객은 고객 1과 고객 2밖에 없기 때문에 고객점유율은 60.32%가 된다. C기업은 시장점유율은 낮지만(23.62%), 고객점유율은 무려 64.38%에 육박한다.

[시장점유율과 고객점유율] [단위: 원]

	브랜드 A	브랜드 B	브랜드 C	합계
고객 1	32,000	24,000	0	56,000
고객 2	26,000	0	47,000	73,000
고객 3	18,000	52,000	0	70,000
합계	76,000	76,000	47,000	199,000
시장점유율	38.19%	38.19%	23.62%	100.00%
고객점유율	38.19%	60.32%	64.38%	162.89%

이러한 상황이라면 A, B, C 각 기업의 전략적 방향성은 분명하게 달라질 수밖에 없다. A기업과 같이 큰 고객집단을 보유했음에도 불구하고 고객점유율이 떨어지고 있는 기업은 기존고객들과의 관계를 강화하여 교차판매나 상승판매를 유도하여 고객점유율을 높이는 것이 바람직하다. 반대로 C기업과 같이 높은 고객점유율을 가지고 있지만, 보유한 고객집단이 작은 기업에서는 어느 정도 고객들과의 관계유지 및 강화 역량이 확보되어 있다고 볼 수 있는

만큼 신규고객을 창출하는 데 전략적 방향성을 잡는 것이 중요할 수 있다. 한편, B기업의 경우는 양쪽의 전략적 방향성을 적절히 규합하여 시도해야 할 것이다.

ESSENTIAL

시장점유율 + 고객점유율

시장점유율과 고객점유율을 동시에 관리할 수 있는 기업은 현재 그 기업이 공격적 경영전략이 적합한지, 방어적 경영전략이 필요한지를 적시에 판단할 수 있는 기업이다.

고객점유율이 주는 전략적 통찰력은 매우 의미 있지만, 실질적으로 활용하는 데는 많은 어려움이 따른다. 산업 유형에 따라서 앞에서 논의한 고객구매력(size of wallet)을 파악하기가 쉽지 않기 때문이다. 물론 은행연합회에서 각 소매은행에 제공하는 개인고객들의 총 대출금액 정보와 같이 특정 상품들을 공급하는 공급업체들의 통제 및 관리기관이 제시하는 기본 정보들은 일종의 고객구매력으로서 은행들의 대출상품에 대한 고객점유율을 계산할 수 있도록 해준다. 그러나, 대부분의 산업에서는 이러한 중앙통제기능을 하는 기관이 존재하지 않거나, 개략적인 통계정보만을 제공하고 있기 때문에 기업이 구체적으로 고객들에 대한 점유율을 분석하기란 쉽지 않다.

그렇다면 일반 기업들이 고객점유율을 활용하는 것은 요원한 것일까? 쉽지는 않겠지만(엄밀히 말해 정확성을 보장할 수는 없지만) 가능하다. 그나마 소비탄력성이 크지 않고, 어느 정도 일정한 수준의 소비량을 추정할 수 있는 산업에서는 충분히 고객점유율을 예측하여 사용할 수 있다. 가령, 분유업체에서 수유 중인 산모의 정보를 알고 있다면 아기 한 명이 소비하는 분유의 분량은 어느 정도 일정하므로 해당 고객의 고객점유율을 추정할 수 있다. 사료업체의 경우도 축산업자의 농장규모를 파악할 수 있으므로 각 고객들의 사료사용량을 추정할 수 있다. 주유소에서도 고객들의 인구통계적인 정보만 충분히 확보하고 있다면(가령, 거주지 및 근무지 정보, 소유 차종), 평균적인 통근거리와 소요 연료량을 계산할 수 있기 때문에 고객점유율을 추정할 수 있다.

하지만, 유통업체나 일반 소비재와 같이 수요 탄력성이 크고 해당 상품에 대한 총 구매액을 예측하기 어려운 산업의 경우에는 이런 방식으로 고객구매력을 추정할 수 없다. 이때 일반기업들이 취할 수 있는 방법 중 하나는 고객 세그먼트별로 설문을 통해 "식료품을 구매하기 위해 평균적으로 매월 얼마나 지출하십니까?"와 같은 단순한 질문으로 해당 고객 혹은 고객그룹에 대한 평균적인 구매력을 파악하는 것이다.

한편, 최근에는 각종 신용평가 기업이나 통계정보를 제공하는 기관들이 마케팅 활용 목적으로 제공하는 센서스(census) 데이터를 통해 고객 세그먼트별로 각종 통계치를 제공해주며 이를 기반으로 고객구매력을 추정할 수 있다. 필자는 최근 한 백화점 VIP 고객들의 고객점유율을 계산하기 위해 국내 한 신용평가기관과의 협업으로 해당 백화점 고객들이 속한 최소 인구통계적 세그먼트를 찾아내고, 해당 세그먼트 단위의 평균 신용카드 사용금액을 기준으로 실제 소비규모를 추정한 경험이 있다. 이를 통해 해당 백화점은 VIP 고객들에 대한 추가 마케팅 노력을 어느 고객에게 집중해야 할지 선별할 수 있는 기준을 마련하게 되었다.

RFM

RFM은 고객생애가치(CLV)와 더불어 CRM 전략을 논의할 때 가장 많이 언급되는 고객가치 측정지표일 것이다. RFM이란 최근성(Recency), 구매 빈도(Frequency), 그리고 구매액(Monetary) 등의 3가지 지표를 통해 얼마나 최근에, 얼마나 자주, 그리고 얼마나 많은 구매를 했는가에 대한 고객구매행태 분석지표이다. 최근성은 고객의 마지막 구매 시점이 언제인지를 나타내는 변수로서 측정 기준일(일반적으로 현재)에서 그 고객의 최종 구매일의 차이를 측정한다. 산업에 따라 다소 차이가 있지만, 일반적으로 현재 시점으로부터 최근 구매시점이 가까울수록 높은 점수를 부과하게 된다.

구매 빈도는 정해진 기간 동안 얼마나 자주 제품을 구매했는지를 나타내는 점수이다. 동일한 기간 동안 구매횟수가 많을수록 높은 점수를 부과하게 된다.

한편, 구매액은 일정 기간 동안에 그 고객이 구매한 총 구매액의 정도를 점수로 나타내는 변수이며, 구매액이 높을수록 높은 Monetary 점수를 부과한다. 이러한 개별 기준들의 점수는 몇 개의 구간으로 나누어(보통 5점 척도 구간) 할당하게 된다. RFM 모형은

POS(Point of Sales) 시스템을 통해 고객들의 구매정보를 손쉽게 축적할 수 있게 됨으로써 유통업을 중심으로 널리 알려진 고객가치 측정기법이다. RFM은 단순하면서도 고객의 가치를 구매행태 관점에서 잘 설명해줄 수 있고, 비교적 계량화가 용이하다는 장점 때문에 현재는 유통업뿐만 아니라 고객들의 구매데이터를 확보할 수 있는 모든 업종에서 RFM을 활용하고 있다고 해도 과언이 아니다.

마케팅이나 CRM에서 RFM이 사용되는 방식은 크게 두 가지다. 첫 번째는 R(최근성), F(빈도), M(구매액) 세 가지 변수에 의한 함수로 RFM 지수를 정의하고, 이를 고객생애가치처럼 개별 고객들의 가치평가지표로 활용하는 것이다[예: 개별 고객의 RFM 지수 = a×최근성(recency) + b×빈도(frequency) + c×구매액(monetary)].

측정 변수의 관점에서 보았을 때 고객생애가치가 M(구매액)에만 의존한 가치평가방식이라면, RFM은 고객 구매의 최근성과 빈도라는 구매행태도 함께 반영한 지표이기 때문에 보다 풍부한 정보를 포함한다고 볼 수 있다. 위의 기본 공식에서 각 변수들의 가중치 a, b, c는 기본적으로 자사가 공급하는 상품·서비스의 특성에 따라 경험적으로 할당·조정하여 사용할 수 있으며, 통계적 추정방식, 거래비율 분할방식, 그리고 보정지수 산출방식과 같은 기술적인 방법에 의해 결정될 수도 있다.

통계적 추정방식은 회귀분석과 같은 통계적 분석방법을 통해 각 변수의 가중치를 추정하는 것이며, 거래비율 분할방식은 R, F, M의 각 점수 구간(보통 5점 척도)에 포함되는 고객들의 비율을 바탕으로 가중치를 산정하는 방식이다. 그리고, 보정지수 산출방식은 특정 변수의 점수가 지나치게 과장되거나, 특정 변수의 의미가 잘못 해석될 수 있는 위험을 해소하기 위해 변수들의 점수를 보정할 수 있는 지수를 제공하는 방법이다. 가령, 자동차나 내구성 소비재와 같이 최근성이 높을수록 오히려 재거래 가능성이 낮은 산업에서는 최근성(R)의 점수를, 혹은 소매금융처럼 최근성이나 빈도가 좋지 않아도 특이한 고액거래 때문에 RFM 지수가 지나치게 높게 나올 수 있는 산업에서는 구매액(M)의 점수를 보정해주는 것이 필요하다.

ESSENTIAL

CRM을 몰라도 RFM은 기본이다

고객전략이나 CRM이라는 용어를 거창하게 사용하지 않는 기업이라도 고객의 구매 행태를 보다 면밀하게 파악하고자 하는 기업이라면 RFM 분석은 이제 필수적인 기법이다.

RFM이 활용되는 두 번째 방식은 R, F, M의 개별 기준을 바탕으로 고객세분화를 보다 면밀하게 하는 것이다. 만약, 앞에서 예시한 것처럼 R, F, M 각 변수에 대한 5점 척도로 구간을 나누고, 기업이 세 가지 변수 R, F, M을 모두 사용해서 고객세분화를 수행한다면, 총 125개(5×5×5)의 고객 세그먼트가 형성된다.

실례로 국내 한 대형 소매은행은 CRM을 위해 고객을 세분화한 125개의 세그먼트를 바탕으로 고객그룹별로 차별화된 고객관리전략을 수행하고 있다. 물론 기업의 특성에 따라 R, F, M을 모두 사용하지 않고, 이들 중 두 가지 변수를 선택하거나 거래기간(L: Longevity)과 같이 또 다른 구매특성을 나타내는 변수를 고려하여 입방체(cubic), 계층도(hierarchy), 매트릭스(matrix) 등 각 기업이 원하는 분류 형태에 따라 자사만의 변형된 RFM 기반 고객세분화를 수행할 수도 있다.

이탈고객 휴면고객

	1회	2회	3회	4회	5회	6회	7회	8회	9회	10회	계
2013년 1월	10	7	2	1	2	1			1	1	25
2013년 2월	3	2	1	1	1	1			1	1	11
2013년 3월	2	2	1	1	1	1		1	1		10
2013년 4월	3	3	1	1	1		1				10
2013년 5월	4	3	1	1	2		1	1	1	1	15
2013년 6월	5	4	3	2	2	1	1	1			19
2013년 7월	8	5	4	4	2	1	1	1	1		27
2013년 8월	11	11	5	6	2	3	2		2		42
2013년 9월	14	11	9	6	6	6	5	3	2	2	64
2013년 10월	18	12	10	10	10	5	6	4	4	3	82
2013년 11월	22	16	12	11	9	7	6	6	4	2	95
2013년 12월	24	23	13	14	9	8	8	8	6	4	117
계	124	99	62	58	47	34	31	25	23	14	517

고정고객으로부터 등급이 다운된 고객

고정고객

신규고객 일반고객 잠재고정고객

[예시: R과 F변수를 사용한 고객세분화]

RFM 기반의 고객세분화는 매출액과 같은 단일 차원의 세분화에 비해 보다 상세한 통찰력을 갖추게 됨으로써 효과적인 마케팅 전략을 전개할 수 있다. 가령, 기업이 이벤트나 캠페인을 이러한 단위 세그먼트별로 구분하여 전개한다면 각 세부 세그먼트별로 반응률을 측정할 수 있고, 이러한 세그먼트별 반응률은 향후 기업의 마케팅 활동에 대한 성과를 예측하거나, 특정 집단에 대한 타게팅(targeting)을 수행할 때 유용한 의사결정기준으로 사용될 수 있다. 또한, 이렇게 고객그룹별로 마케팅 효과를 측정·관리한다는 것은 기존의 채널별 혹은 상품별로 할당되었던 마케팅 예산편성방식에서 벗어나 실제 성과를 바탕으로 한 고객 세그먼트별 마케팅 예산 분배가 가능하기 때문에 이른바 '고객중심적 마케팅 예산할당'이 실현될 수 있음을 의미한다.

기타 고객중심지표

CRM과 같은 전사 고객전략을 효과적으로 추진하기 위해서는 앞에서 논의한 분석기법 외에도 다양한 고객가치 분석기법들을 고려해야 한다. 여기에는 유효고객비율, 고객만족 또는 불만율, 고객관계기간, 잠재고객 획득률, 신규고객 획득률, 2차 구매율, 2차 구매기간, 고객유지율, 고객이탈률, 등급상승률, 등급하락률, 교차구매지수 등 다소 미시적인 관점의 측정지표들이 포함된다. 따라서, 이러한 측정지표들은 개별 CRM 또는 마케팅 활동의 성과를 나타내는 핵심성과지표(KPI)로 활용될 수 있다. 전사 범위의 고객전략에 대한 진단 및 성과평가에 관해서는 8장에서 보다 포괄적으로 논의한다.

유효고객비율은 기업이 보유한(엄밀하게 말하자면 DB상에서 식별 가능한) 전체 고객 중에서 실제로 구매패턴을 보이는 유효고객들의 비율을 의미한다. 기업들이 종종 "우리 회사가 보유한 고객은

1,000만 명을 넘는다."와 같은 표현으로 자사의 입지를 자랑하곤 하지만, 정작 그 기업의 유효고객비율을 따져보았을 때는 그 숫자가 지나치게 과장되어 있음을 알 수 있다. 특히 요즘과 같이 각종 인터넷과 소셜미디어 채널을 통해 손쉽게 비구매 고객정보를 획득할 수 있는 환경에서는 고객 DB에 포함된 전체 고객 수는 단지 거품에 지나지 않을 소지가 많으므로 유효고객비율을 따져 보는 것이 필요하다. 또한, 기업이 실제 유효고객 수를 정확하게 파악하면 고객등급 전환율이나 고객유지율, 또는 고객이탈률과 같은 다른 측정지표들을 계산할 때 분모(denominator)의 수치로 활용될 수 있기 때문에 보다 정확한 성과평가가 가능하다는 의미도 있다.

ESSENTIAL

기업의 운영실속을 나타내는 지표, 유효고객비율

유효고객비율은 그 자체만으로도 기업의 고객관리 역량을 보여주는 지표이지만, 여러 가지 다른 고객전략 성과지표들을 계산하는 데 필요한 기반지표로 활용된다.

한편, 고객만족도는 고객만족경영을 추구하는 기업 입장에서 늘 신경을 쓸 수밖에 없는 지표이다. 그러나, 경영전략 관점에서는 그 반대 지표인 고객불만율이 훨씬 의미 있는 지표가 될 수 있다. 고객만족도의 수준이 그 기업의 긍정적인 성과를 직접적으로 보여주기는 어렵지만, 고객불만율의 수준은 기업의 부정적인 성과에 훨씬 더 직접적으로 작용하기 때문이다. 즉, 고객불만율의 정도는 그 기업의 위험수준을 나타내므로 소위 조기경보를 위한 일종의 신호(signal)로 활용될 수 있다. 고객불만율은 고객만족도 조사에서 기준값 이하의 만족도에 응답한 고객들의 비율을 추출하거나, 실제로 입수한 각종 고객불만 건수를 바탕으로 산정할 수 있다.

CRM이 궁극적으로 기업과 고객과의 관계진화과정에 따른 프로세스 전략이라는 점을 감안했을 때 관계진화과정상의 고객중심 지표들 역시 필수적이다. 여기에는 잠재고객 획득률, 신규고객 획득률, 고객유지율, 고객등급 전환율 등이 포함된다.

잠재고객 획득률은 식별이 가능하지만 아직 구매하지 않은 잠재고객들에 대한 획득비율을 의미한다. 잠재고객층은 본격적인 CRM 활동 대상은 아니지만, 거시적인 관점에서 그 기업의 고객기반을 이룬다는 점과 직접적으로는 고객획득전략의 일환인 1차 구매유도전략의 직접적인 대상이 된다는 점에서 중요하다.

신규고객 획득률은 첫 번째 거래가 형성된 고객들의 획득률을 의미한다. 흔히 신규고객 획득영역은 불특정 다수를 겨냥하는 매스마케팅의 역할로 보기도 하지만, 획득된 잠재고객들에 대한 신규고객 전환율은 CRM 활동의 성과로 평가하는 것이 타당하다.

고객유지율(retention rate)은 고객이탈률의 반대 개념으로 서로 호환하여 사용할 수 있지만, 고객유지율의 경우 좀 더 세밀하게 분리하는 것이 고객전략 관점에서 유리하다. 왜냐하면, 고객유지율 계산에 포함되는 구매행태에는 2차 구매율과 2차 구매시간, 등급상승률, 등급유지율 등 사뭇 다른 통찰력을 제공해주는 개념들도 포함되어 있기 때문이다. 따라서, 고객유지율은 전사적인 범위에서 고객관리 역량을 보여주는 지표로 사용하되, 고객전략을 효과적으로 추진하기 위한 바로미터로 활용하기 위해서는 각 고객등급 또는 세그먼트별로 획득, 유지, 상승, 하락, 이탈률을 별도로 관리하는 것이 바람직하다. 또한, 고객유지율은 종종 고객생존율(survival rate)과 그 의미를 혼동해서 사용하는 경우가 많은데, 아래와 같이 그 의미는 완전히 다르며, 마케터들에게 제공하는 통찰력 또한 다르다.

ESSENTIAL

고객유지율 vs. 고객생존율

고객유지율은 특정 기간(예: 최근 1년) 동안 거래가 유지되고 있는 고객들의 비율을 의미하고, 고객생존율은 고객들의 첫 거래부터 현재까지 거래가 유지되고 있는 고객들의 비율을 의미한다.

한편, 고객들과의 관계 정도를 정량적으로 평가할 수 있는 지표 중에는 관계기간(longevity)과 교차구매지수(cross-selling index)가 유용하다. 물론 고객과의 관계기간이 길수록, 고객들이 반복 구매하는 품목의 형태가 다양할수록 기업과의 관계가 견고하다고 할 수 있다.

관계기간을 산정할 때 주의할 점은 그 고객이 최근까지 반복적인 거래패턴을 나타낸 시기만을 포함해야 한다는 것이다. 예를 들어, 어떤 고객이 2010년 1월에 첫 거래를 한 이후 6개월간 지속적인 거래패턴이 나타났고, 이후 1년 6개월간 거래가 없었다가 다시

2012년 1월부터 현재(2012년 10월)까지 지속적인 거래관계가 유지되어 왔다면 총 누적 거래기간은 2년 10개월이다. 하지만 유효 거래기간은 16개월(처음 6개월 + 최근 10개월)이고, 관계라는 개념의 본질적인 의미에서 본다면 그 고객과의 관계기간은 최근 10개월밖에 안 된다. 기업마다 관계기간을 바라보는 관점은 다를 수 있지만, CRM 관점에서는 이탈했다가 다시 획득한 고객은 새로운 관계를 형성한 신규고객이라고 보는 것이 타당하며, 실질적으로 그 고객을 대상으로 하는 마케팅 전략의 유효성 차원에서도 그것이 적절하다.

한편, 교차구매지수를 산정하는 방식도 업종에 따라 달라질 수 있지만, 가장 기본적인 원칙은 일정 기간 내에 반복구매패턴이 발견되는 항목에 대해서만 교차구매지수에 반영한다는 것이다. 가령 A, B, C 세 품목이 있고 모두 평균구매주기가 1개월이라고 가정했을 때, 어떤 고객이 A와 B는 최근 6개월간 2회 이상 구매이력을 보이고 있지만, C품목은 단 1회만 구매한 이력이 있다면 C품목에 대해서는 해당 고객의 교차구매지수에 반영하지 않는 것이 바람직하다.

05

CRM 시스템

CRM 시스템의 범위

마케팅, 영업, 고객서비스 직무영역의 고객정보 관리시스템 자체를 CRM과 동일시하던 과거에 비하면 고객전략이라는 범위에서 정보시스템이 차지하는 비중은 작아졌지만, 기업수준에서 전개되는 고객전략은 직간접적으로 정보시스템의 지원을 받을 수밖에 없다는 점에서 중요한 요인이 아닐 수 없다. 더욱이 요즘처럼 고객과 관련된 정형·비정형의 빅데이터(big data)가 생성·축적되고 있는 시대에는 이러한 빅데이터를 효과적으로 획득·저장·관리·활용할 수 있는 적절한 정보시스템의 지원은 필수적이다. 그렇다면 어디까지가 고객전략을 지원하는 이른바 CRM 시스템이라고 할 수 있는가? 본질적으로 CRM 시스템은 고객에 관련된 정보들을 처리하고, 이를 바탕으로 효율적인 고객전략을 수행하는 데 필요한 직무를 시스템적으로 지원할 수 있는 모든 정보기술 요소들을 포함한다.

따라서, 정보처리기술관점에서는 일반적인 정보시스템의 운영 프로세스인 데이터의 획득, 축적, 가공·처리, 활용, 결과분석의 과정이 고객정보를 대상으로 운영되는 시스템을 통칭한다고 볼 수 있다. 이러한 정보시스템 운영 프로세스를 다시 전략의 관점에서 본다면 CRM의 기능적 순환고리라고 할 수 있는 '분석→기획→실행→학습 및 개선'의 전략적 흐름을 지원하는 기능으로 해석할 수도 있을 것이다.

ESSENTIAL

CRM 시스템의 범위
어디까지를 CRM 시스템이라 할 수 있는가? CRM 시스템은 고객에 관련된 정보들을 처리하고, 이를 바탕으로 효율적인 고객전략을 수행하는 데 필요한 직무를 시스템적으로 지원할 수 있는 모든 정보기술 요소들을 포함한다.

따라서, 고객전략을 효과적으로 지원하기 위한 CRM 시스템은 어떠한 형태로 구성되든지 간에 (1) 고객과의 상호작용을 통해 발생하는 데이터를 효과적으로 수집하고, (2) 이를 데이터 웨어하우스(data warehouse)와 같은 전사통합 데이터 저장소에 축적하며, (3) 데이터 저장소에 축적된 대용량 데이터들을 다양한 분석기법을 통해 유용한 정보 수준으로 변환·추출함으로써, (4) 분석결과에 기반한 고객전략의 기획을 체계적으로 지원할 수 있어야 한다. 또한 (5) 기획된 고객전략을 다양한 채널을 통해 효과적으로 분배·수행될 수 있도록 지원하고, (6) 수행되고 있는 고객전략에 대한 모니터링과 성과평가를 효과적으로 지원할 수 있어야 한다. 물론 이러한 CRM의 기능적 순환프로세스 업무들이 단일 CRM 솔루션이나 패키지로 모두 구현될 수 있는 것은 아니며, 다양한 CRM 시스템 요소들이 상호협조적으로 지원하게 된다. CRM 시스템의 요소들을 구분하기 위해 가장 많이 사용하는 기준은 Meta group의 산업보고서(The CRM Ecosystem, 1999)에서 처음 제안된 CRM 시스템 아키텍처이다.

CRM 시스템 아키텍처는 조직의 CRM 전략을 수행하기 위해 필요한 업무와 정보, 그리고 정보기술 요소들을 정의하고, 이들 간의 관계를 논리적인 구조로 표현한 것이다. 분석 CRM, 운영 CRM, 그리고 협업 CRM으로 구성되어 있으며, 각 CRM 시스템 영역마다 세부적인 구성요소들로 이루어져 있다.

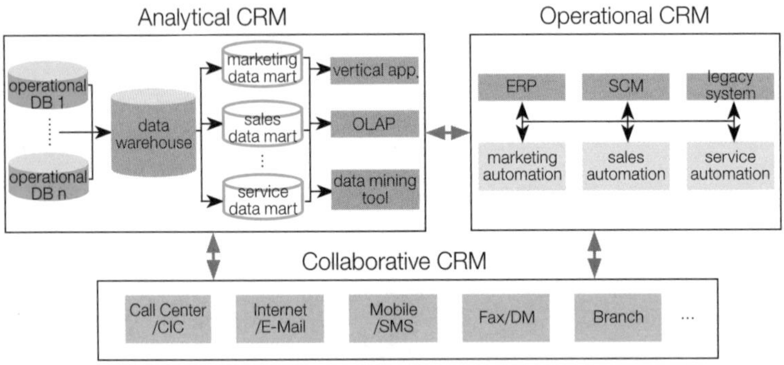

[CRM 시스템 아키텍처]

분석 CRM 시스템 영역은 전체 CRM 시스템의 기반이 되는 영역으로서 고객 데이터를 축적, 관리, 분석하기 위한 모든 과정을 지원하는 정보기술 요소들로 구성되어 있다. 여기에는 운영계 데이터베이스, 데이터 추출 및 변환(ETT) 도구, 데이터 웨어하우스, 데이터 마트, ODS, OLAP, 데이터마이닝 및 통계분석시스템, 각종 비즈니스 인텔리전스 시스템, 특정 산업에 특화된 버티컬(vertical) 애플리케이션이나 의사결정지원시스템 등이 포함된다.

한편, 운영 CRM 시스템 영역은 분석 CRM 시스템 영역에서 분석된 고객정보를 바탕으로 실질적인 고객전략을 마련하고, 전개해 나가기 위한 일련의 정보기술 요소들로 구성되어 있다. 여기에는 마케팅 자동화시스템, 영업자동화시스템, 그리고 고객서비스 자동화시스템과 같이 전형적인 고객접점 부서에서의 CRM 활동을 지원하는 정보기술뿐 아니라, CRM이 활용되는 범위에 따라서 직원관계관리(ERM)나 파트너관계관리(PRM)와 같이 확대된 고객 유형에 적용되는 CRM 기술도 운영 CRM 영역에 포함된다.

끝으로 협업 CRM 시스템은 내부에서 기획된 CRM 활동들을 실질적으로 전개시키는 역할로서 기업과 고객 간의 상호작용을 보다 효율적이고 효과적으로 지원하기 위한 일련의 기술적 요소들을 의미한다. 여기에는 콜센터 또는 VOC, 인터넷, 이메일, 휴대폰, DM, SNS, 그리고 오프라인 매장 등의 채널들에 대한 운영관리시스템들이 포함된다.

이러한 CRM 시스템 영역들은 앞서 논의한 고객정보에 관련된 6가지 기능적 순환고리에 대해 각기 상호협력적인 역할을 맡게 된다. 가령, 분석 CRM 시스템 영역은 각 채널에서 수집된 데이터를 통합하여 전사적인 저장소에 축적·관리하고, 다양한 분석기법을 통해 인사이트를 도출하는 과정을 주로 담당한다. 운영 CRM 시스템 영역에서는 고객정보 관리 프로세스의 전체 범위에 관련되어 있으나, 주로 CRM 활동을 기획하거나, 운용과정을 관리 및 모니터링하는 데 그 초점이 맞추어져 있다. 한편, 협업 CRM 시스템 영역은 고객전략을 구체적인 채널을 통해 실질적으로 전개하고, 이를 통해 발생되는 고객과의 상호작용 데이터를 수집할 수 있는 기능을 담당한다고 볼 수 있다. 이러한 CRM 시스템 영역별로 지원하는 주요 CRM 업무기능을 정리하면 다음 표와 같다.

[CRM 시스템 영역과 이들이 지원하는 주요 CRM 업무기능]

CRM 시스템 영역 / CRM의 기능적 순환고리	분석 CRM	운영 CRM	협업 CRM
상호작용 데이터의 수집		○	◎
전사통합 저장소에 축적·관리	◎	○	
데이터 분석 및 인사이트 추출	◎	○	
고객전략 기획		◎	○
고객전략 운용		○	◎
모니터링 및 성과평가	○	◎	○

◎: 본질적인 지원요소, ○: 부분적인 지원요소

■■ 분석 CRM

CRM 아키텍처에서 논의하는 CRM 시스템의 세 가지 영역에 대해 좀 더 자세히 살펴보자. 먼저 분석 CRM 시스템 영역은 기업의 모든 정보시스템과 고객접점 채널을 통해 입수된 고객정보를 통합·분석하여 전략적인 마케팅 의사결정을 가능케 하고, 운영 및 협업

CRM을 통해 전개된 마케팅 혹은 CRM 활동에 대한 결과를 다시 피드백하는 모든 시스템적 기능을 포함한다. 분석 CRM 시스템은 아래와 같은 세부 구성요소들을 포함할 수 있다.

■ **운영계 데이터베이스(operational database)** 각 직무조직에서 현업업무를 지원하는 소프트웨어나 애플리케이션과 직접 연결되어 사용하는 업무용 데이터베이스이다. 운영계 DB는 현재의 거래 처리 데이터 위주로 관리되고 실시간 갱신되는 특징을 가지고 있기 때문에 엄밀히 말하면 분석 CRM이라기보다는 분석 CRM에서 다루는 정보들의 원천을 제공하는 요소이다. 웹 DB, 마케팅 DB, 영업 DB 등 각 부서단위의 업무처리용 데이터베이스가 대표적인 예이다.

■ **데이터 추출 및 변환(ETT/ETL) 도구** 각 업무단위별로 분산 운영되고 있는 운영계 데이터베이스의 원천 데이터들은 워낙 다양한 형태의 포맷으로 산재되어 있고, 시계열적 관리가 이루어지지 못하기 때문에 직접적인 분석업무에 활용하기 어렵다. 따라서, 다양한 운영계 데이터베이스에서 전사적으로 표준화된 그 어떤 또 다른 데이터 저장소로(데이터 웨어하우스, 데이터 마트, ODS, 혹은 기타 BI 시스템 등) 적절히 추출·변환·전송해야 하는 단계를 거치게 된다. 이렇게 분석에 적절한 형태로 데이터를 추출(extraction)·변환(transformation)·전송(transportation 또는 loading)하는 시스템을 ETT 혹은 ETL 시스템이라고 한다.

데이터 웨어하우스(data warehouse) 데이터 웨어하우스는 기업 내의 모든 데이터의 원천을 총체적으로 집합시킨 대규모 데이터 저장소를 의미한다. 운영계 데이터베이스가 직접적인 업무처리를 위해 활용되는 데이터 저장소라면, 데이터 웨어하우스는 오랜 기간 동안 축적된 데이터의 분석을 통해 기업의 의사결정과정을 지원하기 위한 데이터 저장소라고 볼 수 있다. 따라서, 데이터 웨어하우스는 특정 업무지향적이 아니라 주제지향적(subject-oriented)이고, 중복되거나 분산되지 않고 통합적(integrated)이며, 업무처리에 따라 데이터의 갱신이 이루어지기보다는 시간의 흐름에 따라 데이터의 진화과정을 반영하는(time-variant) 비휘발적인(nonvolatile) 특성을 가지고 있다.

데이터 마트(data mart) 데이터 웨어하우스의 본래 취지가 분석을 통해 의사결정을 지원하는 것이지만, 실제로 데이터 웨어하우스에 축적되는 데이터의 범위와 깊이가 워낙 방대하기 때문에 개별 부서들의 분석업무를 지원하기보다는 전사 데이터의 효율적인 통합관리운영에 주요 초점이 맞추어지는 것이 사실이다. 따라서, 점차 증대되고 있는 개별 부서단위의 데이터 분석 니즈를 효과적으로 지원하기 위해 개발된 소규모의 데이터 웨어하우스를 데이터 마트라고 한다. 데이터 마트는 소수의 사용자들이 제한된 주제를 가지고 소규모 데이터를 추출하여 분석할 수 있도록 만든 부서단위의 데이터 웨어하우스라고 할 수 있다.

ODS(Operational Data Store) 데이터 웨어하우스나 데이

터 마트는 데이터를 읽는 것만 가능하기 때문에 정적인 분석업무에는 적절하지만, 마케팅, 영업, 고객서비스 부서에서 수행되는 다양한 CRM 활동을 위해 필요한 신속한 정보조회나 데이터의 추가·갱신작업은 지원하지 못한다. ODS는 CRM이라는 직무 영역이 생기면서 CRM 업무를 효과적으로 지원하기 위해 등장한 CRM 전용 데이터베이스라고 할 수 있다. 따라서, ODS는 고객이라는 주제를 중심으로 데이터 웨어하우스의 특성인 시계열적 데이터를 어느 정도 보관하고 있으면서, 운영 CRM 업무를 통한 고객정보의 추가 및 갱신처리까지 지원하기 때문에 시스템적 구성과 특징이 데이터 웨어하우스와 운영계 데이터베이스의 중간 성격을 띠고 있다.

한편, ODS는 데이터 웨어하우스나 데이터 마트와는 달리, 독립적으로 구축되기보다는 운영 CRM 시스템을 구축하는 시점에 병행하여 설계되거나 특정 운영 CRM 솔루션을 도입할 때 해당 시스템이 사용하는 ODS 구조에 따라 자사의 데이터를 추출·변환·전송(ETT)하여 사용하게 된다.

▪ OLAP(Online Analytical Processing) OLAP은 최종 사용자가 다차원 정보에 직접 접근하여 대화식으로 정보를 분석하고 의사결정에 활용하는 과정과 이를 지원하는 시스템을 의미한다. 외형적으로 보면 마치 엑셀(Excel)과 같은 스프레드시트 소프트웨어의 그래피컬한 자동 리포팅 기능이나 피벗 테이블(pivot table)과 같이 여러 가지 검색조건과 정렬기능이 분석자의 필요에 따라 제공될 수 있는 일종의 데이터 분석툴이다. 과거에는 데이터를

조회·분석하기 위해 SQL과 같은 데이터 질의(query) 기술을 갖춰야만 했지만, OLAP의 등장으로 IT 담당자뿐만 아니라 분석을 필요로 하는 현업 또는 기획부서 임직원들도 데이터에 직접 접근하여 효과적인 분석을 수행할 수 있게 되었다. 물론 데이터의 조회 조건이 복잡하거나 실험적인 데이터 분석이 많을 경우, 그리고 고객 데이터베이스의 구조를 잘 알고 있는 경우에는 OLAP 툴보다는 SQL문으로 직접 처리하는 것을 여전히 더 선호하는 것이 사실이다.

ESSENTIAL

OLAP vs. SQL

OLAP으로 데이터 분석이 용이해진 것은 사실이지만, 데이터의 조회 조건이 복잡하거나 실험적인 데이터 분석이 많을 경우, 그리고 고객 데이터베이스의 구조를 잘 알고 있는 경우에는 여전히 SQL을 통한 직접적인 쿼리(query)가 더 효율적이다.

데이터마이닝 및 통계분석시스템 데이터베이스의 질의시스템이나 OLAP과 같은 데이터 분석도구를 통해서도 다양한 분석을 수행할 수 있지만, 대개의 경우 조건에 맞는 데이터 추출이나 정렬 또는 평균비교와 같은 비교적 단순한 표면적 분석수준에 지나지 않는다. 물론 당장의 관리업무나 단기적인 마케팅 활동을 위해서는 OLAP이나 SQL과 같은 표면적 분석결과로도 충분하지만, 보다 장기적이고 이른바 '전략적인' 접근을 위해서는 조금 더 과학적인 고객정보 분석을 통한 고객 통찰력 확보가 필요하다. 이를 위해 기업은 다변량 통계분석이나 데이터마이닝과 같이 보다 고도화된 데이터 분석시스템을 사용하는데, SAS와 SPSS와 같은 소프트웨어가 대표적인 예이다.

한편, 통계와 데이터마이닝은 같은 것인가, 혹은 어디까지가 다변량통계분석이고, 어디까지가 데이터마이닝인가라는 갑론을박이 여전히 존재한다. 그러나 CRM 실무관점에서 보면 다변량 통계분석은 현상에 대한 정확한 해석과 인과관계 등과 같은 통찰력 확보를 목표로 하지만, 데이터마이닝은 한 단계 더 나아가 비즈니스 규칙을 창출하고, 이를 기반으로 미래에 대한 예측을 수행하는 데 주로 사용된다는 점이 다르다.

비즈니스 인텔리전스(business intelligence) 비즈니스 인텔리전스는 개념적인 범위가 CRM만큼이나 혼란스러운 용어다. 그 이유는 비즈니스 인텔리전스의 사전적인 의미가 '기업들이 신속하고 정확한 비즈니스 의사결정을 위해 사용하는 데이터의 접근·수집·보관·분석 등을 지원하는 애플리케이션과 관련 기술들을 총칭하는 개념'이기 때문이다. 따라서, 비즈니스 인텔리전스에는 의사결정지원시스템(DSS)이나 OLAP, 데이터 웨어하우스, 데이터마이닝 등의 기술을 포함하기도 하는데, 이는 곧 분석 CRM 자체를 의미할 수도 있다는 것이다. 그럼에도 불구하고, 비즈니스 인텔리전스를 분석 CRM의 세부 영역에 포함시킨 이유는 실질적으로 기업이 구축하는 비즈니스 인텔리전스 시스템들을 보면 과거의 경영정보시스템(MIS), 의사결정지원시스템(DSS) 혹은 임원정보시스템

(EIS)과 같이 데이터 분석에 기반한 의사결정지원 솔루션으로 구체화되어 있는 경우가 많기 때문이다.

운영 CRM

운영 CRM 영역은 분석 CRM 영역에서 제공된 각종 고객 통찰력과 분석결과를 바탕으로 효율적인 마케팅, 영업, 고객서비스 활동을 지원하고, 이러한 CRM 활동을 통해 수집·관리되는 고객정보를 다시 분석 CRM 영역으로 전달할 수 있는 기능을 담당하고 있다. 운영 CRM 시스템은 기업이 직접 구축할 수도 있으나, 대개 마케팅·영업·고객서비스 모듈로 구분되는 CRM 솔루션 패키지에 의해 제공된다.

마케팅 모듈 운영 CRM 시스템의 마케팅 모듈은 흔히 마케팅 자동화(marketing automation)시스템 혹은 캠페인 관리(campaign management)시스템이라고 불리기도 하며, 고객 데이터에 기반한 CRM적인 마케팅 활동을 효과적으로 지원하기 위해 필요한 기능들의 집합이다. CRM 시스템에서의 마케팅 모듈은 불특정 다수에게 전개되는 소위 매스마케팅 혹은 제품기반 프로모션과는 달리, CRM 전략의 목적에 부합하는 적절한 고객그룹을 먼저 정의하고(예: 2/4분기 서울지역 이탈조짐 고객리스트), 이를 대상으로 적합한 캠페인을 기획 및 운영하는 데 초점이 맞춰 있다. 솔루션마다 조금씩 상이하지만 마케팅 자동화 모듈의 주요 기능은 마케팅 대상 고객들의 목록을 추출하고 관리하는 고객그룹 관리(혹은 마케팅 리스트

관리), 마케팅 활동을 기획하고 관리하는 캠페인 관리(혹은 마케팅 활동 관리), 고객그룹별로 적용되고 있는 마케팅 활동들의 관계와 운영상태를 관리하는 고객-캠페인활동 관리, 그리고 고객들의 주요 이벤트를 정의하고 관리하는 이벤트 관리로 구성되어 있다. 여기에서 이벤트란 고객들의 주요 사건(예: 결혼, 생일 등)이나 상태의 변화(예: 만기도래, 부가서비스 해지 등)를 의미하며, 마케팅 기회를 포착하기 위한 일종의 마케팅 활동 전개 조건으로 사용한다. 이외에도 채널·판촉 관리, 시장계획 수립, 고객반응이나 캠페인 결과 분석과 같은 기능들도 포함된다.

■ **영업 모듈** 흔히 SFA 시스템이라고 불리는 영업자동화(Sales Force Automation) 모듈은 제품·서비스를 판매하는 경우 적절한 잠재고객을 선별하고, 이들에 대한 판매 노력을 집중시킴으로써 궁극적으로는 개별 영업사원들의 생산성을 증대시키기 위한 영업업무지원기능들의 집합이라고 할 수 있다. 영업 모듈은 일반 소비자에게 적용되는 B2C 영업활동에도 적용될 수 있으나, 기업고객을 상대하는 B2B 영업에 주로 적용된다. SFA 시스템의 전략적 의미는 단발적으로 발생하기 쉬운 개별적인 영업활동들을 일련의 체계적인 절차와 프로세스에 의해 진행함으로써 영업과정의 체계적인 관리와 경험에 의해 축적된 영업지식을 전사적으로 공유할 수 있는 일종의 지식경영(knowledge management)체계라는 점이다. 대개의 영업관리시스템은 고객을 잠재고객과 현재고객, 그리고 개인 연락처 단위로 관리할 수 있도록 고객관리기능이 세분화되어 있고, 영업 프로세스에 따라 영업리드(혹은 영업기회) 관리, 영업활동

기획 및 관리, 견적·주문·송장 관리, 목표 및 실적관리 등의 기능을 지원한다.

한편, SFA와 같은 영업 모듈의 경우 영업사원 개인이 가지고 있는 고객에 대한 정보나 자신만의 영업 노하우를 SFA를 통해 공유해야 하고, 자신만의 기존 영업방식이 아닌 표준화된 영업 프로세스를 준수해야 한다는 점 때문에 영업사원으로 하여금 위기감을 느끼게 할 수 있고, 이는 종종 영업사원들의 SFA 활용 거부 상황을 불러일으키기도 한다.

고객서비스 모듈 운영 CRM 시스템의 고객서비스 모듈은 고객의 소리(VOC)를 처리하기 위한 콜센터 또는 헬프 데스크의 업무나 제품에 대한 고객의 서비스 요청을 처리하는 고객지원 또는 고객서비스 부서의 업무를 지원하기 위해 구성된다. 따라서, 고객서비스 시스템의 주요 기능은 접수된 VOC나 고객서비스 요구사항을 효과적으로 할당 및 배분하고, 관리하는 부분에 초점이 맞춰 있다. 이를 위해 일반적인 서비스 모듈 시스템은 서비스(혹은 VOC) 사례관리, 서비스 인력관리, 서비스 일정관리, 서비스 계약관리, 서비스 분석기능, 그리고 과거의 서비스 사례를 참조할 수 있도록 서비스 지식 베이스 기능을 제공한다.

한편, 최근 고객 접점의 역할이 중요해지고, 고객관점의 통합적인 커뮤니케이션이 절실해지면서 고객서비스 업무가 점차 마케팅과 영업의 기능이 결합되어 가는 추세를 보이고 있다. 이른바 고객상호작용센터(customer interaction center)라는 개념이 바로 그것이다. 고객상호작용센터는 마케팅, 영업, 고객서비스에 관련된 CRM

활동을 동일한 관리체계 아래 전개한다는 점에서 운영 CRM 시스템의 일부로 볼 수 있지만, 모든 고객접점 채널을 통합적으로 관리·운영해주는 기능적인 관점에서는 협업 CRM 시스템의 일부로 볼 수 있을 것이다.

> ESSENTIAL
>
> **마케팅과 영업이 반영된 고객서비스, 고객상호작용센터**
>
> 마케팅과 영업에 고객서비스를 연계시킬 것인가, 고객서비스에 마케팅과 영업을 연계시킬 것인가? 마케팅, 영업활동이 주로 아웃바운드(outbound) 활동이라면, 고객서비스 활동은 주로 인바운드(inbound) 활동이기 때문에 고객서비스에 마케팅과 영업기능을 연계시키는 것이 유리하다. 고객관점에서 보다 자연스러운 접촉과 풍부한 커뮤니케이션이 발생할 수 있기 때문이다. 이것이 고객서비스를 기본 활동으로 하여 마케팅과 영업기능이 연계된 고객상호작용센터(CIC)라는 개념이 탄생할 수 있었던 배경이다.

협업 CRM

CRM 시스템의 마지막 구성요소인 협업 CRM 시스템은 조직 내부에서 기획된 CRM 활동들을 실질적으로 전개하기 위해 필요한 고객 접점에서의 기술적 요소들을 의미한다. 여기에는 콜센터 또는 VOC, 인터넷, 이메일, 휴대폰, DM, SNS, 그리고 오프라인 매장 등의 채널에 대한 운영관리시스템들이 포함된다. 협업 CRM을 단순히 고객접촉 채널들의 집합으로 인식하는 경우가 종종 있는데, 이는 잘못된 견해다. 이메일이나 전화 자체는 단순히 채널에 지나지 않지만, 이 채널들을 CRM적으로 관리 운용할 수 있는 솔루션이나 소프트웨어가 존재한다면 협업 CRM 시스템이라고 할 수 있다.

가령, 이메일을 보낼 수 있는 이메일 서버 등의 기능은 채널 자체이지만, EDM(Electronic Direct Mail 또는 E-mail DM)이나 이메일 기반의 캠페인 운영관리 솔루션이 가미되어 있다면 이는 협업 CRM 시스템이라고 볼 수 있다. 즉, 협업 CRM은 다양한 고객접점 채널을 활용하여 CRM 활동을 전개할 수 있는 정보기술들을 의미한다고 볼 수 있다. 한편, 고객접점 채널은 직접적인 대면접촉 여부에 따라 대면 채널과 비대면 채널로 구분할 수 있다.

대면 채널 대면 채널은 본사나 본점, 지점, 매장, 영업사원의 방문, 그리고 고객서비스센터와 같이 고객과의 직접적인 대면 접촉과 상호작용이 이루어지는 채널을 의미한다. 대면 채널은 비대면 채널에 비해 고객의 니즈를 충분히 파악할 수 있는 기회가 제공되기 때문에 커뮤니케이션의 효과가 상대적으로 높게 나타나며, 아울러 풍부한 고객정보를 획득할 수 있다는 장점을 가지고 있다. 하지만, 대면 접촉 채널은 비대면 채널에 비해 운영비용이 매우 많이 들며, 사람이 직접 응대한다는 점 때문에 인적자원 증대에 따른 부담과 시간과 공간의 제약사항이 존재한다는 단점이 있다. 또한, 대면 채널의 성과는 고객을 응대하는 직원의 개별 역량에 따라 많은 차이가 발생할 수 있다는 점을 고려해야 한다.

비대면 채널 비대면 채널은 고객과 직접적인 대면 접촉을 하지 않는 전화, 인터넷, 이메일, 팩스, 우편(DM), SMS, 그리고 ATM이나 키오스크(Kiosk)와 같은 무인 단말기기, 그리고 최근 부각되고 있는 SNS 등을 포함한다. 비대면 채널은 대면 채널과는 반대로 운영에 있어서 시간과 공간의 제약이 거의 없으며, 초기 구축비용 이외의 운영비용도 상대적으로 적게 드는 장점이 있다. 또한, 채널의 효과가 시스템적으로 운영되기 때문에 개인의 역량에 의해 좌우되지 않는다는 것도 장점이라고 할 수 있다. 그러나, 비대면 채널의 경우 기계적인 접촉 채널인 만큼 고객과의 충분한 상호작용을 이끌어내기 어렵기 때문에, 새로운 고객관계를 획득하거나, 고객과의 관계를 강화하고자 하는 고도의 CRM 전략을 수행하는 데는 다소 한계가 있다는 단점을 가지고 있다.

협업 CRM을 거론할 때 반드시 짚고 넘어가야 할 이슈가 있다. 고객접점 채널이 다양해지면서 끊임없이 제기되고 있는 '단일고객시각(customer single view)' 확보에 대한 이슈이다. 단일고객시각이란 고객에 대한 커뮤니케이션 수준과 내용이 모든 채널에서 일관되고 동일해야 한다는 대고객 커뮤니케이션의 원칙을 의미한다. 이를 위해서는 고객접점 채널들을 통합관리할 수 있는 기술적 메커니즘뿐만 아니라 모든 채널에 공통으로 적용될 수 있는 전사관점의 전략적 원칙이 필요하다. 고객 통합 데이터베이스나 고객상호작용센터(CIC)와 같이 고객접점 채널들을 효과적으로 통합하고 운영하려는 기술적·조직적 진보가 이루어지고 있음에도 불구하고, '단일고객시각'은 여전히 많은 기업에 아직은 요원한 이야기에 지나지 않는 경우가 많다. 기술적·전략적인 CRM 수준이 높아지고 있음에도 불구하고, '단일고객시각'이 실패하는 이유는 대개 주요 채널별로 별도의 관리부서가 존재함으로써 개별적인 채널운영전략을 수행하고 있거나, 마케팅 기능과 콜센터 기능이 분리 운영되고 있거나, 상품 그룹별로 상이한 마케팅 전략이 기획 운영되고 있거나, 혹은 잦은 제휴 등으로 아웃바운드 접촉의 기능들이 종종 외주나 새로운 팀에 의해 전개되고 있기 때문이다. 따라서, 진정한 협업 CRM이 이루어지기 위해서는 시스템 차원이 아니라 조직과 전략 차원에서 단일고객시각 확보가 논의되어야 한다.

고객 데이터베이스

모든 정보시스템은 크게 프로세스(로직) 영역과 데이터(자원) 영역으로 구분할 수 있다. 자동차가 연료 없이 달리 수 없듯이, 앞서 논의한 분석 CRM, 운영 CRM, 협업 CRM 영역들은 일종의 프로세스 영역으로서 소기의 목적을 달성하기 위해서는 반드시 처리해야 할 자원, 즉 데이터가 필요하다.

CRM 시스템이 필요로 하는 데이터의 형태와 종류는 다양하지만 기본적으로 고객에 관련된 정보들을 위주로 처리한다. 이와 같이 CRM 시스템에서 사용하는 고객관련 데이터의 집합체를 '고객 데이터베이스'라고 부른다. 여기서 데이터베이스는 데이터 웨어하우스와 구분되는 관계형 DB나 객체지향 DB와 같은 협의의 데이터베이스만을 의미하지는 않는다. 기업에 따라 CRM을 위해 사용되는 고객 데이터는 관계형 DB에 의해서도, 데이터 웨어하우스에 의해서도, 데이터 마트에 의해서도, 어쩌면 엑셀과 같은 스프레드시트에 의해서도 관리될 수 있기 때문이다. 그렇지만, 전사 관점에서 CRM 솔루션을 도입한다고 했을 때, 특히 운영 CRM과 같은 CRM 솔루션을 구축 또는 도입한다고 했을 때는 일반적으로 ODS(Operational Data Store)라고 부르는 CRM 전용 데이터베이스를 사용한다. 그러나, 이 책에서는 고객 데이터베이스의 개념을 확장하여 CRM 전략을 위해 분석·활용하는 모든 고객관련 데이터의 집합체를 총칭하고자 한다. 고객정보는 크게 물리적인 분류기준과 논리적인 분류기준에 의해 구분할 수 있다.

[고객정보의 분류]

대분류	중분류	소분류	정보항목 예시
물리적 분류	내부 데이터	고객 마스터 데이터	인구통계정보, 고객요약정보
		고객 행위이력 데이터	구매이력, 마케팅·영업 활동이력, 서비스 이력 정보
	외부 데이터	외부 정형 데이터	센서스 데이터, 결제·금융 정보, 마케팅 프로파일 정보 등
		외부 비정형 데이터	블로그, 커뮤니티, SNS 등의 채널에서 수집·요약된 트랜드 및 고객니즈 정보
논리적 분류	고객정보의 주제	고객에 대한 (of-the-customer)	고객 마스터 정보
		고객을 위한 (for-the-customer)	고객에 대한 마케팅·영업 정보
		고객에 의한 (by-the-customer)	거래이력, 서비스 이력, VOC 정보
	고객정보의 형태	인구통계정보	나이, 성별, 직업, 거주지, 수입, 교육수준 등
		고객행위정보	고객의 구매습관, 웹사이트의 클릭스트림, 사용 채널, 제품 소비형태 등
		고객태도정보	고객만족 수준, 경쟁사 대비 선호도, 미충족 고객니즈, 라이프스타일, 브랜드 선호도, 사회적·개인적 가치관 등
	고객정보의 범위	고객 개인정보	개인에 대한 모든 정보
		고객 세대정보	가족단위에 대한 모든 정보

■ **물리적인 분류기준** 고객정보를 물리적으로 분류하면 다시 내부 데이터와 외부 데이터로 나뉜다. 내부 데이터는 기업 내부에서 보유하고 있는 고객정보를 의미하며, 고객 마스터 데이터와 고객 행위이력 데이터로 구분할 수 있다. 고객 프로파일 DB라고도 불리는 고객 마스터 데이터는 고객에 관련된 각종 인구통계정보와 해당 고객에게서 파생되는 여러 가지 요약 정보(구매요약정보, 고객등급, 구매성향, 교차구매지수 등)를 포함하는 기본적인 고객정보 테이블이다. 고객 행위이력 데이터는 고객의 구매이력이나 기업의 마케팅 또는 영업활동 과정상에서 발생하는 트랜잭션 정보, 그리고 A/S나 고객클레임·불만 등과 같은 고객서비스 이력정보 등을 포함한다.

한편, 외부 데이터는 기업 외부에서 제공받을 수 있는 고객정보를 의미하며, 데이터의 형태에 따라 정형 데이터와 비정형 데이터로 구분할 수 있다. 외부의 정형 데이터는 통계청이나 각종 연구단체에서 공급하는 센서스 데이터, 코리아크레딧뷰로(KCB), 한국신용정보, 또는 각종 VAN사들이 고객들의 거래 과정에서 수집하는 결제 및 금융정보, 그리고 기타 마케팅 조사기관들이 자체적으로 수집 보유하고 있는 각종 마케팅 프로파일 정보들을 의미한다. 한편, 외부의 비정형 데이터는 고객들이 커뮤니티 홈페이지나 까페, 블로그, 그리고 SNS 등에서 언급하는 기업 또는 상품의 후기, 불만내용, 추천/비추천 의도 등의 텍스트 정보들을 의미한다. 최근에는 이러한 외부의 비정형 데이터를 전문적으로 수집하고 분석하여 의뢰 기업에 마케팅 통찰력을 제공해주는 솔루션이나 컨설팅을 제공하는 벤더들이 늘고 있는 추세이다.

ESSENTIAL

파생변수의 위력
CRM에서 전략적으로 유용한 정보는 고객으로부터 직접 수집된 정보라기보다는 대개 수집된 기초정보들로부터 조합 또는 변형된 파생정보(derived information)들이다. 뛰어난 CRM 전략가는 현재의 변수항목들로부터 직관적으로 유용한 파생정보를 끄집어낼 수 있는 사람이다.

■ **논리적인 분류기준** 논리적인 분류기준은 다시 주제에 의한 분류, 형태에 의한 분류, 범위에 의한 분류로 나눌 수 있다. 먼저 고객정보는 주제에 따라 고객에 대한 정보(of-the-customer), 고객을 위한 정보(for-the-customer), 그리고 고객에 의한 정보(by-the-customer)로 분류할 수 있다. 고객에 대한 정보는 고객 마스터 DB에서 관리되고 있는 고객에 대한 기본적인 정보를 의미하고, 고객을 위한 정보는 고객에게 전달하기 위한 커뮤니케이션 메시지나 마케팅·영업 제안(offer) 등을 의미한다. 또한 고객에 의한 정보는 기업과 고객과의 다양한 상호작용을 통해 발생하는 거래 및 서비스 이력 혹은 VOC 채널을 통해 접수된 고객불만, 클레임, 칭찬, 제안 등의 정보를 의미한다.

형태에 따른 고객정보는 고객의 인구통계적(demographic) 정보, 고객 행위(behavioral)에 대한 정보, 그리고 태도(attitudinal)에 대한 정보로 구분된다. 인구통계적 정보는 나이, 성별, 직업, 거주지, 수입, 교육수준, 가족구성원, 주택보유상태 등 개인을 기술적으로(descriptive) 묘사하는 기본적인 정보이며, 고객의 행위정보는 고객의 구매습관, 웹사이트의 클릭스트림, 기업과의 상호작용 데이터,

고객의 사용 채널, 사용언어, 제품 소비형태, 그리고 고객점유율과 같은 정보를 의미한다. 한편, 고객의 태도에 관한 정보는 고객만족 수준, 기업에 대한 경쟁사 대비 선호도, 제품에 대한 희망 기능(features), 충족되지 못한 니즈, 라이프스타일, 브랜드 선호도, 사회적·개인적 가치관, 개인의 철학 등과 같은 내용을 포함한다.

마지막으로 범위에 따른 고객정보는 개인별(individual) 정보와 세대별(household) 정보로 분류할 수 있다. 개인별 정보는 문자 그대로 개별 고객에 대한 정보로서 상기 형태에 따른 모든 고객정보 분류가 개인 중심으로 관리되는 형태를 의미한다. 하지만, CRM 시스템을 통해 고객 데이터의 통합이 이루어지면서 개인별 정보는 세대라는 개체로 묶일 수 있게 되었다. 세대별 정보는 이렇게 개인별 정보가 세대라는 단위로 통합되어 관리되는 정보의 형태를 의미한다. 세대별 정보를 관리하게 되면, 동일한 세대 단위로 정보를 관리하게 됨으로써 불필요하게 중복될 수 있는 인구통계적 정보를 효율적으로 처리할 수 있다. 뿐만 아니라, 개인별 정보에서는 파악하기 힘든 가족단위의 독특한 니즈를 이해할 수 있게 됨으로써 새로운 마케팅 기회를 창출할 수 있다는 점에서 중요하다.

ESSENTIAL

고객정보의 선순환적 흐름

고객에 대한 정보(고객 프로파일)를 확보하면 기업은 고객을 위한 정보(마케팅·영업 오퍼)를 만들어 고객과 접촉한다. 그 결과로 고객에 의한 정보(거래이력과 VOC)가 생성되고, 이를 바탕으로 기업은 다시 고객을 위한 정보를 보다 정교하게 개선하게 된다. 이것이 고객정보의 선순환적 흐름이다.

CRM 시스템의 구축

CRM 시스템의 구축은 기업의 CRM 전략을 효과적으로 수행할 수 있는 도구를 제공한다는 점에서 여전히 중요한 의미를 지닌다. 여기서 반드시 염두에 두어야 할 점은, CRM 시스템은 CRM 전략 수행을 위한 도구이지, CRM의 목적이나 CRM 전략의 선행조건으로 생각해서는 곤란하다는 것이다. 이는 곧 기업의 CRM 시스템 구축은 CRM 전략이 수립된 이후에 도입하거나 구축하는 것이 바람직하다는 것을 의미한다. CRM을 한다는 것을 CRM 시스템을 구축한다는 말과 동일시함으로써 수십 억 원을 들여 구축한 화려한 CRM 시스템을 그 기능의 10%도 채 사용하지 못하고 자사의 현실에 맞지 않아 값비싼 애물단지로 전락시키거나, 심지어는 CRM 시스템을 모두 걷어내는 기업을 필자는 여러 번 보아 왔다. 체형과 라이프스타일을 고려하지 않고 쇼윈도에 걸려 있는 멋진 옷을 덜컥 구매해버린 꼴이다. 따라서, CRM 시스템의 구축에 대한 논의는 순서상 Part III와 Part IV에 걸쳐 논의되는 CRM 전략에 대한 부분을 고려한 후에 하는 것이 맞을지도 모르겠다.

ESSENTIAL

CRM 시스템 구축의 시점

필요할 것 같아서 구매했지만, 쓰지도 않고 자리만 차지하는 물건을 구매한 경험은 누구나 있을 것이다. CRM 시스템도 마찬가지다. 우리 회사에 맞는 CRM 전략이 무엇인지 고민한 후에 CRM 시스템을 도입해도 결코 늦지 않다.

기업이 CRM 시스템을 구축하는 데는 자체적으로 개발하는 방법과 외부의 CRM 솔루션을 도입하는 방법으로 구분할 수 있다. 자체 개발하는 방식은 자사의 CRM 전략 목적에 맞게 회사 내부의 IT 부서나 외부의 개발용역을 활용하여 기업 스스로 CRM 시스템을 구축하는 것이다. 이 방식은 자사의 CRM 전략 목적에 맞게 최적화하여 시스템을 개발할 수 있으므로 사용자의 편의에 따라 다양한 기능을 포함할 수 있으며, 시스템 사용에 대한 라이선스 비용이 발생하지 않는 장점이 있다. 그러나, 자체 개발방식은 자칫 외부에서 솔루션을 도입하는 것보다 오히려 구축기간이 길어질 수 있으며, 외부 개발용역을 이용할 경우 개별 인건비가 높아질 뿐만 아니라, 개발사에 대한 의존도가 높아져 시스템의 품질이 개발자에 의해 좌우될 소지가 크다. 또한, 유지보수 비용이 솔루션 도입 시보다 커지고, 공신력 있는 개발사가 아닐 경우 사업중단 또는 폐업으로 인해 구축된 CRM 시스템의 유지보수 자체가 어려워질 수 있는 위험도 있다.

한편, 외부의 CRM 솔루션을 도입하는 방법은 이미 CRM 시스템 기능을 갖춘 CRM 시스템 패키지를 도입하는 것을 의미한다. 이 방식은 자체 개발방식에 비해 구축기간이 단축되고, CRM 시스템 구축의 실패확률이 낮다는 장점을 가지고 있다. 또한, 최근의 CRM 솔루션들은 글로벌 표준 프로세스(best practice) 중심의 시스템 구축에서 벗어나 고객사의 CRM 니즈를 어느 정도 반영할 수 있도록 맞춤화(customizing) 기능을 강화하는 추세이므로, 기업의 CRM 전략 목표 역시 어느 정도 잘 반영할 수 있다. 그러나, 외부의 솔루션을 도입하는 것은 그 특성상 자체 구축방식에 비해 그 기업만의 CRM 니즈를 정확히 반영하기 어려울 뿐만 아니라, 초기 구축비용과 라이선스 비용이 높은 편이다. 또한, 자체 구축방식의 경우 시스템 구축 자체의 실패 확률이 존재하는 반면, 외부의 CRM 솔루션을 도입하는 방식의 경우 구축의 실패보다는 활용에서 실패할 확률이 존재한다는 것을 유의해야 한다.

외부에서 CRM 솔루션을 도입하기로 한 경우 구체적으로 솔루션의 형태는 무엇으로 할지 결정해야 한다. 솔루션의 형태는 크게 온프레미스(on-premise) 방식과 온디맨드(on-demand) 방식으로 구분할 수 있다. 온프레미스 방식이란 전통적인 시스템 구축 및 활용방식으로서 초기에 확정된 구축 및 활용범위의 시스템 구성요소들을 모두 기업 내부에 설치하고 사용하는 방식을 의미한다.

반면에 최근 부각되고 있는 온디맨드 방식이란 시스템의 구성요소를 조직 내부에 직접 설치하지 않고 소프트웨어 서버를 통해 시스템의 필요한 기능과 사용자 수만큼만 이용하고, 일정한 과금방식에 따라 사용료를 지불하는 방식이다. 이를 흔히 SaaS(Software as a Service) 방식이라고도 부른다. 최근에는 온디맨드 방식으로 CRM 솔루션을 도입하는 추세인데, 이는 초기 구축비용의 절감뿐만 아니라, 향후 변화될 수 있는 자사의 CRM 니즈와 환경에 보다 능동적으로 대처할 수 있다고 판단하기 때문인 것으로 해석된다.

06

CRM을 위한 분석기술

■■ 분석이 먼저인가, 실행이 먼저인가

한때 분석 CRM이 먼저인가, 운영 CRM이 먼저인가를 두고 갑론을박이 치열한 시절이 있었다. 분석 CRM이 우선한다는 주장은 분석 CRM을 통해서 체계적인 고객분석이 먼저 이루어져야 이를 바탕으로 효과적인 운영전략이 수립된다는 논리이고, 운영 CRM이 우선한다는 주장은 데이터를 분석하려면 정제된 고객 데이터가 있어야 하는데 이는 운영 CRM 체계를 통해 효과적인 고객정보 확보가 먼저 이루어져야 한다는 것이었다. 분석–기획–실행–학습이라는 CRM 전략의 순환고리(closed-loop) 관점에서는 분석 CRM의 역할이 먼저이고, 운영 CRM의 역할이 그 이후이지만, 우리나라의 기업 현실상 체계적인 분석이 이루어지기 위해서는 먼저 고객접점의 운영시스템부터 정비하는 것이 필요하기 때문에 결국 운영 CRM 우선론 주장이 우세하였다.

2000년 여름에 필자도 국내 한 이동통신사의 데이터마이닝 프로젝트에 참여한 적이 있는데, 2개월도 채 안 되어 해당 프로젝트가 조기 종료된 씁쓸한 기억을 가지고 있다. 다른 산업에 비해 양질의 데이터를 가지고 있다고 판단한 이동통신사였음에도 불구하고(그 회사 직원들도 그렇게 생각하고 있었다.) 막상 뚜껑을 열어 보니 데이터의 정합성 수준이 매우 떨어지고, 주요 변수들의 결측률이 생각보다 너무 높아 데이터마이닝을 통한 예측모형을 개발할 수 있는 상황이 아니었다.

그 이후로 기업들은 많은 새로운 채널과 시스템의 도입, 그리고 운영 프로세스의 개선 등의 과정을 통해 양질의 데이터를 많이 확보할 수 있게 되었다. 이제 어지간한 중소기업은 ERP 시스템 정도는 갖추고 있으며, 온·오프라인 채널을 통해 고객정보 및 매출정보도 확보하고 있다. 콜센터나 고객서비스센터에서 VOC 및 고객서비스 이력정보도 확보할 수 있다. 즉 산업유형이나 기업수준에 따라 조금씩 차이는 있겠지만, 대부분의 기업에서 제대로 된 고객분석활동을 수행할 수 있는 배경이 마련된 것이다. 요즘 급부상하고 있는 빅데이터 분석이나 최근 들어 다시 부각되고 있는 데이터마이닝 기법도 이 때문이다.

이 책에서는 CRM 분석을 위해 필요한 몇 가지 대표적인 기법들에 대해 실무적인 활용 용도 차원에서 재조명해보고자 한다. 기업들과 함께 일해 왔던 필자의 경험상 분석 업무에서 정말 중요한 것은 필요한 기법을 적시에 활용할 수 있는 식견이지, 상세한 이론이나 분석 알고리즘의 수리적 논리를 얼마나 꿰차고 있느냐는 별로 중요하지 않기 때문이다. 실무에서는 고난이도의 분석기법을 요하거나 분석결과의 이론적인 해석을 요하는 경우는 별로 없으며, 설사 그런 경우가 발생하더라도 주변 전문가에게 도움을 청하거나 관련 전문서적을 찾아보면 된다.

ESSENTIAL

운영 CRM 우선론의 맹점

분석 CRM이 제대로 수행되기 위해서는 운영 CRM이 먼저 갖춰져야 한다는 말은 맞지만, 그렇다고 분석을 염두에 두지 않은 운영 CRM의 구축은 큰 후회를 가져올 수 있다. 나중에 분석을 하려고 보니 정작 쓸 만한 데이터는 축적되지 않은 사실을 뒤늦게 깨닫기도 한다. 그리고, 당시 운영 CRM 솔루션 구축을 주도한 인물이 그 자리에 없거나, 아무도 그 책임을 지려고 하지 않는다.

■■ 분석기술은 도구일 뿐이다

대학에서 마케팅공학을 위한 통계분석기법을 가르칠 때 학기 초에 학생들에게 당부하는 말이 있다.

"통계가 어렵고 따분한 이유는 학문으로 받아들이기 때문이다. 모든 학문이 그렇지만, 통계는 여러분을 괴롭히기 위해 생겨난 것이 아니다. 써먹기 위해 생겨난 거다. 따라서, 이 순간부터 회귀분석이나 분산분석의 원리나 공식은 잠시 잊어버려도 좋다. 이것들을 언제, 왜 써먹어야 하는지, 분석결과 지표들을 어떻게 해석하는지에 대해서만 집중하라. 여러분이 찾고자 하는 답이나 통찰력을 회귀분석을 돌려 얻었다면 그것으로 충분하다. 그렇게 해서 회귀분석이나 분산분석과 친해지면 언젠가는 자연스럽게 그 원리가 궁금해질 것이고, 그때 다시 한 번 그 원리들을 공부하면 큰 깨달음이 찾아올 것이다."

그래서 필자는 대학에서 통계를 가르칠 때는 첫날 수업부터 실습에 들어간다. 일단 써먹는 데 익숙해져야 하기 때문이다. 주제별 실습이 끝난 이후에야 분석지표와 관련된 필수 이론만을 부가적으로 설명한다. 즉, 일반적인 수업방식인 이론→실습과는 정반대로 실습→이론방식으로 진행한다. 어려운 공식과 이론으로 학생들을 괴롭히지는 않지만, 그 대신 필자는 다른 것으로 학생들을 괴롭힌다. 바로 실습 데이터다. 대부분의 통계교재에서 다루는 실습 데이터는 그야말로 특정 분석기법들에 꼭 맞게 정리된, 정말이지 '예쁘고, 깔끔하게' 단장된 데이터들이다. 그리고, 데이터의 양도 엑셀 스프레드시트 한 화면에 보일 정도로 수십 개의 데이터만을 다루고 있다. 이러한 실습환경에 익숙해진 학생들이 기업의 분석실무 환경에 들어가면 어떻게 될까? 놀라는 수준을 넘어 어떻게 건드려 보지도 못한 채 패닉상태에 빠지기 십상이다. 무슨 정보인지 구분도 안 되는 수많은 변수들이 즐비하고, 결측값도 엄청나게 많으며, 분석에 알맞게 코딩되지 않아 도무지 어떤 통계기법을 적용해야 할지 감이 오질 않는다. 또한, 데이터 분량도 수만 건이 기본이라 데이터 핸들링도 만만치가 않다. 이에 필자는 학생들의 수업에도 기업의 CRM 데이터 현실과 유사한 상황을 느낄 수 있도록 거대한 데이터 세트(data set)를 다루도록 한다. 이를 통해 학생들은 분석 자체보다는 분석을 위해 데이터를 전처리하는 과정이 더 많은 시간과 노력을 필요로 한다는 것을 알게 되고, 원하는 분석을 수행하기 위해서는 파생변수들도 만들어야 한다는 사실을 알게 된다.

실무관점에서도 다르지 않다. 사실 개인적으로는 통계학자가 아닌 이상 통계분석기법들의 이론적 지식이나 공식의 유도과정들을 반드시 이해해야 할 필요는 없다고 생각한다. 그리고, 현재처럼 기업 경영의 과정에서 발생하는 빅데이터를 분석하고, 빠르게 실무에 적용해야 하는 시점에서 과거처럼 통계학자나 통계학을 전공한 사람만이 통계분석을 해야 한다는 시각도 시대착오적인 발상이다. 데이터에 기반한 과학적인 의사결정이 필요한 부서라면 통계분석 정도는 최소한 활용 차원에서 익숙해져야 한다고 생각한다. 그러기 위해서는 따분한 공식보다는 각 통계분석기법들을 특정 목적에 맞도록 제작된 도구라고 생각하고, 유용하게 사용할 수 있도록 일단 활용하는 훈련만 받으면 된다. 물론 앞서 얘기한 것처럼 활용에 익숙해진 다음에는 주요 지표들에 대한 이론적 지식도 함께 습득하는 것이 필요하다. 더욱 진일보된 분석가의 면모를 갖출 수 있기 때문이다.

아래 표는 필자의 경험을 바탕으로 실무에서 요구하는 분석역량의 단계에 따라 해결 가능한 임무수준과 이에 필요한 지식의 수준을 요약한 것이다.

분석역량 단계	해결 가능한 임무수준(예시)	부가적인 필요지식
1단계: 분석기술 활용단계	"이 데이터를 회귀분석해서 결과를 보고하라."	분석기법의 단순 활용 및 해석능력
2단계: 문제해결 적용단계	"대구와 광주지역의 매출변화율에 차이가 있는지 확인해보라."	1단계 지식수준 + 분석기법의 용도 및 데이터 조건 이해력
3단계: 가설검정 가능단계	"고객이탈률이 증가하는 이유가 무엇인지 찾아보라."	2단계 지식수준 + 가설 수립 및 검증능력, 파생변수 생성능력
4단계: 분석총괄 및 지휘단계	"멤버십 운영 데이터를 바탕으로 현재 당사 멤버십에 대한 전반적인 문제점과 해결방안을 찾아보라."	3단계 지식수준 + 분석기법의 변칙적·창의적 활용능력, 오랜 분석 경험

CRM과 마케팅에 유용한 통계기법

현재 존재하는 모든 통계분석기법이 마케팅이나 CRM 영역에서 활용될 수 있다. 그러나 이 책에서는 CRM 및 마케팅 직무 분야에서 가장 많이 활용되는 주요 분석기법들을 중심으로 주요 개념과 적용 가능 주제들에 대해 논의하고자 한다. 통계분석기법들은 다양한 유형으로 분류가 가능하지만, 이해하기 쉽도록 기초 통계분석기법, 인과관계 분석기법, 기타 다변량 통계분석기법으로 분류하여 설명한다. 개별 통계분석기법들에 대한 이론적 설명은 전문 통계이론 서적을 참고하기 바란다.

기초 통계분석기법은 주로 분석하고자 하는 변수가 하나 또는 두 개 정도로 비교적 단순한 통계분석에 활용되는 기법들을 의미한다. 따라서, 기초 통계분석기법들은 중요한 분석에 대한 결론을 유도하기보다는 전반적인 현황을 파악하거나, 추후 고급분석기법을 적용하는 전 단계에서 탐색적으로 활용하는 경우가 많다.

■ **기술통계량** 기술통계량은 우리가 흔히 알고 있는 통계값, 즉 평균·분산·표준편차·빈도·비율·최빈값·중위값 등의 기본적인 통계값을 의미한다. 대개 본격적인 다변량 통계분석을 활용하기 전에 분석 대상이 되는 변수들의 전반적인 현황을 검토하거나 외형적인 차이를 파악하기 위해 사용한다. CRM에서는 지역별·매장별·상품별 고객의 성별·나이 비율, 고객 방문빈도, 매출액 평균, 객단가의 계산 등을 계산할 때 사용할 수 있다.

■ ***t*-test** 특정 수치형 변수에 대해 두 집단 간의 차이를 통계적으로 검증할 때 주로 사용하며, 단일표본 *t*-test, 독립표본 *t*-test, 쌍체표본 *t*-test가 있다. 먼저 단일표본 *t*-test는 예상하는 평균값이 통계적으로 유효한지 검증할 때 사용하는데, CRM에서는 가령 특정 브랜드의 구매 평균 연령이 32세라고 알려졌을 때 과연 그러한지 통계적으로 검증할 때 사용할 수 있다. 독립표본 *t*-test는 완전히 독립적인 두 집단의 평균 차이가 통계적으로 유의한지 판단할 때 사용한다. 가령 멤버십 프로그램 가입 고객군과 비가입 고객군의 매출액이나 구매빈도와 같은 데이터의 차이를 통계적으로 검증하고자 할 때 활용할 수 있다. 끝으로 쌍체표본 *t*-test는 동일하지만 특정 사건이나 실험에 의해 두 개의 다른 시점으로 분류될 수 있는 그룹들 간의 평균 차이가 통계적으로 유의한지 판단할 때 사용한다. 가령, 현재 멤버십 프로그램 가입 고객들을 멤버십 가입 이전과

이후로 구분하고, 매출액이나 구매빈도의 차이를 검증하는 것은 매우 의미 있는 일일 것이다.

상관관계분석 말 그대로 두 개 이상의 변수들 간에 상관관계가 존재하는지를 통계적으로 검증할 때 사용하는 기법이다. 상관관계분석은 변수의 형태가 수치척도인가 서열 또는 명목척도인가에 따라 상관관계분석기법을 다르게 적용하지만 해석은 모두 동일하다. 가령, CRM에서는 방문빈도와 구매금액의 상관관계, 성별과 상품 카테고리의 상관관계, 고객등급과 마케팅 반응도의 상관관계 등의 주제에 활용할 수 있다. 한편, 두 변수 간의 상관관계가 매우 높다는 것은 비슷한 의미를 내포한다고 볼 수 있으므로 중복활용이 불필요한 변수들을 걸러내는 데도 사용할 수 있다.

교차분석 교차분석은 위에서 설명한 상관관계 분석기법 중 명목척도(분류형 변수)로 구성된 변수들 간의 상관관계를 검정하는 방법으로, 흔히 카이스퀘어(chi-square) 검정이라고도 불린다. CRM이나 마케팅에서 특히 활용도가 높은 교차분석은 행(row)과 열(column)로 구분되는 교차표상의 각 셀에 나타나는 빈도의 차이를 바탕으로 행과 열의 분류 변수들 간의 연관성을 통계적으로 규명한다. 가령, 행을 매장지역 분류로 놓고, 열을 상품유형 분류로 놓은 후 지역별 각 상품에 대한 구매빈도를 교차표로 만들면 매장지역과 상품유형이 서로 연관되어 있는지 객관적으로 판단할 수 있다.

신뢰성 분석 신뢰성이란 일관성과 같은 의미이므로 신뢰성 분석은 특정 변수의 측정값들이 일관된 수준으로 나타나고 있는지를 판단하는 분석기법이다. 신뢰성 분석은 보통 고객서베이 데이터에 대한 다변량 통계분석을 하기 위한 사전분석 단계에서 많이 사용된다. 가령, 고객들이 인지하는 구매가치 수준을 품질수준과 가격수준, 그리고 편의성 수준이라는 측정 변수로 평균한 점수라고 한다면 구매가치 점수를 나타내기 위해서는 우선 하위 세 가지 변수들의 측정값이 어느 정도 일관된 수준으로 측정되어야 한다는 전제를 내포한다. 구매가치라는 상위 변수의 신뢰성을 저해하는 항목이 편의성 수준이라는 측정변수라면, 그 변수는 구매가치를 투영하는 정보로 활용될 수 없는 것이다. 물론 신뢰성 분석은 약간만 변칙적으로 활용하면 기업 내부의 정량 데이터에 대해 개별 항목의 측정 일관성을 판단하는 기법으로도 사용할 수 있다. 특정 매장, 직원, 상품, 또는 고객의 판매 및 구매 실적 일관성을 판단할 수도 있고, 고객들의 마일리지 적립·사용에 대한 신뢰성 수준을 판단할 수도 있다.

한편, 인과관계 분석기법들은 최소 2개 이상의 변수들을 원인(cause) 변수와 결과(effect) 변수로 구분하여 변수들 간의 인과관계를 파악하고 검증하기 위한 분석기법들을 의미한다. 인과관계 분석기법은 대개 다변량(multivariate) 통계분석기법에 속하며, 실무나 학술영역에서 가장 많은 활용도를 보이는 분석기법들로 구성되어 있다.

분산분석 앞에서 두 고객그룹에 대한 구매액 또는 구매빈도 차이는 *t*-test를 통해 검정할 수 있다는 것을 알았다. 그런데, 고객그룹이 3개 이상인 경우에는 어떻게 검정할까? 물론 *t*-test를 여러 번 반복해서 판단할 수 있으나, 이것을 한번에 처리할 수 있는 방법이 있는데, 바로 분산분석(ANOVA)이다. 이 방법은 집단 간의 차이를 규명하는 데에도 쓰이지만, 그룹 또는 집단을 분류하는 변수를 독립변수로, 비교 대상이 되는 측정변수를 종속변수로 생각하면 분류변수에 의한 측정변수의 인과관계를 검정할 수도 있다. CRM에서는 여러 매장별 구매빈도·구매액의 차이, 주요 고객 세그먼트별 교차구매지수의 차이 등을 판단할 수 있다.

요인분석 요인분석은 하위 구성요소를 갖는 상위 변수를 요인(factor)이라고 할 때 요인과 하위 구성 변수들의 구조가 적절한지 판단하는 다변량 통계분석기법이다. 즉, 개별 하위 측정변수들이 상위 요인으로 적절히 묶일 수 있느냐를 판단하는 것이다. 얼핏 보면 위에서 설명한 신뢰성 분석의 목적과도 유사하다고 볼 수 있는데, 요인분석은 요인구조의 적합성을 판단하기 위해 신뢰성 분석기법과 회귀분석의 개념을 동시에 사용하는 것이다. 아무튼 요인분석은 주로 수많은 데이터 항목들을 소수의 요인으로 요약 또는 축약하기 위한 목적으로 활용된다. 가령, CRM 실무에서는 요인분석을 통해 고객들의 구매액, 구매빈도, 구매 최근성, 거래 기간, 교차구매지수 등의 데이터를 요약하여 거래우량도와 같은 축약된 정보를 추출할 수 있으며, 수많은 고객 서베이 항목들을 몇 가지 대표적인 요인으로 추출하여 요인 간의 인과관계 검증에 활용할 수 있다.

■ **회귀분석** 통계분석기법의 대명사라고 불릴 만큼 회귀분석은 가장 대중적인 통계분석기법임에 틀림없다. 회귀분석은 하나 이상의 수치형 변수들을 독립변수로, 또 다른 결과적인 수치형 변수를 종속변수로 설정하여 개별 독립변수의 변화가 종속변수의 변화에 어떻게 영향을 미치는지 판단하여 독립변수들의 값이 주어졌을 때 종속변수값을 예측하거나, 독립변수와 종속변수 간의 인과관계를 검증할 수 있는 통계분석기법이다. 기업의 다양한 CRM 또는 마케팅 활동들이 고객로열티에 어떻게 영향을 미치는지, 고객이 인지하는 상품가치·브랜드 가치·관계가치가 고객만족과 고객로열티에 어떻게 영향을 미치는지, 고객과의 커뮤니케이션 횟수가 실제 매출에 영향을 미치는지와 같은 인과관계 검증은 다변량 회귀분석을 통해 판단할 수 있다.

■ **판별분석** 판별분석은 회귀분석과 마찬가지로 독립변수들과 종속변수 간의 인과관계를 판단하는 기법으로 이해할 수 있지만, 종속변수가 수치형이 아닌 이분형 또는 다분형 분류변수이기 때문에 수치를 예측하기보다 특정 그룹으로 분류되는 결과를 예측한다. 가령, 고객의 나이, 구매빈도, 구매품목 수라는 변수로 구매액을 예측하거나 인과관계분석을 한다면 회귀분석이 적절하지만, 이러한 독립변수들로 고객의 이탈 여부나 우량고객 여부를 예측한다면 판별분석이 적절하다. 고객의 그룹이나 집단을 예측하는 것은 CRM이나 마케팅에서 매우 빈번하게 일어나는 상황이지만, 판별분석이 이러한 목적으로 활용되는 경우가 실무에서는 생각보다 많지 않다. 판별분석에서는 독립변수로 수치형(등간 또는

비율척도) 변수만을 사용할 수 있기 때문이다. 그러나, 실제로 기업에서 보유하는 고객 프로파일 내의 변수에는 성별이나 고객성향, 중점구매 품목과 같이 수치형이 아닌 변수들이 매우 많다. 따라서, 다양한 형태의 독립변수들을 활용할 수 있는 고객그룹 예측기법으로는 로지스틱 회귀분석이 가장 많이 활용된다.

기타 다변량 통계분석기법은 인과관계 분석기법과 마찬가지로 다변량 통계분석기법인 경우가 대부분이지만, 인과관계를 검증하기보다는 각 분석기법이 목표로 하는 특정한 분석용도에 따라 활용되는 통계분석기법들을 의미한다.

군집분석 군집분석은 개체의 속성들을 바탕으로 개체 간의 거리를 계산한 후 가까운 개체를 동일한 집단으로 형성해 나가는 통계분석기법이다. 군집분석은 명확한 분류기준에 의해 집단을 분류하는 일반적인 세분화 기법과는 달리, 어떻게 집단을 나누는 것이 좋을지에 대한 사전정보가 불명확할 때 수행하는 집단분류 기법이다. 군집분석은 크게 계층적 군집분석과 비계층적 군집분석으로 분류되는데, 비계층적 군집분석은 데이터마이닝 기법으로 인식되는 경우가 많으므로 데이터마이닝 세션에서 논의한다.

CRM이나 마케팅 분야에서 군집분석이 활용되는 영역은 대단히 많다. 단순한 매출액 기준의 고객 등급화에서 탈피하여 다양한 고객 프로파일 변수들을 바탕으로 마케팅적으로 의미 있는 고객 세분화를 수행할 경우, 상품속성들을 바탕으로 동질적인 상품군을 형성할 경우, 전국의 매장들을 동질적인 패턴의 매장그룹으로 묶을 경우 등에 군집분석을 활용할 수 있다.

컨조인트 분석 컨조인트 분석(conjoint analysis)이란 상품·서비스와 같이 다양한 속성들의 조합으로 구성될 수 있는 개체들을 몇 가지 대안(alternative)으로 만들고, 각 대안들에 대한 고객들의 평가결과를 수집함으로써, 상품·서비스를 구성하는 개별 속성들 간의 상대적 중요도와 효용 가치를 추정하고, 가장 반응률이 높은 대안을 선정할 수 있는 통계분석기법이다. 컨조인트 분석이 유용한 이유는 고객들이 개별 속성 하나하나에 대해 평가한 결과와 그 속성들이 결합된 상품수준에 대한 평가결과는 달라질 수 있다는 점에 있다. 컨조인트 분석은 새로운 상품이나 서비스를 고객지향적으로 개발하고자 할 때 많이 활용되며, 특히 CRM 영역에서 멤버십 프로그램의 포인트 적립률, 포인트 사용시점, 등급별 제공 서비스 혜택 등을 소비자 관점에서 선호도를 판단하여 설계하고자 할 때 유용하게 사용될 수 있다.

다차원척도법과 대응분석 다차원척도법과 대응분석이라는 통계기법을 한번에 설명하려는 이유는 두 가지 통계기법이 모두 포지셔닝 맵(positioning map)과 같은 경쟁구도를 표현하기 위한 관점에서 동일한 목적을 지녔다고 볼 수 있기 때문이다. 다차원척도법은 비교 대상이 되는 개체(브랜드, 상품, 매장 등)들 간의 심리적 거리를 고객으로부터 응답을 받아 개체들 간의 경쟁구도를 좌표평면상에 표현하는 방법이다. 대응분석(또는 상응분석이라고도 함)은 비교 대상이 되는 개체(가령, 백화점 브랜드)들을 주요 속성 관점(가령, 교통편리성,

상품 다양성, 매장 분위기 등)에서 비교 평가한 후 개체들 간의 경쟁구도뿐만 아니라 속성들까지 좌표평면상에 표현함으로써 주요 속성 관점에서의 경쟁구도와 브랜드 선호도를 함께 표현할 수 있다. 물론 이러한 통계기법을 활용하지 않고도 단지 두 가지 속성만을 선정하여 두 개의 축(X축과 Y축)으로 포지셔닝 맵을 표현할 수도 있다. 그러나, 다차원척도법과 대응분석은 많은 속성을 한꺼번에 고려함으로써 개체 간의 거리 개념을 바탕으로 경쟁구도를 표현하기 때문에 보다 종합적인 관점이 고려되는 것이라고 할 수 있다. CRM과 마케팅 분야에서 다차원척도법과 대응분석은 비교 대상이 되는 모든 개체(경쟁 브랜드, 상품 유형, 서비스 유형, 고객, 매장 등)들 간의 포지셔닝 맵을 도출하는 데 활용될 수 있다.

ESSENTIAL

마케팅 통계, 거꾸로 공부하자

성능이 좋은 자동차를 개발하기 위해서는 수많은 과학자가 필요하지만, 대부분의 사람들은 자동차를 사용할 수 있는 방법만 익히면 된다. 통계도 마찬가지다. 일단 통계기법별로 적용될 수 있는 상황부터 이해하고, 프로그램을 돌리고, 해석하는 데 집중하자. 이론은 그 다음에 익혀도 충분하다.

분석 CRM의 백미: 데이터마이닝

CRM을 지원하기 위한 또 다른 분석기술의 한 축은 데이터마이닝(data mining)이다. 한때 데이터마이닝 자체가 CRM이라고 불릴 만큼 데이터마이닝은 CRM에서 차지하는 비중이 컸다. 그러나

2000년대 중반 즈음 데이터마이닝 회의론이 등장하면서 데이터마이닝 자체를 CRM이라고 보는 사람은 거의 없다. 그러나, 6장의 첫 번째 세션에서 논의했던 것처럼 최근에서야 비로소 기업들의 데이터 수준이 많이 높아진 관계로 빅데이터 기반의 데이터마이닝이 다시 활성화되고 있는 추세이다. 사실 데이터마이닝은 최근에 재조명되고 있는 것은 사실이지만, CRM 분석을 위해 늘 사용해 왔던 기법이다. 한때 데이터마이닝 무용론이 등장했던 것은 데이터마이닝 자체가 의미 없었다기보다는 데이터마이닝 기법을 오용함으로써 나타났던 현상이었다(데이터마이닝의 잘못된 활용 사례는 다음 절에서 논의한다). 이 책에서는 통계분석기법과 마찬가지로 각 데이터마이닝 기법들의 이론과 알고리즘을 상세하게 설명하기보다는 주요 개념과 활용주제를 중심으로 논의하고자 한다.

■■ 데이터마이닝 프로세스

데이터마이닝의 개별 분석기법들을 논의하기 전에 데이터마이닝 프로세스의 개념을 먼저 이해하는 것이 필요하다. 데이터마이닝 프로세스란 말 그대로 데이터마이닝을 성공적으로 진행하기 위한 전체적인 과정을 묘사한 것이다. 데이터마이닝 프로세스의 개념이 중요한 이유는 데이터마이닝 프로젝트의 성공이 결코 개별적인 분석기법의 활용수준에서 결정되지 않기 때문이다. 필자 역시 CRM 프로젝트 경험이 많아질수록 더욱 강하게 느끼고 있는 부분이다.

데이터마이닝 프로세스는 데이터마이닝 솔루션의 양대 강자인 SPSS와 SAS에서 제시하는 CRISP-DM이라는 방법론과 SEMMA

라는 방법론이 가장 많이 활용되고 있다. 두 가지 방법론 모두 데이터마이닝의 과정을 단순히 분석하거나 모델링 업무에만 한정하지 않고, 관련된 다양한 수행업무를 데이터마이닝의 프로세스로 포함시켰다는 특징이 있다. CRISP-DM과 SEMMA의 다른 점 중 하나는 CRISP-DM이 조금 더 넓은 업무영역을 포함하고 있고, SEMMA는 상대적으로 데이터마이닝 본래의 분석적인 업무에 조금 더 집중되어 있다는 점이다(아래 그림 참조).

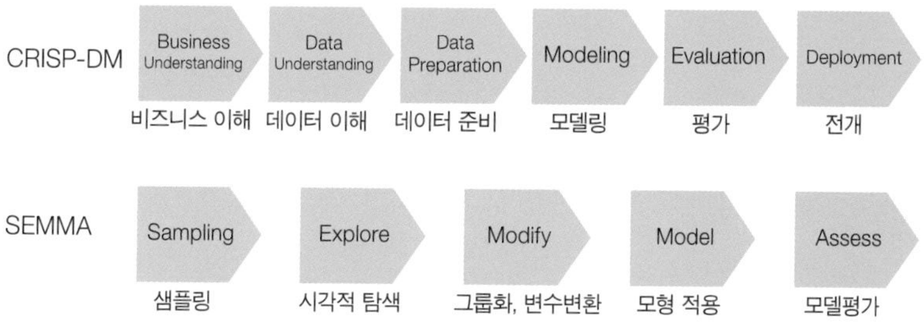

[두 가지 대표적인 데이터마이닝 프로세스 프레임워크]

■ **CRISP-DM(cross-industry standard process for data mining)** IBM의 SPSS에서 제시하는 데이터마이닝 프로세스로서 현재 데이터마이닝 업계의 표준 실행 프로세스로 채택되고 있다. CRISP-DM은 다음과 같은 6개의 단계로 이루어져 있다.

[CRISP-DM의 데이터마이닝 프로세스]

단계	수행업무
1단계: 비즈니스 이해 (Business Understanding)	기업의 특성을 파악하는 단계. 각종 자료 및 워크숍 등을 통해 해당 기업의 비즈니스 운영 특징을 면밀히 파악한다.
2단계: 데이터 이해 (Data Understanding)	기업의 데이터를 이해하는 단계. DB의 구조, 변수 종류 및 의미, 레코드 수, 데이터 품질 등을 면밀히 파악한다.
3단계: 데이터 준비 (Data Preparation)	분석을 위한 데이터의 추출 및 정제, 새로운 파생변수의 생성 등 데이터를 실제로 분석이 가능한 상태로 전환한다.
4단계: 모델링(Modeling)	추출된 분석 데이터를 바탕으로 분석 용도에 맞는 각종 데이터마이닝 기법을 적용하여 모델링을 수행한다.
5단계: 평가(Evaluation)	적용 가능한 잠재 모형들 간의 성능비교, 재현 가능성 판단, 현실적 운영 가능성 검토 등 프로젝트의 목적에 가장 적합한 모델을 최종 선정한다.
6단계: 전개(Deployment)	최종 선정된 데이터마이닝 모델을 실무적으로 운영 가능한 형태로 개발하여 적용하는 단계이다.

이 6가지 단계 중 1단계인 비즈니스 이해와 2단계인 데이터 이해는 아무리 강조해도 지나치지 않다. 당연한 것처럼 들리겠지만 특히 데이터마이닝 프로젝트를 외부 전문가가 맡을 때는 더더욱 중요하다. 종종 외부 분석 전문가들이 자신들의 데이터마이닝 기술력을 자만하고 의뢰기업에 대한 공부를 태만히 하는 경우가 있는데, 그럴 때는 차라리 프로젝트를 맡기지 않는 편이 낫다. 해당 업에 대한 독특한 특성을 반영하지 않고, 현학적이고 복잡하기 그지없는 모델링 결과가 나올 수 있기 때문이다. 오히려 현업에 대한 이해가 깊어질수록 데이터마이닝 모델은 단순 명료해질 가능성이 높다는 것을 기억해야 한다.

한편, 2단계인 데이터의 이해는 외부 전문가뿐만 아니라 내부

현업 직원들에게도 중요하다. 놀랍게도 CRM 또는 마케팅 팀원들 조차 자사의 고객 데이터베이스의 상세한 모습을 들여다볼 기회가 많지 않기 때문에 그들에게 낯선 데이터 항목들이 의외로 많기 때문이다. 데이터마이닝 프로젝트가 진행되면 많이 사용하는 변수항목뿐만 아니라 DB상에 가용한 모든 변수들을 고려해야 하기 때문에 현업에서 자주 사용하지 않는 데이터 항목이 많이 나타나게 된다. 데이터마이닝 작업은 분석가와 현업 직원과의 지속적인 커뮤니케이션이 중요하므로 현업 입장에서도 모든 데이터 항목에 대한 이해가 필수적이다.

■ **SEMMA(Sample, Explore, Modify, Model, Assess)** SAS에서 제시하는 데이터마이닝 프로세스로서 CRISP-DM에 비해 데이터마이닝의 기술적인 측면을 보다 강조한 업무 프로세스이다. SEMMA 프로세스는 아래와 같이 5가지 프로세스로 구성되어 있다.

[SEMMA의 데이터마이닝 프로세스]

단계	수행업무
1단계: 표본추출(Sample)	데이터마이닝을 수행한 분석 데이터 세트를 지정하고 표본을 추출하는 과정이다.
2단계: 데이터 탐색(Explore)	표본추출과정에서 도출된 데이터 세트를 기술통계량 또는 각종 분포 그래프 기능을 통해 탐색함으로써 데이터들에 대한 이해를 도모하는 과정이다. CRISP-DM의 2단계에 해당한다.
3단계: 데이터 변환(Modify)	데이터마이닝 모델링을 수행하기에 앞서 도출된 표본 데이터를 분석에 적합하도록 데이터를 변환하는 단계이다. CRISP-DM의 3단계에 해당한다.

4단계: 모델링(Model)	분석 목적에 맞는 각종 데이터마이닝 기법을 적용하여 모델링을 수행한다. CRISP-DM의 4단계에 해당한다.
5단계: 평가(Assess)	잠재 모형들 간의 성능비교, 재현 가능성 판단, 현실적 운영 가능성 검토 등 프로젝트의 목적에 가장 적합한 모델을 최종적으로 선정한다. CRISP-DM의 5단계에 해당한다.

위의 표에서도 알 수 있듯이 SEMMA의 다섯 가지 단계는 CRISP-DM의 2단계부터 5단계까지의 프로세스를 조금 더 세부적으로 기술한 프레임워크라고 볼 수 있다.

■■ 통계 = 데이터마이닝?

데이터마이닝과 관련된 가장 흔한 질문 중 하나는 "통계와 데이터마이닝은 같은 것인가?"라는 것이다. 통계학자 관점에서는 데이터마이닝 속의 구체적인 수학적 알고리즘들이 결국 통계학에서 파생된 기법이나 통계기법 자체를 사용하기 때문에 동일한 것이라고 본다. 실제로 데이터마이닝을 즐겨 사용하는 컨설턴트나 학자들은 통계학을 전공한 사람이 가장 많다는 점이 이 주장을 뒷받침한다.

반대로 순수 데이터마이너들은 통계학과 다르다는 것을 강조하는데, 가장 큰 이유는 목적이 다르다는 것이다. 통계, 특히 추론통계학의 경우 표본집단을 통해 모집단의 특성, 즉 파라미터(parameter)를 추정하는 것이고, 데이터마이닝은 모집단의 전체 데이터를 사용하여 구체적인 비즈니스 규칙을 도출하기 위한 목적이라는 것이다. 즉, 일반 추론통계기법은 현상을 설명하기 위한 용도로, 데이터마이닝은 미래 예측을 위한 용도로 사용한다는 것이다.

또한, 일반적인 통계분석은 표본 데이터를 사용하고, 데이터마이닝은 모집단 전체, 즉 대용량 데이터를 사용한다는 점에서 통계와 데이터마이닝을 구분하기도 한다.

데이터마이닝이 포함하는 요소기술의 관점에서도 두 분석기법을 동일한 것으로 보는 것은 무리가 따른다. 데이터마이닝은 통계학을 핵심적인 기반이론으로 사용하지만, 실질적인 활용 관점에서는 패턴인식이나 기계학습기법을, 그리고 정보기술 차원의 데이터베이스 기술도 포함하기 때문이다.

그러나, 필자는 통계와 데이터마이닝의 기술적인 구분은 불필요하다고 생각한다. 사실 두 기법은 어떻게 보면 목적 관점에서도 혼용되는 경우가 많다. 통계분석기법을 통해 현상을 가장 적합하게 표현하는 회귀모형이 생성되었다면 이 모형 역시 미래 예측의 용도로 얼마든지 사용될 수 있다. 또한, 데이터마이닝을 통해 가장 예측력이 뛰어난 모델이 생성되었다 하더라도, 이는 곧 현재 데이터에 대한 일정 기준 이상의 설명력을 가져야 한다. 물론, 데이터마이닝에서 예측력이 가장 좋은 모델이 현재 데이터를 가장 잘 설명하는 모델은 결코 아니다. 오히려 데이터마이닝에서 현재 데이터에 최적합된 모델은 과잉적합(overfitting)이라는 문제를 야기하여, 미래 예측력이 확연하게 떨어지는 현상이 발생한다.

통계와 데이터마이닝이 구분되는 또 하나의 주요 특징인 분석 데이터의 범위 차이 또한 실무에서는 큰 의미가 없어지고 있다. 서베이를 통해 수집된 데이터의 경우 모집단의 전체 데이터가 수집되기 어렵기 때문에 표본 데이터를 분석하는 것일 뿐, 일반적인 통계분석기법 역시 얼마든지 기업 내부 DB에 저장되어 있는 대용량 데이터를 분석할 수 있다. 기업 DB에 저장된 정량 데이터는 기업 자체의 관점에서는 모집단에 해당하는 데이터라고 할 수 있다. 또한, 데이터마이닝에서는 주로 빅데이터를 다룬다고 하지만 그 용량이 지나치게 클 경우 데이터마이닝 분석과정에 심각한 부담으로 작용하고, 분석결과 역시 실무에서 활용할 만한 가치를 지닌 통찰력을 얻어내기 어려운 경우가 많으므로, 일반적인 통계분석 과정처럼 의도적으로 일부 데이터를 추출하여 데이터마이닝 과정을 추진하는 경우가 대부분이다.

그럼에도 불구하고 필자는 일반적인 통계기법과 데이터마이닝 기법은 활용 용도의 관점에서는 구분되어야 한다고 생각한다. 추론통계기법을 통해 도출된 모형이 있다 하더라도 그것은 현상을 설명하기 위한 목적이며, 그 모형 자체를 비즈니스 규칙으로 확정하여 사용하는 경우는 드물다. 마찬가지로 데이터마이닝 기법에 의해 도출된 모형은 이탈예측, 고객그룹예측, 교차판매 규칙 생성과 같이 미래에 벌어질 상황을 미리 예측하기 위한 비즈니스 규칙으로 사용하기 위해 만드는 것이며, 단지 현상을 잘 설명하기 위한 용도로 데이터마이닝을 하지는 않는다. 예를 들어, 고객의 이탈을 미리 예측하기 위해 회귀분석을 사용하지는 않고, 고객만족도에 대한 가설검정을 하기 위해 의사결정나무나 인공신경망을 사용하지는 않는다는 것이다. 물론 불가능한 것은 아니지만, 보편적인 활용패턴은 아니라는 것이다. 따라서, 이후에 기술할 데이터마이닝 기법들 중 일부는 기술적으로는 엄연히 통계분석기법이라고도 볼 수 있지만, 활용 목적의 관점에서 가설검정보다는 CRM 실무에 적용할 비즈니스 규칙을 만들기 위해 사용하는 경우가 크기 때문에 데이터마이닝 기법이라고 생각하는 것이 편리하다.

데이터마이닝 기법은 기술적인 관점에서 지도학습(supervised learning)모형과 비지도학습 또는 자율학습(unsupervised learning)모형으로 구분할 수 있다. 지도학습모형이란 나이, 성별, 구매빈도와 같은 독립변수들에 의해 이탈 여부나 신용도와 같은 결과변수를 예측하기 위한 기법이다. 지도학습모형은 예측모형이 형성되어 가는 과정에서 기존의 결과변수값이 예측의 옳고 그름을 지도(판정)해줌으로써 점차 완성도 높은 모형으로 학습되어 가기 때문에 붙인 이름이다.

한편, 비지도학습모형이란 지도학습모형과는 달리 종속변수(결과변수)가 없어 모형이 형성되어 가는 과정에서 어떠한 피드백 또는 지도 메커니즘이 존재하지 않아 자율적으로 모형이 완성되어 가는 분석기법이다. 비지도학습모형은 군집분석이나 연관관계분석과 같이 종속변수가 없는 분석기법들을 모두 포함한다.

이 책에서는 기술적 분류기준인 지도학습과 비지도학습모형으로 데이터마이닝을 논하기보다는 CRM 실무에 초점을 맞추어 예측, 군집화, 그리고 구매행태 분석이라는 데이터마이닝의 주요 활용 목적에 따라 기술해보고자 한다. 물론, 예측을 위한 분석기법은 대부분 지도학습모형이고, 군집화나 구매행태 분석에 사용하는 분석기법은 주로 비지도학습모형이라는 점을 기억해 두는 것은 필요하다. 각 데이터마이닝 기법에 대한 기술적인 설명은 데이터마이닝 전문서적을 참고하기를 권한다.

■■ 예측을 위한 데이터마이닝 기법

과거의 경험을 바탕으로 미래를 효과적으로 예측하고자 하는 것은 CRM뿐만 아니라 모든 경영이슈에서 중요시되어 왔다. 데이터마이닝이 가장 많이 사용되는 이슈도 바로 이것이다. CRM이나 마케팅에서 예측하는 이슈는 다양하다. 예를 들면 새로 영입된 고객이 추후 우수고객으로 될 것인지 아니면 손실만 일으키는 악성고객이 될 것인지, 대출을 신청한 고객이 착실히 원리금을 갚아 나갈 것인지 아니면 채무불이행 고객이 될 것인지, 어떤 고객이 자주 반품을 요구하는지, 개별 고객마다 우리 기업에 기여할 생애가치는 총 얼마가 될 것인지, 현재의 우수고객들은 이탈할 조짐이 보이는지, 혹은 새로 출시될 신상품이 3개월 내에 얼마나 팔리게 될 것인지 등이다. 이러한 주제들에 대해 효과적으로 예측할 수 있다면 미래를 대비하기 위한 기업의 활동들도 달라지게 될 것이다. CRM 영역에서 이렇게 예측하기 위해 사용하는 데이터마이닝 기법은 크게 로지스틱 회귀분석, 의사결정나무분석, 그리고 인공신경망분석과 같은 지도학습모형들이며, 이러한 지도학습모형들은 다수의 독립변수들(나이, 성별, 직업유형 등)에 의해 종속변수(이탈 여부, 반품 여부, 추정 객단가 등)를 예측할 수 있는 기법들이다.

■ **로지스틱 회귀분석** 로지스틱 회귀분석은 대표적인 비선형 회귀분석기법의 하나로서 주로 이진변수(0과 1)로 구분되는 종속변

수(가령, 이탈 여부)를 예측하는 데 사용된다. 로지스틱 회귀분석은 로짓함수에 의한 오즈비(odds ratio)를 이해해야 한다는 번거로운 면이 있지만, 변수의 제약조건이 까다롭지 않고, 일반적인 다중회귀분석과 유사하여 사용과 해석이 용이한 장점을 가지고 있다. 실제로 로지스틱 회귀분석은 CRM 분석 실무자들이 가장 즐겨 사용하는 데이터마이닝 기법이다.

■ **의사결정나무분석** 의사결정나무분석 역시 미래의 상태나 고객 특성을 예측하기 위해 사용되는 데이터마이닝 기법으로서, 하나의 나무에서 분리되는 나뭇가지처럼 투입되는 독립변수들로 단계적인 분류를 수행하는 예측기법이다. 여러 가지 질문으로 정답의 범위를 좁혀 나가는 스무고개 게임을 연상하면 쉽게 이해될 것이다. 의사결정나무는 최종 형성된 모형에 의해 판단되는 예측결과를 논리적으로 이해하고 해석하기 용이하기 때문에 자동화된 비즈니스 규칙을 개발할 때 편리하고, 비교적 단순한 예측 주제에서는 가장 높은 성능을 보일 때가 많다는 장점이 있다. 그러나, 의사결정나무는 구매액과 같은 연속형 수치를 독립변수로 사용할 때 특정 기준치를 중심으로 분류되기 때문에 그 기준치의 부근 값에서는 오분류의 가능성이 커진다는 단점이 있으므로 모형개발에 투입되는 변수들의 특성을 고려해야 한다.

■ **인공신경망분석** 인공신경망은 뉴런(neuron)과 시냅스(synapse)로 구성된 인간의 신경망을 노드(node)와 링크(link)로 모형화한 네트워크 형태의 예측모형이다. 사람이 어떤 상황에 직면했을

때 오감(五感)에 의해 정보를 입력받아 나름대로의 최종 판단을 내리듯이, 인공신경망은 유입되는 개별 정보들 간에 상호 유기적인 결합에 의해 최선의 결정을 내린다. 사람의 신경망에 의해 판단을 내릴 때도 그렇듯이, 인공신경망 역시 입력되는 정보들 간의 상세한 인과관계는 은닉되어 있어 논리적으로 해석하기 어려운 단점이 있다. 그러나, 주어진 데이터에 최적화된 결과를 제공할 수 있어 비교적 복잡한 알고리즘이 필요한 주제에 대해서는 상대적으로 매우 높은 예측력을 보이는 장점이 있다.

ESSENTIAL

예측은 필요한 것인가?

차라리 동전을 던지라고 예측의 무용성을 주장하는 학자도 있다. 예측이 많이 어긋나는 것은 사실이다. 그러나, 어쨌든 예측은 해야 하는 것이고, 예측 외에 미래를 대비할 만한 마땅한 대안도 없다. 그리고, 그나마 예측을 통해 미래를 대비하는 것이 그렇게 하지 않는 것에 비해서는 결과적으로 더 좋은 성과를 가져온다.

한편, 이러한 세 가지 예측기법은 분석 목적에 따라 취사선택할 수 있지만, 대개는 세 가지 예측기법을 동시에 적용해본 후, 가장 우수한 예측성과를 보이는 모형을 최종적으로 선택한다. 모형의 성과를 비교 평가할 수 있는 방법은 여러 가지가 있지만 여기에서 강조하고 싶은 것은 모형의 우수성은 예측의 정확도(precision)만 가지고 평가해서는 안 된다는 것이다. 정확도는 흔히 재현율이라 부르는 모형의 검정력과는 상쇄(trade-off) 관계에 있기 때문이다.

고객이탈을 예측하는 주제에 있어서 모형이 이탈이라고 예측한 고객 중 실제로 얼마나 이탈하느냐는 정확도의 문제이지만, 실제 이탈할 고객들 중 얼마나 많은 이탈고객들이 사전에 미리 예측되느냐는 검정력의 문제이다. 일반적으로 정확도가 높은 모형은 검정력이 떨어지고, 검정력이 높은 모형은 정확도가 떨어진다. 또한, 이탈로 예측된 고객에 대해서는 적극적인 이탈방지 캠페인이 전개될 것이기 때문에 이는 곧 마케팅 비용의 문제로 연결된다. 따라서, 초우량 고객집단에 대한 이탈예측은 검정력이 높은 모형을 선택하고, 고객 수가 많은 일반고객 집단에 대한 이탈예측은 정확도가 높은 모형을 선택하는 것이 바람직하다.

군집화를 위한 데이터마이닝 기법

CRM 중심의 마케팅이 기존의 매스마케팅과 다른 점 중 하나는 전체 고객을 하나의 집단으로 보지 않고, 유의미하게 구분될 수 있는 집단 혹은 그룹들을 형성하고 개별 집단의 특성에 맞는 차별화된 마케팅 전략을 수행한다는 것이다. CRM을 위해 집단 혹은 그룹을 형성하는 데는 크게 세분화(segmentation)와 군집화(clustering) 기법이 있다. 세분화 기법은 개체들을 분류하기 위한 구체적인 기준을 사전에 마련하여 그 기준에 따라 집단을 형성하는 것이고, 군집화 기법은 분류 기준을 사전에 정의하지 않고 다양한 후보 변수들을 동시에 활용하여 개체 간의 거리를 계산한 후 거리에 따라 유사한 개체들끼리 묶거나 나누는 방식으로 그룹을 형성한다. 집단 혹은 그룹화되는 개체는 고객일 수도, 상품일 수도, 혹은 전국에

분포하는 각 매장일 수도 있다. 세분화 방법은 분류모형을 수학적으로 만들지언정 이미 정해진 기준에 따라 개체들을 분류하는 것이기 때문에 데이터마이닝이라고는 할 수 없다. 따라서 여기에서는 군집화 기법만을 논의하고자 한다.

계층적 군집분석 계층적 군집분석방법은 개체들의 속성(변수)을 결합하여 위상 공간상에 배치한 후, 개체들 간의 거리를 바탕으로 가장 가까운 개체들끼리 묶어 나가면서 단계적으로 군집을 형성하거나(병합방식), 가장 먼 개체들을 떨어뜨려 나가면서 단계적으로 군집을 형성해 나가는(분할방식) 방식이다.

계층적 군집분석방법은 데이터마이닝 툴이 아닌 일반 통계분석 소프트웨어에서도 사용할 수 있을 만큼 쉽고 대중적인 방법이지만, 대용량 데이터를 군집분석할 경우에는 바람직하지 않다. 군집화해 나가는 각 단계마다 개체 간의 거리를 다시 계산하고 저장해야 하기 때문에 군집화 속도가 크게 저하되기 때문이다. 그러나, 군집화 일정표나 덴드로그램과 같이 군집이 형성되어 가는 모든 과정을 상세히 묘사하기 때문에 전체 개체를 몇 개의 그룹으로 나누어야 할지 모르는 상황에서도 최적의 군집 수를 결정할 수 있는 장점이 있다.

K-평균 군집분석 비계층적 군집분석의 대표적인 기법인 K-평균 군집분석은 미리 결정된 K개의 군집으로 전체 개체를 가장 적절하게 분류해 나가는 기법이다. 동일 군집 내 개체 간의 거리는 가깝고 다른 군집 간의 거리는 멀도록 최적화된 군집결과를

도출하지만, 미리 결정된 군집의 수, 즉 K개의 군집결과만을 도출한다. K-평균 군집분석기법은 계층적 군집분석과는 다르게 대용량 데이터를 신속하게 처리하여 우수한 군집분석결과를 도출하지만, 군집형성 과정의 이해나 군집결과의 해석이 어렵고, 분석자가 미리 군집의 수(K)를 결정해야 하는 단점이 있다.

코호넨 네트워크 자기조직화지도(SOM: Self-Organizing Map)라고 불리기도 하는 코호넨 네트워크는 원래 인공신경망기법의 하나지만, K-평균 군집분석기법과 마찬가지로 개체들을 군집화하기 위해 주로 사용된다. 코호넨 네트워크는 노드(node)들 간의 연결망으로 구성된 격자무늬의 네트워크를 형성하고, 개체들이 자신의 특성(벡터)값에 가장 근접한 노드로 소속되어 가는 과정을 반복하면서 군집을 형성해 간다. 코호넨 네트워크는 일종의 인공신경망기법이기 때문에 다른 군집분석기법에 비해 비교적 분류의 속도와 정확도가 높아 연구할 때 활용도는 높지만, 알고리즘이 비교적 난해하고 지도(map)상에 위치한 분류결과의 해석이 보는 이에 따라 다르게 판단될 수 있기 때문에 실무에서 활용도가 높지는 않다.

한편, CRM 실무에서 군집분석기법을 활용할 때 유의사항이 두 가지 있다.

첫째, 군집분석을 통해 고객을 분류하고자 할 때는 군집분석에서 사용하지 않은 외생변수를 바탕으로 각 군집들에 대한 프로파일링(profiling) 작업을 수행해야 한다. 대개 CRM에서 군집분석에 투입되는 변수들은 구매성향이나 거래패턴과 같이 사후적인 정보를 활용하게 되는데, 향후 새로운 고객들에 대해 고객그룹을 예측할 경우에는 이러한 사후적인 정보가 아직 마련되지 않았기 때문에 흔히 인구통계적 정보 항목만을 바탕으로 고객그룹을 예측해야 한다.

둘째, 어떤 군집분석기법을 활용하든 분석결과의 신뢰성을 확보하기 위해 군집의 재현성을 검토해봐야 한다. 데이터마이닝 기법들의 공통된 특징이지만, 군집분석 또한 투입되는 개체들의 순서가 랜덤하게 결정되고, 이에 따라 학습해 나가는 과정이 조금씩 다르기 때문에 분석결과 또한 조금씩 달라질 수 있다. 가장 단순한 군집분석결과의 재현성 평가방법은 표본의 특성이 동일한 두 개의 표본 고객군에 대해 동일한 군집분석 모형을 적용해 본 후 두 군집분석결과가 일치하는지를 판단하는 것이다.

ESSENTIAL

고객을 몇 개의 집단으로 나누는 것이 좋은가?

K-평균 군집분석방법이 좋다고 하지만, 도대체 군집의 수(K)를 얼마로 잡아야 하는지 난감할 때가 많다. 이럴 때 무작위(random)로 전체 고객에서 200~300명 정도의 고객만을 추출하여 계층적 군집분석을 수행하고, 그 결과를 바탕으로 최적의 군집 수(K)를 도출한다. 이제 결정된 군집 수를 활용하여 전체 고객에 대해 K-평균 군집분석을 수행하면 된다.

■■ 구매행태분석을 위한 데이터마이닝 기법

앞서 논의한 예측과 군집화는 데이터마이닝이라는 용어가 등장하기 이전부터 수행되었던 과학적인 활동이다. 이는 곧 데이터마이닝 기법이 아니더라도 대체적인 분석기법들로 예측과 군집화를 수행할 수 있다는 얘기가 된다. 그러나, 대용량 데이터를 기반으로 고객들의 구매행태를 분석하여 일종의 비즈니스 규칙을 도출하는 활동들은 데이터마이닝 기법이 등장하고 나서야 본격적으로 이루어지기 시작했다. 이후에 논의할 장바구니 분석이나 순차연관성 분석도 사실 상관관계분석이나 요인분석과 같은 통계분석기법들을 시계열 분석기법들과 병행하여 사용하면 얼마든지 수행해낼 수 있다. 그러나, 그러한 기법들을 복잡하게 조합하여 교차판매규칙과 같은 구매행태분석을 수행하는 기업은 아직까지 단 한번도 보지 못했다. 사실 이것은 분석기술의 문제라기보다 분석 패러다임의 변화 문제라고 보는 것이 적절하다. 대용량 데이터를 핸들링할 수 있는 데이터마이닝 개념이 나오고서야 본격적인 고객들의 구매행태 분석이 이루어졌다고 할 수 있기 때문이다.

■ **연관성 분석** 　　데이터마이닝이 마케팅 영역에 접목되면서 기업 입장에서 가장 기대했던 부분이 아마도 연관성 분석이 아닐까 싶다. 장바구니 분석이라고도 불리는 연관성 분석은 고객들이 구매한 품목들 간의 연관성을 장바구니 단위로 분석함으로써 이른바 교차판매규칙, 즉 "맥주와 아기기저귀는 함께 구매된다."라는 식의 마케팅 통찰력을 가져다줄 수 있기 때문이다. CRM에서 교차판매분석은 기본적으로 실제의 장바구니 단위, 즉 영수증에 기재된 동시구매 품목그룹 단위로 분석되지만, 업종에 따라 고객별로 일정기간 동안(1개월, 분기, 또는 1년) 정리된 데이터를 바탕으로 분석

되기도 한다. 연관성 분석은 교차구매 제안뿐만 아니라, 패키지 상품기획이나 매장의 상품진열 레이아웃 결정, 또는 홈페이지나 인터넷 쇼핑몰 컨텐츠의 개인화(personalization)를 위해 사용되기도 한다.

한편, 연관성 분석을 수행할 때에는 기업이 취급하는 모든 개별 상품단위로 분석하는 것은 바람직하지 않다. 수천 가지의 품목을 장바구니 분석에 적용하면 너무나 많은 교차판매 규칙이 도출되어 옥석을 가리기가 쉽지 않고, 규칙의 적용범위를 나타내는 지지도(support)값이 지나치게 낮아져서 실무적으로 유용한 규칙을 선별하기가 쉽지 않기 때문이다. 이러한 문제를 해결하기 위해 개별 품목을 상위단위의 상품카테고리로 일반화시켜 분석을 하거나, 판매금액이나 빈도가 일정 기준 미만인 상품들을 아예 제거하고 분석하기도 한다. 정답은 없지만 연관성 분석에 적절한 상품(또는 카테고리)의 수는 30~50개 정도이다.

▪ **순차연관성 분석** 순차연관성 분석은 위에서 논의한 연관성 분석에 시간의 개념이 포함된 분석기법이다. 즉, 장바구니 분석처럼 함께 구매될 수 있는 상품들 간의 연관성을 찾기보다는 구매의 시간적 흐름에 따라 연결될 수 있는 상품들의 선후행적 관계를 도출하고자 할 때 사용한다. 가령, 고급정장과 고급구두는 함께 구매될 소지가 크지만, 고급벨트는 고급정장을 구매한 후 일정 기간이 지나서야 구매되는 패턴이 강하다면 이는 연관성 분석이 아니라, 순차연관성 분석에 의해 마케팅 규칙을 도출하는 것이 바람직하다. 따라서, 만약 연관성 분석에서 if A then B(A→B)의 규칙이 존재한다면 반드시 B→A라는 규칙도 존재하지만, 순차연관성 분석

에서는 A→B의 규칙이 있다고 해서 B→A라는 규칙이 존재하리라는 보장이 없다. 순차연관성 분석 역시 교차판매전략에도 활용될 수 있지만, 구매의 선후행적 관계가 존재하는 상품을 취급하는 업종이나, 일정한 주기에 따라 품목이 변화되는 업종, 또는 고가의 내구성 소비재나 고객과의 관계가 깊어질수록 다양한 서비스를 제공할 수 있는 서비스 업종에 보다 효율적이다. 이 때문에 연관성 분석은 교차판매(cross-selling)에, 순차연관성 분석은 상승판매(up-selling)에 적합한 분석기법이라고 할 수 있다.

RFM 분석 앞서 4장에서 언급한 바 있는 RFM 분석은 사실 분석의 주제이지 데이터마이닝 기법이라고는 할 수 없다. 그럼에도 불구하고 이곳에서 다시 언급하는 이유는, CRM 영역에서 RFM 분석은 이미 가장 기본적인 분석기법이 되었고, 그 때문에 몇몇 데이터마이닝 소프트웨어에는 다른 데이터마이닝 알고리즘처럼 하나의 분석 모듈로 포함되었기 때문이다. 사실 데이터마이닝 도구에서 RFM 모듈은 고객의 구매이력정보들에 대해 일일이 데이터 변환작업을 해야 했던 기존의 RFM 분석작업을 아주 편리하게 표준화시켰다는 점 외에는 이렇다 할 강점이 없다. 또한, 최근에는 업종마다 새로운 형태의 RFM 분석을 수행하고 있기 때문에 데이터마이닝 툴에서 제공하는 표준화된 RFM 모듈로는 기업의 분석 니즈를 충분히 수용하기 어렵다고 판단된다. 따라서, 필자의 개인적인 소견으로는 기본적인 RFM 분석도 수행하지 못했던 일부 기업들을 제외하고는 데이터마이닝 기법으로서의 RFM 모듈이 별다른 유용성을 가져다주지는 못한다고 생각한다.

■■ CRM 분석업무에서의 이슈들

데이터마이닝이 과학적인 CRM 수행에서 매우 중요한 역할을 하는 것은 분명하지만, 그것은 어디까지나 제대로 활용했을 때의 이야기다. 데이터마이닝 도구가 없다면 단 하루도 분석업무를 진행할 수 없을 정도로 CRM 분석이 진일보한 기업이 있는 반면, 도입했기 때문에 사용하는, 즉 솔직히 사용하지 않아도 업무에 아무 지장을 초래하지 않는 기업들도 더러 있기 마련이다. 데이터마이닝이 부적절하게 활용되는 경우는 다음과 같다. 이러한 경우들은 필자가 여러 기업의 CRM 프로젝트를 진행하거나 자문하는 과정에서 발견한 실제 사례들이다.

첫째, 데이터마이닝을 굳이 사용하지 않아도 되는 단순 분석수준에 데이터마이닝을 적용하는 경우이다. 대부분의 상용 데이터마이닝 툴은 스트림(stream)이라는 논리적 프로세스를 시각적으로 구성하여 이용하기 때문에 어떤 분석이든 데이터마이닝 툴을 이용하면 매우 편리하긴 하다. 그러나, 이것은 통계분석을 조금 더 편리하게 하는 수준이지 진정한 의미의 데이터마이닝을 활용하는 것은 아니다. 사양이 뛰어난 서버급 PC를 구매해서 문서작업 속도가 빠르다고 감탄하는 것과 다름없다.

둘째, 모델링을 하기 위해 투입되는 변수들이 적절하지 않은 경우이다. 의미 있는 파생변수를 도출해내지 못하거나, 중요변수라고 하더라도 결측률이 과도하게 높음에도 불구하고 결측값 보정기능을 이용하여 무리하게 모델링을 진행하는 경우이다. 이때는 모델링

시의 예측결과와 실제 업무에 적용했을 때의 결과값이 반드시 다르게 나타날 수밖에 없다.

셋째, 전략적 의미를 무시한 채 모델링 결과의 기술적인 측면만 믿고 현업에 도입하는 경우이다. 가령, 교차판매규칙은 장바구니 데이터만 있으면 어느 회사에서나 쉽게 도출이 가능하지만, 이 규칙을 적용할 때 관계가 안정된 고객들에게만 적용해야 한다는 전략적 접근방법을 무시하곤 한다. 이 문제는 앞서 논의한 바가 있다.

넷째, 반대로 데이터마이닝 결과는 참고만 할 뿐 실제 의사결정에는 반영하지 않는 습관이다. 결국 데이터마이닝은 분석연습 정도에 지나지 않게 된다. 아마도 그 배경에는 주로 직관과 경험에 의존하는 일부 시니어 마케터들의 데이터마이닝에 대한 부정적인 시각이 존재할 수 있다. 이유야 어쨌든 이런 조직에서는 그러한 관점이 바뀌지 않는 한 분석기반의 의사결정 습관, 아니 더 나아가 근거기반의 의사결정 문화가 정착되기는 쉽지 않을 것이다.

ESSENTIAL

CRM 팀의 노고

한 줌의 금을 캐내기 위해 수만 번의 삽질이 필요하듯이, 데이터 분석을 통해 도출된 고객 통찰력은 단순히 몇 번의 클릭으로 완성되는 것이 아니다. 한 장의 데이터마이닝 보고서에도 그 이면에는 CRM 분석가의 끈기와 인내가 있었다는 점을 경영진들이 이해해야 한다.

모든 CRM 분석업무에는 대단한 노력과 집중력을 요구하는 것이 사실이다. 그럼에도 불구하고 여전히 좋은 분석과 나쁜 분석은 존재한다. 그렇다면 그 차이는 어디에서 오는 것일까? 좋은 분석이 되도록 하기 위한 몇 가지 조건들은 CRM 분석가들이 유념해야 할 지침이 될 수 있다.

분석 이전에 충분히 고민하기 분석이슈가 발생했을 때 바로 분석단계로 들어가는 사람이 있는 반면에, 분석하기 이전에 충분한 생각을 하는 사람이 있다. 대개 후자의 경우가 결과적으로 더 빠른 결과를 도출하고, 우수한 통찰력을 가져오는 경우가 많다. 전자의 경우 이것저것 탐색적으로 분석해보는 것은 좋지만, 그런 행동들이 종종 차분히 돌아앉아 신중히 고민해볼 정신적 여유를 방해하는 경우가 많다. 중요한 분석임무가 주어졌을 때 섣불리 달려들기보다는 어떤 변수가 필요한지, 분석기법은 무엇을 쓰는 것이 좋은지, 결과는 어떻게 도출될 것인지, 예상 외의 결과가 나타났을 때 어떻게 할 것인지 등 분석과정의 모든 시나리오를 머릿속에 미리 그려보는 습관을 길러보자.

적절한 파생변수 만들기 현재 존재하는 변수들 위주로 분석하는 사람이 있는 반면에, 현재 변수들의 조합·변환을 통해 적절한 파생변수를 만들어 분석하는 사람이 있다. 파생변수를 생성하는 것은 일종의 모델링 작업이므로 수학적 역량이 어느 정도 필요하지만, 현업에서 필요로 하는 전략적 의미의 파생변수는 대단한 수학적 모델을 요구하는 것이 아니다. 종종 엉뚱한 생각들이 몇몇 단순한 변수들을 조합·변환하여 전략적으로 탁월한 파생변수를 창조해내기도 한다. 물론 이러한 역량도 위에서 언급했던 분석

이전에 충분히 고민하는 습관을 가진 사람에게만 해당될 것이다.

분석가의 모럴 해저드 탈피하기 흔하지는 않지만 분석결과를 확대 해석하거나, 상급자의 원하는 목적 내지는 분위기를 뒷받침하기 위해 타당성 없는 분석을 제공하거나, 중요한 분석결과의 일부를 누락시키거나, 심지어는 필요에 따라 분석결과를 은폐·조작하는 사람도 있다. 분석자가 마케팅 활동의 성과 자체를 책임지는 것이 아님에도 불구하고, CRM 분석가들은 솔직해지기 위해 종종 큰 용기를 가져야 함을 느낄 것이다. CRM 분석가는 기본적으로 과학자다. 과학자는 과학자로서 지켜야 할 기본적인 윤리가 있다는 점을 기억하자.

Why So를 넘어 So What 제시하기 CRM 분석가는 철저한 분석을 통해 문제의 원인과 몰랐던 사실을 일깨우는 것이 주요 임무이지만, 거기에 그쳐서는 결코 베테랑이 될 수 없다. 훌륭한 CRM 분석가라면 분석결과에 기반해 앞으로 우리가 무엇을 해야 하는지에 대한 중요한 단초를 제공해야 한다. 물론 앞으로 무엇을 해야 하는지에 대한 논의란 새로운 CRM 전략을 착수해야 한다는 주장일 수도, 기존에 진행되어 왔던 CRM 전략을 중단해야 한다는 주장일 수도 있다.

마케팅 가설을 수립하자 새로운 무엇을 시작하고 기존의 무엇을 중단하는 것과 같이, 중대한 의사결정이 뒤따를 수 있는 분석 이슈에는 반드시 연구가설(hypothesis)의 형태로 분석주제를 수립하고 이를 증명하고자 하는 일련의 노력이 필요하다. 따라서, CRM 분석가들은 단순히 데이터를 분석할 수 있는 기술적인 차원뿐만 아니라, 경영이슈에 대한 연구문제를 해결할 수 있는 역량도 갖추는 것이 필요하다. 시간이 허락한다면 연구방법론(research methodology)을 공부해보는 것도 CRM 분석가에게 매우 훌륭한 자기계발 덕목이라고 생각한다.

가급적 많은 분석기법을 섭렵하자 아는 만큼 보인다는 말이 있다. 몇 가지 분석기법만을 알고 있는 분석가와 다양한 분석기법을 섭렵한 분석가의 차이는 분석결과의 품질뿐만 아니라, '무엇을 분석해야 하는가?'라는 분석이슈의 탐색 역량에서도 큰 차이를 보인다. 물론 분석가마다 자신이 어느 정도 선호하는 분석기법이 있기 마련이지만, 그것을 너무 고집하면 선호하는 분석기법으로 해석이 가능한 주제들에만 관심을 갖게 되거나, 모든 분석이슈를 해당 분석기법에 억지로 끼워맞추려는 무리수를 두게 된다. 모든 분석이슈에는 가장 적합한 분석기법이 있기 마련이다. 따라서, 분석가는 자신이 가장 잘 활용할 수 있는 기법 외에도 지속적으로 새로운 분석기법을 섭렵할 필요가 있다.

ESSENTIAL

베테랑 분석가의 모습

섣불리 달려들지 않는다. 상황을 신중히 검토하면서 어떤 변수를 활용하고, 어떤 변수를 추가로 만들 것이며, 어떤 기법을 활용해서 어떤 결론이 도출될 것인가를 미리 예상한다. 대부분의 고급분석 기술을 알고 있으며, 도출된 분석지표들에 대해 기술적인 해석뿐만 아니라, 전략적인 해석과 향후 어떻게 움직여야 할지에 대한 방향성도 제시한다.

단순히 분석하고 체계적으로 기획한다고 해서 기업의 활동을 모두 전략이라고 말할 수는 없다. CRM도 마찬가지다. 단순히 과학적인 분석기법과 체계적인 기획단계가 포함되었다는 이유로 '전략(strategy)'이라고 표현한다면 그것은 CRM의 기능적인 역할만을 이해한 채 그럴듯한 포장으로 확대 해석하는 행위에 지나지 않는다. 모든 경영전략이 그렇듯이 CRM 역시 전략이 되기 위해서는 균형(balance), 배분(allocation), 취사선택(choice) 또는 정렬(alignment)과 같은 의사결정 단계를 거쳐야 한다.

PART III에서는 CRM을 왜 전략관점에서 보아야 하는지 이해하기 위해 기존의 주요 이론들을 CRM 전략관점에서 해석해보고, CRM이 기업의 진정한 고객전략으로 거듭나기 위해 고려되어야 할 전략개발 방법론에 대해 논의한다.

PART III

CRM 전략개발방법론

07

CRM 이론의 전략적 해석

■■ 관계진화과정과 CRM 전략

3장에서 논의하였듯이, 관계진화이론은 CRM을 고객중심의 경영전략으로 인식할 수 있게 해주는 중요한 이론적 배경이다. 관계진화이론은 구매자와 공급자의 상호관계가 일정한 단계를 거쳐 발전해 나간다는 개념으로서, 기업의 CRM 활동 역시 이러한 관계진화과정에 따라 고려되어야 한다는 점을 시사한다.

관계진화이론을 이해하면 CRM 전략의 가장 핵심적인 특징을 파악할 수 있는데, 그것은 바로 CRM이 '프로세스 전략(process strategy)'이라는 점이다. 프로세스 전략이란 개별 마케팅 활동이나 전략에는 순서와 절차가 있다는 의미로, 실무적으로 해석하면 특정 마케팅 활동은 다음 마케팅 활동과 유기적인 관계를 가지고 기획되어야 한다는 뜻이다. 아래 그림에서 알 수 있듯이 CRM은 관계진화과정에 따라 고객관계를 획득하고, 획득된 고객을

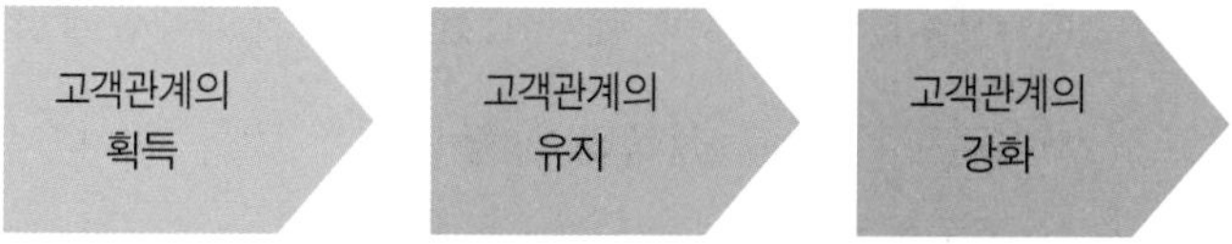

[프로세스 전략으로서의 CRM 활동 목표]

유지하며, 안정된 관계가 형성된 고객들을 바탕으로 상호관계를 강화시켜 나가는 일련의 유기적인 전략의 흐름으로 구성된다. 즉, CRM 프로세스 전략은 고객획득전략, 고객유지전략, 고객강화전략이라는 3가지 전략적 테마로 구성되고, 기업이 수행하는 모든 대고객 커뮤니케이션 활동은 이러한 3가지 전략적 목적 중 한 가지 이상으로 반드시 연결되어야 하며, 개별 CRM 마케팅 활동의 결과는 다른 일련의 CRM 마케팅 활동들에 연계될 수 있어야 한다. 따라서, CRM에서 전략 내용은 기본적으로 관계진화과정상의 목표에 따라 차별화가 이루어져야 한다. 아직 기업과 아무 관계가 없는 잠재고객들, 첫 번째 구매가 이루어졌지만 이후의 고객행동이 불확실한 고객들, 반복구매가 이루어져 안정된 관계가 유지되고 있는 고객들, 상호 신뢰를 바탕으로 파트너 수준의 관계가 형성된 고객들, 이미 경쟁사로 이탈한 고객들은 각기 다른 기대수준과 니즈가 존재하기 때문이다.

■■ 고객가치요소와 CRM 전략

마찬가지로 3장에서 이미 언급한 바 있는 고객가치요소 역시 기업의 CRM 활동이 담아야 할 중요한 전략적 요소이다. 제품서비스

가치(또는 구매가치), 브랜드 가치, 관계가치로 구성되는 고객가치요소는 고객이 기업의 상품을 선택하는 근본적인 이유를 나타내고, 이는 곧 모든 경영활동이 추구하는 고객만족과 고객로열티를 이끄는 선행적인 요인이 되기 때문이다. 구매가치라고도 불리는 제품서비스 가치는 기업이 제공하는 제품 및 서비스의 효용(utility)에 대한 전반적인 편익으로서 기업의 상품이나 서비스가 갖는 품질과 가격, 그리고 편의성과 같은 세부 요인들로 구성되어 있다. 기본적으로 모든 기업에 제품·서비스의 본질적인 가치가 중요하지만, 다른 고객가치요소들에 비해 제품·서비스 가치가 상대적으로 더욱 중요한 산업이 있다. 가전제품과 같이 타 제품과의 기능이나 속성이 비교적 용이하게 비교될 수 있는 탐색재(search goods) 산업이나 기업고객을 대상으로 사업이 전개되는 기업 대 기업(B2B) 비즈니스 산업이 대표적인 예다. 이러한 산업에서는 브랜드 가치나 관계가치보다 제품서비스의 본질적인 가치가 더욱 중요한 고객가치요소라고 볼 수 있다.

한편, 브랜드 가치는 회사 또는 상품이름 또는 로고와 같은 브랜드를 통해 고객이 얻는 주관적인 무형의 편익을 의미하며, 여기에는 브랜드 인지도, 브랜드 연상, 브랜드 이미지와 같은 세부요인들이 존재한다. 브랜드 가치 역시 다른 고객가치요소들에 비해 상대적으로 중요한 산업이 있다. 교육이나 의료서비스와 같이 해당 상품의 소비경험 이전에는 그 상품의 품질에 대한 평가가 이루어지기 어려운 경험재(experience goods) 산업이나 비교적 간단한 구매의사결정 과정을 거치는 소모품성 소비재 산업, 패션·잡화와 같이 해당 상품의 외향이 타인에게 자주 보이는 브랜드 지향 상품군, 그리고 고가구나 예술작품처럼 상품에 관련된 경험이 한 개인이나 세대로부터 타인이나 다른 세대로 전달될 수 있는 산업이 그 예다.

마지막으로 관계가치는 고객이 기업과 형성한 상호관계를 통해 얻게 되는 편익으로서, 여기에는 사회적 편익, 심리적 편익, 보상적 편익, 고객화 편익들이 존재한다. 백화점이나 인터넷 쇼핑몰처럼 고객들에게 다양한 형태의 제품과 서비스를 공급하는 유통업체, 소매은행이나 통신, 또는 보험과 같이 한번 고객으로 확보하면 유·무형의 이탈장벽이 형성될 수 있는 산업들은 다른 어떤 고객가치요소보다 관계가치의 중요성이 높은 산업이다. 또한, 관계가치는 치열한 경쟁상황에서 자사의 제품·서비스 가치나 브랜드 가치가 타사에 비해 특별한 차별성을 갖기 어려운 모든 업종에서 중요해지고 있는 사실에 주목해야 한다.

ESSENTIAL

CRM 프로세스와 고객가치요소의 전략적 의미

CRM 프로세스는 CRM 활동이 관계획득, 관계유지, 관계강화라는 일련의 단계적 흐름으로 전개되어야 함을 나타내는 CRM 전략의 외형적인 특성을 나타내는 반면, 고객가치요소의 제품·서비스 가치, 브랜드 가치, 관계가치는 고객의 관점에서 기업을 평가하는 기준이므로 CRM 활동이 담아야 할 내용적인 특성을 나타낸다.

관계진화과정과 고객가치요소의 전략적 접목

CRM 전략을 논의할 때 중요한 이론적 배경으로 간주되는 관계진화과정과 고객가치요소는 실무적으로 어떻게 연계될 수 있을까? 관계진화과정은 기업과 고객 간에 형성·진화되어 가는 관계의 발전단계에 따라 기업의 CRM 활동이 달라져야 한다는 점을 시사하고, 고객가치요소는 고객이 기업의 상품·서비스를 지속적으로 선택하는 원인으로서 기업의 CRM 활동이 담아야 할 내용, 즉 소구점(訴求點)의 방향을 시사한다. 따라서, 이 두 가지 전략적 이슈를 연계했을 때는 관계진화과정별 CRM 전략이 내포하는 소구점이 달라져야 한다는 새로운 시사점을 얻을 수 있다. 즉, 고객가치요소들은 위에서 논의한 바와 같이 산업의 유형에 따라서도 그 상대적 중요성이 달라지지만, 고객과 기업이 맺는 관계의 진화과정에 따라서도 상대적 중요도가 달라지게 된다. CRM 분야에서 실무적 파급효과가 높은 학술지인 〈*Journal of Database Marketing & Customer Strategy Management*〉의 최근 논문에서는 이러한 CRM 전략의 유형과 고객가치요소 유형 간의 인과관계를 실증적으로 검증하였다.*

아래 표에 정리한 바와 같이, 관계획득단계에서는 고객가치요소 중 브랜드 가치가 가장 중요한 요소로 나타났으며, 이 단계에서

---

* Kim(2012), How CRM strategy impacts organizational performance: Perspective of Customer Equity Drivers, *Journal of Database Marketing & Customer Strategy Management*, vol. 19, no. 4, pp. 233-244.

기업과의 관계가치는 거의 의미가 없는 것으로 나타났다. 그러나, 고객을 획득한 이후에는 각 고객가치요소들의 상대적 중요도가 크게 달라지게 된다. 브랜드 가치의 경우 관계유지단계부터 그 의미가 급격하게 저하되고, 본질적인 구매가치, 즉 제품·서비스 가치가 가장 중요한 요인으로 부각되고 있다. 또한, 관계가치가 관계유지단계부터 조금씩 중요한 고객가치요소로 인식되고 있다. 한편, 관계강화단계에서는 무엇보다 고객과의 관계가치가 가장 중요한 요소로 평가되고 있으며, 구매가치 역시 의미가 있지만 브랜드 가치의 영향력은 미미한 것으로 나타났다.

[관계진화과정에 따른 고객가치요소의 상대적 중요도]

관계진화과정 / 고객가치요소	고객관계획득	고객관계유지	고객관계강화
구매가치	◐	●	◐
브랜드 가치	●	○	○
관계가치	○	◐	●

●: 매우 중요, ◐: 중요, ○: 보통

물론 고객가치요소는 본질적으로 기업이 속한 산업의 유형에 따라 그 중요도가 달라지기 때문에 관계진화과정에 따른 고객가치요소의 중요도 역시 자사가 속한 산업유형에 따라 유연하게 판단해야 할 것이다. 그러나, 해당 연구 결과는 어떤 기업이든 CRM 전략을 기획할 때는 자사가 속한 산업의 특성을 고려할 뿐만 아니라, 해당 전략이 전개될 표적 고객군과의 관계진화단계를 파악하여 고객에게 소구할 고객가치요소를 차별화해야 한다는 점을 시사하고 있다.

■■ CRM 순환기능(functional closed-loop)

모든 전략은 측정하고 관리할 수 있어야 한다. 측정하고 관리한다는 것은 해당 전략의 업무가 순서와 절차에 따라 체계적으로 진행됨을 의미한다. 이러한 관점에서 CRM 전략이 포함해야 하는 중요한 외형적 특징은 분석→기획→실행→학습, 그리고 다시 새로운 분석활동으로 이어지는 이른바 폐쇄된 순환고리(closed-loop)의 업무형태를 띠고 있다는 것이다.

한편, 이러한 CRM의 순환기능을 종종 CRM 프로세스라는 개념으로 설명하는 사람도 있으나, CRM 프로세스는 앞에서 논의한 바와 같이 CRM 전략의 관계진화과정에 의한 전략적 흐름의 개념을 표현한 것이고, 분석→기획→실행→학습의 흐름은 CRM 활동의 직무 특성을 기능적인(functional) 관점으로 분류한 것이다. 따라서, CRM 순환기능의 개념은 모든 CRM 마케팅 활동들이 이러한 형태의 직무를 명시적으로 포함해야 한다는 이론적 틀을 제시하고 있다.

■ **분석(analysis)** 모든 CRM 활동은 분석에서 시작된다. CRM에서는 원칙적으로 어떤 활동도 단순한 아이디어 수준에서 일을 진행하지 않는다. 구체적으로 어떤 문제점이 있는지, 해당 문제점을 해결하기 위해 어떤 고객들을 타게팅할 것인지, 이들의 구매패턴이나 반응률은 어떠한지, 특정 캠페인을 전개했을 때 예상

되는 결과는 어떠할 것인지 등을 미리 파악해야 한다. 이를 위해 고객 데이터를 분석하여 예측모델을 개발하고, 예측모형에 의한 비즈니스 규칙들을 도출하는 것은 CRM을 위한 대표적인 분석활동이다.

기획(planning) 분석을 통해 도출된 통찰력이나 비즈니스 규칙에 의거하여 구체적인 CRM 활동의 실행을 계획하는 단계이다. CRM의 4R(Right customer, Right product, Right time, Right channel)에 해당하는 전략의 구성요소를 확정 짓고, 이 전략이 실행되기 위한 표준운영 프로세스(SOP: Standard Operating Process: 일종의 실행절차)를 설계한다. 이 과정에서 해당 CRM 전략을 실행하기 위해 필요한 각 운영주체 또는 부서들 간의 업무분장 및 협조사항을 조율하는 것도 필수이다. 또한, 해당 전략을 평가하기 위한 운영성과지표의 개발과 실험집단과 통제집단의 구분 역시 기획단계에서 빠질 수 없는 업무이다.*

실행(execution) 기획된 CRM 활동을 규정된 절차와 방법에 의해 전개하는 단계이다. CRM 활동의 실행단계에서 염두에 두어야 할 점은 기획단계에서 설계된 성과지표를 활용하여 운영성과

* CRM 전략이 분석→기획→실행→학습이라는 폐쇄순환고리의 형태로 진행된다는 의미는 개별 CRM 활동의 성공과 실패로 우쭐하거나 좌절하지 않고, 새로운 학습의 기회로 진화해 나간다는 일종의 실험경영철학을 내포하고 있는 것이다. 따라서, 완전히 검증된 활동을 실행하는 것이 아니라면 CRM 전략은 해당 활동이 적용되는 고객그룹인 실험집단, 실험집단과는 동일한 조건을 갖지만 해당 활동이 적용되지 않는 고객그룹인 통제집단으로 구분하여 실행함으로써 전략의 성과를 객관적으로 파악할 필요가 있다.

를 각 단계마다 측정 및 관리해야 한다는 것이다. 전략의 성과평가를 모든 활동이 종료된 후에 측정하게 되면 운영과정에서 시간의 흐름에 따라 변화할 수 있는 반응률의 추세를 무시하게 되거나, 전략의 성공과 실패에 대한 선행적인 원인을 파악하기 어렵기 때문이다.

한편, 실행단계에서는 실험집단과 통제집단의 분리 운영으로 나타날 수 있는 고객 간의 갈등요인이나 관련 부서·지점 간에 발생할 수 있는 충돌 등의 상황도 미리 예상해야 한다.

▪ **학습(learning)** 계획된 CRM 활동이 종료된 후 전략실행 과정과 결과를 평가하고, 향후 새로운 기획에 반영할 수 있는 개선사항을 도출하는 과정이다. CRM에서의 학습활동은 일반적인 결과보고회 같은 평가활동과는 달라야 한다. 단순히 투입 대비 성과(ROI)만을 평가하는 것이 아니라, 성공과 실패에 대한 구체적인 원인을 조사하고, 향후 개선점에 대해 가급적 구체적인 방향성을 논의해야 한다. 이를 위해 임원진에게 보고하는 성과보고회의와는 별도로 팀 내에서 학습미팅을 진행하는 것이 바람직하다. 학습활동이 구체적인 기업일수록 실행을 통해 배우고 발전해가는 이른바 액션러닝(action learning)이 가능한 조직으로 거듭날 수 있다.

ESSENTIAL

전략(strategy)의 필요조건

과학적인 분석과 체계적인 기획이라는 특성 때문에 CRM을 전략이라고 표현하는 것은 과장일 수 있다. 모든 경영전략은 거시적인 관점에서 균형, 배분, 취사선택 또는 정렬에 대한 의사결정 문제이다. CRM이 진정한 전략이 되기 위해서는 반드시 이러한 과정이 논의되어야 한다. 관계진화과정, 고객가치요소, 그리고 CRM의 순환기능을 함께 고려했을 때 CRM이 왜 전략이어야 하는지를 비로소 이해할 수 있다.

08

CRM 전략개발과정

CRM이 기업에 단순히 체계적인 분석활동에 지나지 않거나, 일부 고객접점 업무를 지원하는 활동으로 제한하거나, 캠페인이나 멤버십제도와 같은 정형화된 마케팅 프로그램의 일환으로만 생각한다면, CRM 전략이란 모든 조직에 유사한 형태로 구현될 수 있을 것이다. 실제로 2000년대 중반까지 일부 CRM 컨설팅 벤더가 제공한 CRM 전략 컨설팅의 내용들은 대동소이할 뿐만 아니라, 심지어 Best Practice(선진사례)라는 미명 아래 경쟁사에 제공한 CRM 전략 내용이 고스란히 다른 경쟁사로 카피(copy)되는 경우도 있었다. 그런 탓에 일부 산업에 속한 몇몇 기업들은 자사만의 독특한 CRM 전략 특성을 갖지 못한 채 비슷비슷한 CRM 활동과 시스템을 보유하고 있었고, 특정 기업에서 추진했던 CRM이 큰 기대효과를 거두지 못하자 그 현상은 유사한 CRM을 도입한 다른 기업에서도 고스란히 반복되었다.

이런 현상이 주요 업종에서 나타나자 한때 CRM 무용론이 등장하기도 했다. 특히 로열티 프로그램 부문에서 그 현상이 뚜렷하게 나타났는데, 모든 기업이 비슷한 메커니즘의 멤버십 제도를 도입하자 결국 모두가 동일한 무기를 갖게 되어 특별히 좋아지는 것도 아니고, 그렇다고 이제 와서 버릴 수도 없는 애물단지로 인식되기도 하였다. 그러나, 지금은 CRM 전략을 바라보는 시각이 많이 바뀌었다. 최소한 CRM을 표준화된 솔루션처럼 도입해서 될 일은 아니라는 점은 이제 분명히 인식하는 듯하다.

CRM 전략은 그 조직에 고유한 것이어야 한다. 동일한 업종의 경쟁사라도 브랜드 포지션이 다르고, 주요 상품군이 다르고, 기업 고유의 자원과 역량이 다르고, 고객들이 다르기 때문이다. 따라서, CRM 전략은 본질적으로 그 기업 내부에서 스스로 창출하는 것이 바람직하다. CRM은 고객지식을 활용한 지식경영이고, 지식경영의 성과는 경쟁사의 것을 복제한다고 결코 성취할 수 있는 것이 아니기 때문이다.

이 장에서는 CRM 전략을 기업의 고유한 전략활동으로 추진하기 위해 고려해야 할 몇 가지 방법론을 제시하고자 한다. 결론부터 언급하자면, 구체적인 CRM 실행전략을 세우기 전에 '할 것인가 말 것인가', '무엇이 문제인가', 그리고 '어디에 집중해야 하는가' 등과 같이 사전에 분석하고 고민해야 하는 과정이 훨씬 더 중요하다.

ESSENTIAL

Best Practice와 Benchmarking에 의한 전략 도입?

단기적으로 리스크를 줄이면서 선발기업의 경험을 빠르게 체득할 수 있는 장점 때문에 많은 기업들이 이러한 사례참조방식의 전략 도입을 선호한다. 그러나, 우리가 '성공사례'로 알고 있는 best practice나 benchmarking의 사례들은 엄밀히 말해 아직 '과정'에 지나지 않거나, 내부적으로는 이미 '포기'한 전략이거나, 또는 해당 기업의 홍보 목적에 의해 '각색'된 스토리일 수도 있다. 실제로 사례참조 대상 기업의 실패가 고스란히 그 모델을 참조한 기업에서도 발생할 수 있다는 사례참조방식 경영의 위험성을 지적한 학자들이 적지 않다. 사례참조방식에 의한 전략 도입의 더 큰 문제는 늘 타 기업의 성공사례를 먼저 봐야만 무엇을 시작할 수 있는 자칫 잘못된 습관을 형성한다는 데 있다. 이는 곧 기업이 자체적인 학습역량을 강화할 기회가 원천적으로 봉쇄될 수 있다는 점을 시사한다.

CRM 적합도 검정

이미 앞에서도 강조했듯이, 고객이 존재하는 모든 조직에 CRM은 필요하겠지만, 그 색채와 전략적 방향성, 심지어는 CRM을 통해 얻을 수 있는 효과의 양적·질적 수준은 모두 다르다. 이러한 점 때문에 필자는 CRM 전문가이면서도 CRM의 전도사 역할에 반하는 행동을 종종 하게 된다. 기업이 갖는 업의 특성이나 그 기업의 현재 상황 등을 파악하여 전면적인 CRM 전략의 추진이 시기상조이거나, CRM을 통해 얻을 수 있는 성과의 수준이 낮다고 판단되면 CRM의 도입을 권장하지 않는다.(의사라고 해서 모든 사람에게 약물치료와 수술을 권장할 수는 없는 노릇 아닌가?) 이러한 관점에서 CRM의 적합도(fitness)를 판단하는 것은 매우 중요하다.

CRM 적합도 검정이란 기업이 속한 산업의 특성을 바탕으로 CRM 전략이 얼마나 시급하고 중요한지 판단하는 과정으로, 산업의 특성을 표현하는 주요 변수들 중 상호 연관성이 존재하는 변수들을 추출하여 2×2 매트릭스의 좌표평면상에 적합도 검정 대상 기업들을 표현하게 된다. CRM 적합도 검정은 크게 5가지의 적합도 분석 유형에 따라 전체적인 CRM 전략의 방향성을 가늠할 수 있다. 이 책에서는 지면관계상 각 분석 유형의 2×2 매트릭스상의 4가지 포지션 중 양 극단에 해당하는 high/high 영역과 low/low 영역만을 설명하겠다.

CRM 긴급성 해당 기업이 속한 산업의 시장성숙도와 경쟁수준을 바탕으로 CRM 전략이 해당 기업에 얼마나 긴급한지의 정도를 파악할 수 있다. 시장성숙도가 높으면서 경쟁이 치열한 업종일수록 CRM 전략이 절대적으로 필요하다. 이러한 영역에 속한 기업들은 CRM 전략을 그 기업의 핵심전략으로 삼아야 할 뿐만 아니라, 모든 주제영역의 CRM 전략이 검토되어야 할 것이다.

반대로 시장성숙도가 높지 않으면서 경쟁수준도 약한 산업은 CRM 도입을 유보할 수 있다. 이때는 고객을 유지하는 방어적 전략보다 새로운 신규고객을 창출하기 위한 공격적 전략이 보다 효과적일 것이다. 그러나, 고객서비스나 VOC(Voice of Customer)와 같은 최소한의 고객접점 관리는 필요하다.

CRM 방향성 해당 기업이 제공하는 상품·서비스의 제품 관여도(고관여 또는 저관여)와 가치투명성(경험재 또는 탐색재)을 바탕으로 그 기업이 취할 CRM 전략의 전반적인 방향성을 추론할 수 있다. 기업이 제공하는 상품·서비스가 고관여이면서 경험재일수록 그 기업의 CRM 전략은 관계지향적인 활동에 초점을 맞춰야 한다. 고객들의 구매의사결정 과정이 신중하고, 상품가치에 대한 인식도 경험적으로 나타나기 때문에 고객접점 기능을 고도화하는 감성적 CRM의 기능이 요구되고, 고객 커뮤니케이션의 강화와 고객참여 및 추천제도를 적극적으로 검토하는 것이 필요하다.

반대로 저관여 및 탐색재 성향의 상품·서비스를 공급하는 기업의 경우 관계지향적 CRM 전략보다는 부가혜택 중심의 CRM 활동이 더 적합할 것이다. 상품가치의 인지가 즉각적으로 나타나고, 구매의사결정 과정도 단순하기 때문에 상품의 본질적인 가치를 부각하는 활동보다는 부가적인 서비스 혜택이 상대적으로 더욱 중요하기 때문이다. 일반적인 포인트 적립제도와 같은 운영적인 CRM 활동이 여기에 속한다.

고객접점의 전략적 중요도 고객의 니즈가 얼마나 다양하고(니즈 다양성), 니즈의 변화가 얼마나 빠른지(니즈 변화속도)를 파악함으로써 고객접점의 전략적 중요도를 판단할 수 있다. 고객니즈가 매우 다양하고, 변화의 속도 또한 빠른 기업일수록 고객접점은 단순한 커뮤니케이션 채널이 아닌 고객지식경영(customer knowledge management)을 촉진시키는 엔진으로 인식되어야 한다. 이런 기업에 고객접점은 기민한 고객대응과 내부 조직학습의 기반이 되기 때문이다. 따라서, 이러한 기업은 분석 CRM의 역량을 강화하고, 신상품(NPD) 개발전략과의 연계를 함께 고려하는 것이 필요하다.

반대로 고객니즈도 단순하고, 니즈 변화 역시 자주 일어나지 않는 기업의 경우 고객지식의 확보는 상대적으로 중요하지 않다. 따라서, 고객접점을 전략적으로 활용하기보다는 운영적인 프로그램 방식의 CRM 활동에 초점을 두는 것이 적절하다.

■ CRM 용이성 상품·서비스에 대한 잠재고객의 범위가 얼마나 넓은지, 그리고 고객과의 상호작용 과정에서 고객에 대한 정보를 얼마나 쉽게 획득할 수 있는지의 정도에 따라 기업의 CRM 용이성을 판단할 수 있다. 만약 잠재고객의 범위가 크고, 고객정보 획득도 비교적 용이한 산업이라면 운영 CRM 시스템의 기능이 매우 원활하게 적용될 수 있기 때문에 CRM의 수행 용이성은 높다고 볼 수 있다.

반면에, 잠재고객의 범위도 작고 고객정보 획득도 용이하지 않은 산업은, 고객데이터에 의한 CRM 활동이 쉽지 않아서 CRM 시스템의 투자가 불필요하거나 제한적일 수밖에 없다. 이런 경우에는 고객접점 직원을 중심으로 현장에서의 개인화된 CRM 활동이 중요할 수밖에 없다.

■ 제안 차별성 기업이 제공하는 상품·서비스의 유형이 얼마나 다양한지, 그리고 그러한 상품·서비스의 상대적 품격이 얼마나 높은지에 따라 CRM을 통한 고객 제안(offer)의 차별성 수준을 판단한다. 제공하는 상품·서비스의 카테고리가 다양하고, 상품의

포지셔닝이 상대적으로 높은 기업의 경우에는 고도화된 분석활동을 통해 개인화된 상품추천과 교차판매전략이 중요하다. 따라서, 이런 기업의 경우 고객별 오퍼 상품의 선정, 오퍼 제공의 최적 시기, 그리고 채널 선정의 이슈가 CRM의 주요 과제로 다루어져야 한다.

반면에, 상품 카테고리가 단순하고, 상품의 포지셔닝도 상대적으로 낮은 기업은 CRM을 통한 고객제안의 내용이 단순할 수밖에 없고, 오퍼의 시기와 채널 역시 중요하지 않다. 따라서, 이러한 유형에 속한 기업은 CRM을 통해 고객 제안의 차별화를 노리기보다는 반복적인 거래를 유지하기 위한 부가서비스 혜택을 강화하는 차원으로 CRM 방향을 설정할 필요가 있다.

이러한 5가지 CRM 적합도 검정결과는 CRM 전략의 추진 여부를 결정하기 위한 주요 단초가 되고, 그리고 현재 자사의 CRM 활동에 대한 거시적인 관점에서 평가기준으로 활용될 수 있다. 실제로 CRM 적합도 검정은 사단법인 한국CRM협회*가 제공하는 "CRM 전략 진단·평가 서비스" 과정에서 제일 먼저 수행되는 활동으로서, 이후 개별 CRM 전략 항목들을 진단하기 위한 가중치 산정에도 활용된다.

---

* 미래창조과학부 산하의 한국CRM협회(www.kcrma.org)는 국내 민간기업들의 CRM 마케팅 전략의 발전과 활성화를 도모하기 위해 설립된 비영리 사단법인이다. CRM 전략 분야에 관련된 각종 표준안을 개발하고 있으며, CRM 분야의 교육, 연구, 컨설팅 및 정책개발사업을 수행하고 있다.

CRM 진단

CRM 적합도 검정을 통해 CRM 전략 추진에 대한 당위성이 고려되었다면 어디에서 무엇부터 시작해야 할지에 대한 냉철한 검토가 필요하다. 즉 어디에 문제가 있고, 이를 해결하기 위한 자사의 CRM 전략은 구체적으로 어떤 형태가 되어야 하는지에 대한 진단이 필요한 것이다. 이러한 CRM 진단은 CRM을 처음 시작하는 기업도, 이미 다양한 CRM 활동을 전개하고 있는 기업도 고려해야 한다. 현재 추진하고 있는 CRM 전략들이 자사의 현황에 필요한 영역인지, 제대로 가고 있는 것인지, 필요하지만 누락된 전략들은 없는지에 대한 검토가 필요하기 때문이다. 특히, CRM을 일상적인 분석활동이나 막연한 고객만족활동 정도로 인식하고 있는 기업, 또는 시스템 구축에 의해 CRM 활동을 시작하였거나, 표준화된 고객관리업무 프로세스로 CRM 전략을 도입한 기업들의 경우에는 더욱 그러하다. 이러한 상황을 고려했을 때 CRM 진단은 다음과 같이 정의할 수 있다.

CRM 진단이란 자사에 맞는 CRM 전략을 추진하기 위해 현재 자사가 처한 상황과 현재까지 진행되어 온 CRM 관련 활동들의 현황을 면밀히 고찰함으로써 현재의 문제점과 향후 발전 방향을 도출하고자 하는 일련의 측정과 평가활동들의 집합을 말한다.

ESSENTIAL

CRM 진단이 과연 필요한가?
이 질문은 기업의 상황에 따라 CRM의 내용이 달라져야 하는 시대에서 '처방 없이 약을 먹을 것인가?'라는 질문과 동일하다. 세계적인 경영 전략가인 리처드 러멜트(Richard Rumelt)는 "문제진단이 전략의 첫걸음이다. 따라서, 병명에 따라 처방이 달라지듯, 진단결과에 따라 경영전략이 달라져야 한다."고 강조했다.

그렇다면 실제로 기업들은 어떤 상황일 때 CRM 진단을 필요로 할까? 필자가 (사)한국CRM협회에서 기업들의 CRM 진단을 주도해 온 경험에 비추어 볼 때 대개 다음과 같은 5가지 상황으로 요약할 수 있다.

▪ 자체적으로 CRM 전략을 처음 착수하는 경우

CRM 진단을 통해 어디에서, 무엇부터 시작해야 할지 가이드라인을 얻고자 하는 경우이다. 대규모의 CRM 투자를 위험요소(risk)로 인식하거나, 작은 영역부터 단계적으로 CRM을 추진하는 것이 필요하다고 판단하는 기업의 경우에 해당한다.

▪ 외부 컨설팅 업체로부터 CRM 컨설팅을 받을 경우

대규모 CRM 컨설팅 프로젝트를 시작하기 전에 내부적으로 CRM에 대한 사전지식을 얻고자 하는 경우이다. 컨설팅 벤더에 대해 고객사가 주도적인 입장을 취함으로써 진단결과에 부합하는 CRM 전략을 제공받을 수 있도록 유도하기 위한 목적이 크다.

■ **현재까지의 CRM 활동 성과와 향후 방향성을 검토하고자 하는 경우**

우리의 CRM은 괜찮은가? 그 성과와 문제점은? 개선 사항은? 등과 같이 자사의 CRM에 대해 자주 느끼는 의문점에 대한 해답을 얻고자 하는 경우이며, 이때는 대개 실무자보다는 경영진에 의해 CRM 진단이 요구된다.

■ **고객지향적 성과평가체계를 구축하고자 하는 경우**

CRM 전략에 대한 체계적인 성과지표를 마련하고, 성과지표에 대한 부서별·직원별 책임 및 권한을 부여할 수 있는 전사적인 CRM 성과평가 체계를 구축하고자 할 때 파일럿 테스트 겸 벤치마킹 지표로 활용하는 경우이다. 최근 대기업을 중심으로 기존의 경영성과평가체계를 CRM에 관련된 성과지표들로 재편하려는 시도가 많이 이루어지고 있다.

■ **새로운 CRM 프로그램의 도입 타당성 검증이 필요한 경우**

새로운 CRM 전략을 모색하고 있는 경우 그 전략이 과연 필요한 것인지, 혹은 전사적인 고객전략 관점에서 밸런스는 맞는지에 대한 객관적인 기준을 마련하기 위함이다.

한편, CRM 진단이 수행되는 범위는 단순히 CRM 또는 마케팅 팀에서 수행하고 있는 개별 CRM 활동들에 국한되어서는 안 된다. 모든 경영전략이 그렇듯이, CRM 전략이 잘 되기 위해서는 그 전략의 준비태세 또는 선행 요소로서 유관 자원(resource)이나 역량(capability)도 함께 평가되어야 하며, 결과적인 요소로서 고객관점의 만족도와 충성도, 그리고 이러한 고객관점의 성과들이 기업의 재무적인 성과에도 영향을 미치는지 구체적으로 조사되어야 한다.

따라서, CRM 진단이란 조직의 인프라, CRM 활동, 고객경험, 그리고 조직성과라는 4가지 평가영역을 모두 포함했을 때 비로소 전사전략으로서의 의미를 갖게 된다고 볼 수 있다. 따라서, 체계적인 진단활동 자체만으로도 기업은 CRM에 대해 매우 전략적인 접근을 취할 수 있을 것이다.

ESSENTIAL

진단에 의한 처방 vs. 처방을 위한 진단

의료이든 경영이든 진단의 의미는 당연히 적절한 처방을 내리는 데 있다. 따라서, 진단이 내려진 이후에 처방이 뒤따라야 한다. 그러나, 일부 컨설팅 펌들이 수행하는 CRM 프로젝트 과정을 보면 재미있는 현상이 빚어지기도 한다. 진단과 처방(전략개발)이 함께 내려지거나, 진단은 요식적인 행위에 지나지 않을 정도로 쉽게 결론이 나버리는 것이다. 즉, 특정 처방을 염두에 둔 진단이 이루어지는 것이다.

고객 이동패턴 분석

과거에는 CRM이 다소 막연할 수 있었던 고객만족경영이나 고객지향적 경영활동 정도의 개념만을 가지고 있어도 기업들이 받아들이던 시절이 있었다. 큰 비용이 투자되었지만, 그 효과가 가시적으로 나타나지 않아도 CRM 학자나 컨설턴트들이 강조했던 "CRM은 장기적인 전략이다."라는 주장을 한 번 더 믿으며 늘

답답한 가슴을 쓸어내렸던 것이다. 물론 CRM은 고객을 테마로 전개하는 과학적 경영기법 자체를 의미하기에, 신제품 출시나 홍보성 이벤트 혹은 인터넷이나 SNS와 같은 획기적인 채널 도입과 같은 활동들에 비해 단기적인 효과가 떨어지는 것이 사실이다.

그러나, 이제는 '언젠가는 보답이 돌아올' 먼 미래에 대한 투자로서 막연하게 CRM을 추구하는 기업은 거의 없다. 장기적인 효과는 차치하더라도, 어느 정도 단기적인 효과는 보여야 CRM 전략을 추진할 수 있다는 것이다. 그것은 곧 CRM이 구체적인 성과를 보여야 하는 실질적인 경영전략으로 거듭나야 한다는 것을 의미한다. 또한, 그것은 곧 CRM이 거시적인 관점의 고객지향적인 활동뿐만 아니라, 성과가 나타날 수 있는 부분 혹은 고객영역을 찾아 그곳에 직접적인 변화를 일으킬 수 있는 활동들이 모색되어야 한다는 것을 뜻한다. 즉 CRM이 전략이 되기 위해서는 기업의 성과를 개선시켜야 하며, 이는 곧 최적의 기회영역(opportunity area)을 찾아야 한다는 것이다.

CRM 활동은 실질적으로 누구(who)를 대상으로 할 것이냐를 선정하는 것에서 출발하므로 CRM 전략에서 기회영역 탐색이란 전적으로 고객에 대한 실적(performance)을 바탕으로 분석하는 것이 당연하다. 이를 위해 Customer Migration Pattern 혹은 Customer Pyramid Dynamics 분석이라고 불리는 고객이동패턴 분석기법을 사용할 수 있다.

고객이동패턴 분석이란 일정 기간 동안 고객 세그먼트(주로 고객등급)들에 대한 획득·유지·상승·하락·이탈 등 5가지 이동패턴을 분석하는 것을 의미한다. 만약 어떤 기업에서 3개의 고객등급(VIP, 우수, 일반)을 사용하고 있다면, 각 등급별로 기본 이동패턴 5가지가 존재하지만, 최상위 등급인 VIP에서의 상승이동과 최하위 등급인 일반등급에서의 하락이동은 존재하지 않고, 최상위 등급(VIP)에서 최하위 등급(일반)으로 곧바로 하락하는 경우와 거꾸로 최하위 등급에서 최상위 등급으로 바로 상승하는 경우가 있으므로 총 15가지의 이동패턴이 존재한다.

개별 이동패턴에 해당하는 고객 수 및 비중, 거래빈도 및 비중, 매출액 및 비중, 객당 매출액 및 비중을 살펴보면, 현재 기업에 가장 중요한 이동패턴이 무엇이며, 집중해야 할 이동패턴의 우선순위도 정할 수 있다. 여기에서 이동패턴들에 대한 분석대상 지표는 기업의 특성이나 선호도에 따라 고객의 수나 매출액, 또는 객당 매출액 중 하나 이상을 선별하여 복합적으로 사용할 수 있다.

고객이동패턴의 분석결과는 그 기업의 전체 기업성과를 완전하게 설명할 수 있게 된다. 작년 대비 올해의 기업성과가 향상되거나 하락되었다면 그 원인이 직접적으로 어느 이동패턴에서 발생한 것인지 한눈에 알 수 있다. 또한, 작년 대비 올해의 기업성과가 동일하더라도 어느 이동패턴에서는 좋아졌지만, 그 상승효과를 어느 이동패턴에서 상쇄시키고 있는지도 적나라하게 나타낼 수 있다. 아무튼 분석결과에 의해 특정 영역의 이동패턴이 중요하다는 것을 판독하였다면, 그 이동패턴에 적용되는 CRM 활동들에 대한 점검이 필요하다. 우수그룹 고객집단의 상승 이동패턴이 객당 기여

매출액 관점에서 가장 중요하다는 것을 알았음에도 불구하고, 현재 우수그룹 고객들에게 등급 상승을 촉진시킬 수 있는 활동이 아무것도 존재하지 않는다면 당장 그러한 방향의 CRM 전략을 모색해야 할 것이다.

핵심 과제영역 도출

CRM의 적합도 검정은 CRM이 얼마나 중요하고 적합한지, 그리고 전체적인 CRM 전략이 어떤 특성을 가져야 하는지 기업에 가이드를 제시한다고 하였다. 그리고, CRM 전략 진단은 다양한 고객전략 주제별로 기업이 갖는 장단점을 인과관계 관점에서 객관적으로 규명할 수 있다고 하였다. 또한 고객 이동패턴 분석은 고객들의 실제 거래 데이터에 기반하여 구체적인 성과개선 가능영역이 어디인지 판단하는 데 도움을 줄 수 있다고 하였다. 즉, CRM 전략 관점에서 그 기업이 나아가야 할 방향성과 현재의 장단점, 그리고 개선 가능한 기회영역을 찾아낸 것이다. 이러한 세 가지 결론은 이제 기업이 무엇을 해야 하는지에 대한 해답을 자명하게 보여주고, 기업이 필수적인 핵심 과제영역을 도출할 수 있게 하는 것이다.

왜 이렇게 복잡한 과정을 거쳐서 CRM의 핵심과제를 선정해야 할까? 과거에는 CRM을 한다고 하면 거의 정해진 CRM 활동 주제들이 표준화된 프로그램처럼 그대로 적용될 수 있었다. 즉, CRM에서 핵심과제 영역이란 이미 어느 정도 결정되었던 것이다. 그 이유는, 과거에는 CRM이 적용될 수 있었던 산업유형이 제한적이었으며, CRM이라는 개념이 포함하는 전략활동의 범위가 크지 않았기 때문이다.

그러나, 이제 거의 모든 산업에서 CRM 전략을 요구하고 있으며, CRM의 범위가 광범위해져서 고객에 관련된 거의 모든 주제영역을 다루고 있다. 이는 기업의 CRM 주관부서의 변화에서도 알 수 있다. 과거에는 전산 혹은 통계관련 전공 기술자 중심으로 구성되어 CRM을 주관하였지만, 시간이 지나면서 점차 마케팅 팀의 업무로 인식되면서 마케팅 부서에서 CRM 업무를 진행하는 패턴이 나타나기 시작했다. 그리고 최근에는 독립된 고객전략팀을 신설하거나, 마케팅·영업·서비스를 아우르는 상위 조직단위로서 고객전략본부를 두는 경우도 있고, 종종 전사 범위를 아우르는 최고경영진 직속의 전략기획부서나 고객정책수립 조직으로 변화되는 경우도 생겼다. 2000년대 초반처럼 CRM을 하나의 기능으로 본다면 이러한 CRM 수행 주체의 변화가 나타나기는 힘들 것이다.[수십년이 지나도 회계업무는 여전히 재무회계 부서가, ERP 운영은 정보관리 또는 PI(Process Innovation) 팀이 전담한다.] 따라서, CRM은 시간이 지나면서 점차 그 정의와 실행범위가 지속적으로 변해 왔다는 것을 짐작할 수 있다.

즉, CRM의 활용 산업과 전략범위가 확대되고 있다는 것은 그만큼 변수도 많아졌다는 의미이므로 단순히 CRM을 해야 한다라는 논리보다는 무엇을 먼저 하고, 무엇을 나중에 하는 것이 좋을지를 판단하는 것이 더욱 중요해졌다고 할 수 있다. 따라서, 기업은 이 책에서 제시한 세 가지 CRM 전략개발 사전 단계가 아니더라도 기업 나름대로의 객관적이고 신중한 의사결정 프로세스를 거쳐 자사에 필수적인 CRM 과제영역을 선정해야 한다. 필자의 경우에는 앞에서 논의한 CRM 적합도 검정과 CRM 진단, 그리고 고객 이동패턴 분석을 가급적 먼저 수행하려고 노력한다. 이는 개념적으로 설득력이 있을 뿐만 아니라, 정량화된 수치로 중요도와 현재 수준, 그리고 격차수준(gap)의 도출과정을 명확하게 보여줌으로써, 어떤 CRM 과제가 선정될 것인지에 대해 자연스럽게 공감대를 형성할 수 있기 때문이다.

한편, 핵심 과제영역이 선정된 후에는 개별 과제별로 실행 용이성과 경제적 파급효과 등을 판단하여 향후 추진할 전략 실행의 선·후행적 순서를 나타내는 CRM 추진 로드맵을 만들어 놓는 것이 필요하다.

ESSENTIAL

CRM 전략의 부적합

2000년대 초반 CRM을 추진한 기업들이 실패한 원인 중 하나는 'CRM 전략의 부적합'이다. 한때 마치 표준화된 CRM 전략이 있는 것처럼(대개 이런 전략은 Best Practice라는 표현으로 어필된다) 많은 기업에 천편일률적으로 전파된 CRM 전략들이 그 기업의 현실에 맞지 않거나 현실적으로 적용이 불가능한 계획이었기 때문이다. 현실적으로 수집·활용이 불가능한 고객정보 항목을 담은 복잡한 고객 데이터베이스의 구조, 고객에게 제시될 상품과 서비스의 다양성이 확보되지 못한 채 강조되었던 고객등급제도와 생애주기별 마케팅 체계, 업종을 불문하고 전파된 데이터마이닝 모델링 방식의 이탈예측 알고리즘, 그리고 자사만의 독특한 거래특성이 반영되지 못한 포인트 적립 중심의 로열티 프로그램이 대표적인 사례다.

■■ CRM 전략개발

우리 회사에 필요한 CRM 전략영역이 무엇인지 알았으므로 이제 구체적인 CRM 전략을 개발하고 실행하는 것만 남았다. Part IV에서 소개할 CRM의 다양한 전략주제 중 어떤 기업에는 상당히 많은 주제영역을 실행해야 할 수도 있고, 어떤 기업에는 상대적으로 적은 수의 주제영역에만 집중할 수도 있다. CRM 전략을 개발한다는 것은 CRM의 순환기능인 분석·기획·실행·학습 과정에서 분석과 기획에 해당하는 업무이지만, 그 이후의 실행과 학습에 있어서도 어떻게 실행하고 관찰할 것이며, 추후 실행결과를 어떤 지표에 의해서, 어떤 방식으로 평가하고 학습할 것인지에 대한 사전계획도 포함되어야 한다. 따라서, CRM 전략개발단계는 CRM 순환기능인 분석·기획·실행·학습의 전체 사이클에 대해 광범위한 영향을 미친다고 볼 수 있다.

한편, 어떤 전략주제이든 CRM 전략개발이란 결국 4R, 즉 Right customer, Right product(또는 offer), Right time, Right channel을 중심으로 CRM 전략을 구체화시키는 것이다. 즉, 어떤 전략주제이든 해당 전략의 적절한 대상 고객을 선별하고, 이들에게 적절한 제안을 선별 또는 기획하며, 고객접촉을 위한 적절한 시점과 최적의 접촉 채널을 사전에 기획해 나가는 과정을 의미한다. 이러한 CRM 전략의 기획 과정에서 고려해야 할 사항은 다음과 같은 것이 있다. 이러한 고려사항들은 컨설팅 결과보고서 또는 내부의 전략 기안서나 품의서와 같은 문서에 포함해야 할 항목들이다.

■ 추진 배경 기획하고자 하는 CRM 전략이 왜 필요한지에 대해 논리적 타당성을 제기하는 부분이다. 단순한 논리 설명보다는 객관적인 데이터 분석결과에 의해 문제점을 제기하고, 이를 해결하기 위해 해당 CRM 전략이 필요하다는 것을 부각시킬 필요가 있다.

■ 전략 개요 추진하고자 하는 전략의 핵심적인 내용을 요약하여 간결하게 표현한다. 전략 내용을 요약 정리한 설명뿐만 아니라 개념도(conceptual diagram)와 같은 시각적 도구를 이용하여 전반적인 전략 내용을 한눈에 이해할 수 있도록 표현하는 것이 바람직하다.

■ 전략 아키텍처 전략 아키텍처(architecture)란 전략의 실행과정에 포함되는 부서나 담당자, 고객, 시스템 등의 구성요소들을 구체적으로 파악하여 이들 간의 상호관계와 주고받는 항목들을 명시함으로써 전략의 실행구조를 정확하게 파악할 수 있는 시각적 도구이다.

■ 표준 수행 프로세스 표준 수행 프로세스(SOP: Standard Operating Process)란 해당 전략이 실행되는 과정에서 필요한 일련의 단위업무들이 시간적 순서와 흐름에 따라 연결된 일종의 전략실행 절차를 의미한다. 플로차트(flow chart)나 IDEF0와 같은 프로세스 다이어그램 방법론이 주로 사용된다.

전략요소 상세 기획안 전략 아키텍처나 표준 수행 프로세스에서 묘사하기 어려운 구체적인 세부 항목들은 각각 적합한 형태의 문서로 상세히 기술해야 한다. 전략요소 상세 기획내용은 기획하는 전략에 따라 이를 지원하기 위한 데이터베이스나 시스템의 화면설계일 수도 있고, 주요 비즈니스 규칙이나 제약조건을 나타내는 알고리즘이나 수학적 모델일 수도 있다. 경우에 따라서는 개별 단위업무의 구체적인 내용을 설명하는 단위업무에 대한 직무기술서(job description)일 수도 있다.

역할 및 책임 명세서 전략의 기획과 실행과정에 관여하는 모든 부서·팀 및 담당자별로 구체적인 역할과 책임(role & responsibility)을 명시해야 한다. 대부분의 CRM 전략은 여러 이해관계자나 팀이 관여하기 때문에 이들 간의 업무공조사항을 명확히 해야 하며, 이는 전략의 효율적인 운영뿐만 아니라 향후 분쟁해결이나 성과평가에서도 객관적인 근거로 활용할 수 있다.

소요 예산 해당 전략을 수행하는 데 필요한 모든 소요 비용을 정리하는 과정이다. 대개의 CRM 전략은 쿠폰 또는 상품권과 같은 할인혜택에 대한 충당금, 기념품 또는 선물제작에 소요되는 비용, 콘텐츠 제작비용, 인터넷·SMS·전화·우편 등의 채널운영비용, 파트너와의 제휴 분담금, 운영보조 인건비 등이 소요되며, 간접비를 산정하여 예산에 포함시키는 경우도 있다.

평가지표 해당 전략의 운영성과를 평가하기 위한 핵심성과지표(KPI)를 설계하는 과정이다. 기본적으로 투자대비성과(ROI)를 계산하기 위한 기준을 마련해야 하지만, 이 외에도 전략 수행과정에서 단계적 업무들의 효율성을 평가하기 위한 지표들 또한 고려해야 한다. 또한, 어떠한 측정지표이든 측정방식과 시점, 의미, 그리고 성공/실패에 대한 내부적인 기준점 역시 설정하는 것이 필요하다.

한편, CRM 전략을 개발하는 방법은 전략개발의 주체가 누구냐에 따라 다음과 같이 크게 3가지 형태로 분류할 수 있다.

[CRM 전략개발방식]

개발 주체	전략개발 형태	개요	장점	단점
기업 내부	in-house 전략개발	기업 내부의 CRM 팀에서 자체적으로 기획	- 전략개발 비용절감 - 전략의 현실성으로 인한 실현 가능성 높음 - 조직 내부의 역량강화 기회	- 전략의 전문성 결여 - 전략개발과정의 몰입도 저하 - 전사적 관점의 연계성 고려 미흡 - 시간지연 가능성 존재
기업 외부	turn-key 방식의 컨설팅	외부 컨설팅 업체에 전략개발 과제를 용역으로 의뢰	- 전략의 전문성 확보 - 신속한 솔루션 창출 - 사내 분위기 고조 - 전사 관점의 전략개발 가능	- 현실성 결여로 실현되지 않을 가능성 존재 - 실현 포기 시 비용낭비 초래 - 조직 내부의 역량강화 기회 부족
내부+외부	action-learning 전략개발	외부 전문가와 기업 내 CRM 팀이 협력하여 전략개발	- 외주 컨설팅 대비 비용절감 - 전략의 전문성 확보 - 전략 실현 가능성 높음 - 조직 내부의 역량강화 기회	- 외주 컨설팅 대비 소요기간 증대 - 비적극적인 팀원 참여의 경우 전략품질 저하 우려 - 경영진의 지속적 관심 요구

여기서 턴키(turn-key) 방식이란 프로젝트 수주에서 진행 및 산출물의 개발 등의 모든 범위를 외부 용역업체에서 총괄 책임지고 운영하는 방식을 말한다. 의뢰기관과의 지속적인 커뮤니케이션과 중간보고회 등을 통해 의뢰기관의 니즈가 산출물에 반영되기도 하지만, 프로젝트의 산출물은 전적으로 수주기관인 외부 컨설팅 업체의 몫이다.

한편, 액션러닝(action-learning)이란 on-the-job 트레이닝과 유사한 의미로, 현업에 직접 적용하며 학습해 나가는 일종의 조직학습(organizational learning) 방법론이다. 이러한 액션러닝 방식이 CRM 컨설팅 방식으로 자리잡게 된 이유 중 하나는 과거와 달리 표준화된 CRM 전략이 무의미해짐에 따라 외부 컨설팅 업체에 대한 의존성이 약해지고, 동시에 내부적으로는 중장기적으로 CRM 전략을 개발해 나가는 역량을 자체적으로 키워 나가야 한다는 인식이 커지고 있기 때문이다. 따라서, 액션러닝 전략개발 방식은 일반적인 외부 전문가의 자문과는 그 성격이 완전히 다르다. 보통 자문은 프로젝트와 같은 개념으로 진행되기보다는 조직 내부의 필요에 따라 전문가의 의견을 구하는 정도이지만, 액션러닝 프로젝트는 컨설팅 업체에서 진행하는 전략개발 프로젝트를 조직 내부의 CRM 팀이 직접 진행할 수 있도록 멘토(보통 외부 전문가)의 체계적인 지도 아래 이루어진다.

ESSENTIAL

액션러닝 방식의 CRM 전략개발이 적합한 기업은?

CRM 전략개발을 외부 업체에 전적으로 위임하는 것도, 그렇다고 모든 것을 자체적으로 소화하는 것도 어렵다고 판단하는 조직의 경우 액션러닝 방식이 적절한 절충안이 될 수 있다. 그러나, 직접 분석하면서 전략을 함께 논의해 나가는 액션러닝의 특성 때문에 CRM 전략을 처음 추진하는 기업이나 장기적으로 내부 팀원들의 역량강화를 중요하게 판단하는 기업들은 액션러닝 방식을 더 선호한다.

CRM을 추진하는 산업의 형태가 다양해지고, CRM을 적용하는 직무분야 또한 넓어지고 있다는 것은 CRM 전략의 유형 역시 다양해지는 것을 의미한다. 일반적으로 'CRM'이라고 하면 멤버십 프로그램 운영이나 고객이탈 예측과 같은 특정 직무분야를 떠올리는 경우가 많은데, 각 기업마다 중점적으로 추진하는 CRM 전략의 모습은 모두 다르다.

PART IV에서는 기업의 실무관점에서 추진하고 있는 CRM의 전략유형에는 어떠한 것들이 있는지 살펴보고, 개별 전략들이 갖는 의미와 주요 포인트를 짚어보고자 한다.

PART IV

CRM 실무전략

09

CRM 전략 아키텍처

CRM 전략의 구체적인 개별 항목을 논의하기 전에 CRM 전략 유형을 구분하기 위한 이론적 프레임워크인 CRM 전략 아키텍처(CRM strategy architecture)에 대해 살펴보고자 한다. 이미 7장에서 언급하였듯이 관계진화이론을 바탕으로 한 CRM 프로세스 전략은 기업의 모든 마케팅 활동을 관계획득, 관계유지, 관계강화라는 일련의 목표지향적인 활동으로 구분한다. 물론 이러한 CRM 프로세스 전략 모두에 영향을 미칠 수 있는 기반 전략들도 존재한다.

따라서, 기업의 CRM 전략은 크게 CRM 기반 전략과 CRM 프로세스 전략으로 구분할 수 있고, CRM 기반 전략은 다시 CRM 인프라 전략과 CRM 운영지원전략으로, CRM 프로세스 전략은 관계획득전략과 관계유지전략, 그리고 관계강화전략으로 분류할 수 있다.

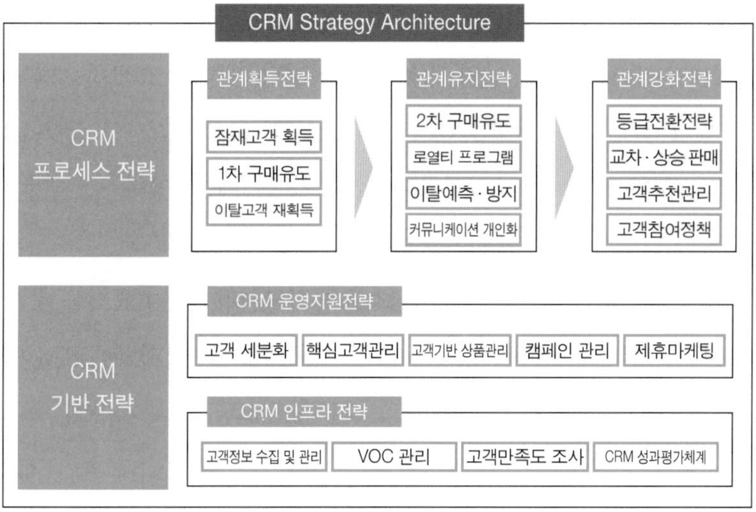

[CRM 전략 아키텍처]

CRM 기반 전략

CRM 기반 전략이란 기업의 CRM을 위해 반드시 필요하지만, 특정한 관계진화과정에 국한되지 않거나, 모든 관계진화과정에 영향을 미칠 수 있는 근본적인 전략 활동들로 구성되어 있다. CRM 기반 전략은 CRM 인프라 전략과 CRM 운영지원전략으로 다시 분류할 수 있다.

CRM 인프라 전략 CRM 인프라 전략은 CRM 기반 전략 중에서도 보다 근본적인 영역에 해당하는 활동들로서 기업의 고객지향적인 기본 역량을 나타내는 전략이라고 할 수 있다. 따라서, CRM 인프라 전략은 비단 CRM을 추구하지 않는 기업이라 하더라도 고객이 존재하는 한 기본적으로 갖춰야 할 경영활동들을 의미한다. CRM 인프라 전략에 해당하는 전략 테마는 고객정보의 수집 및 관리, 고객의 소리(VOC) 관리, 고객만족도의 조사와 활용, 그리고 CRM(또는 고객관련) 성과평가체계가 포함되어 있다.

CRM 운영지원전략 CRM 운영지원전략들은 CRM을 추진하기 위해 기본적으로 필요한 활동이라고 볼 수 있지만, CRM 인프라 전략에 비해 비교적 관계획득과 유지, 그리고 관계강화 목적의 CRM 활동들에 대해 밀접한 관련성을 갖는 활동이다. 즉, CRM 운영지원전략들은 관계획득, 유지, 강화 등의 CRM 프로세스 전반에 걸쳐 직접적이지만 공통적으로 영향을 미치는 활동들이라는 것이다. 여기에는 고객세분화, 핵심고객 선정 및 관리, 고객기반 상품개발, 캠페인 관리, 그리고 제휴마케팅 전략 등이 포함된다.

CRM 프로세스 전략

CRM 프로세스 전략은 이 책에서 여러 차례 강조한 바 있는 고객과의 관계진화과정과 그 목적에 따라 전개되는 CRM 활동들을 의미한다. CRM의 정의에서도 명확하게 제시하였듯이, CRM이란 궁극적으로 고객과의 관계를 획득 · 유지 · 강화하기 위한 체계적인 경영활동임을 상기한다면 CRM 프로세스 전략이 차지하는 의미가 얼마나 중요한지 이해할 수 있을 것이다. CRM 프로세스 전략은 관계획득전략, 관계유지전략, 그리고 관계강화전략으로 분류할 수 있다.

■ **관계획득전략** 관계획득전략은 고객과의 관계를 효과적으로 획득하기 위한 일련의 활동을 말한다. 잠재고객 획득, 1차 구매유도, 그리고 이탈고객 재획득과 같은 활동을 포함한다.

■ **관계유지전략** 관계유지전략은 획득한 고객과의 관계를 안정화시키고, 반복적인 구매를 유도함으로써 고객과의 관계를 장기화하기 위한 일련의 활동을 말한다. 2차 구매유도, 로열티 프로그램, 이탈예측 및 방지, 그리고 커뮤니케이션 개인화와 같은 활동들을 포함한다.

■ **관계강화전략** 관계강화전략은 안정적인 고객과의 관계를 기반으로 하며, 강력한 상호 파트너십을 형성하기 위해 관계의 폭(width)과 깊이(depth)를 더욱 강화시켜 나가는 일련의 활동을 말한다. 등급전환전략, 교차·상승 판매, 고객추천관리, 그리고 고객참여정책과 같은 활동들을 포함한다.

ESSENTIAL

모든 것에는 때가 있다

'프로세스(process)' 전략이라는 말을 쉽게 생각하면 CRM 활동에는 순서가 있다는 뜻이다. 따라서, 고객과의 관계진화과정을 고려하여 적절한 전략적 도구를 활용해야 한다. 처음 거래하는 모든 신규고객에게 무작정 멤버십 프로그램을 적용하거나, 관계가 안정화되지 않은 고객들에게도 무차별적 교차판매나 상승판매를 유도하면 도구는 CRM이지만, 실제는 고객을 고려하지 않은 매스마케팅을 활용하는 것과 다름없다.

10

CRM 인프라 전략

CRM 인프라 전략은 고객을 직접적으로 획득·유지·강화하는 활동과는 관계없이, 기업의 고객지향적인 경영기반을 지원하기 위한 활동들을 의미한다. 따라서, CRM 인프라 전략은 비단 CRM을 추구하지 않는 기업이라 하더라도 고객이 존재하는 한 기본적으로 갖춰야 할 경영활동이라고 할 수 있다. CRM 인프라 전략에 해당하는 전략 테마에는 고객정보의 수집 및 관리, 고객의 소리(VOC) 관리, 고객가치 조사, 그리고 CRM(또는 고객관련) 성과평가관리가 포함되어 있다.

고객정보 수집 및 관리

CRM은 고객으로부터 파생된 빅데이터를 분석하여 이를 각종 경영전략에 반영하는 활동이므로, 고객정보의 수집과 관리는 CRM의 기반전략 중에서도 근간전략에 해당한다. 고객정보 수집 및 관리는 기업이 고객접점에서 효과적으로 고객들의 정보를 획득하고, 효과적인 관리 및 운용제도를 통해 CRM 활동을 지원할 수 있도록 일련의 정보관리 프로세스와 정책, 그리고 정보시스템을 개선하는 활동을 일컫는다. 고객정보 수집 및 관리활동의 궁극적인 지향점은 CRM 전략을 위해 필요한 모든 정보 항목을 정의하여 각종 고객접점 채널을 통해 수집하고, 통합 관리함으로써 모든 고객관련 부서에서 일관된 시각으로 고객을 분석하고 통찰력을 갖출 수 있는 고객단일관점(customer single view)을 수립하는 것이다. 기업 내에 고객단일관점의 역량이 갖춰졌을 경우, 동적이면서(dynamic) 정교한(sophisticated) 입체적 고객분석이 가능해진다. 뿐만 아니라, 데이터 분석에서 전략 실행까지의 리드타임이 감소하고, 통합된 고객정보를 통해 고객별 맞춤화된 오퍼(offer)가 가능함으로써 비로소 전사적인 운영 CRM 전략의 기반이 마련된다는 점에서 중요한 의미를 가진다.

사실 고객별로 맞춤화된 오퍼는 기술적인 의미의 데이터 통합 관리체제만으로는 어려운 일이다. 고객에게 적합한 상품이나 서비스를 제안하기 위해서는 대상 고객에 대해 충분한 이해가 전제되어야 하기 때문이다. 따라서, 단순한 인구통계적 데이터 외에도 고객성향이나 구매니즈를 알 수 있다면 정말 좋겠지만, 원천적으로 고객들의 그러한 속내를 알 수 있는 길은 없다. 고객서베이를 통해 일부분 해답을 얻을 수 있지만 결국 개별 고객에 대한 이해라기보다는 특정 이슈에 대한 고객들의 의견이나 선호도 혹은 특정 고객 그룹의 프로파일링 정보 수준에 지나지 않는다.

따라서, 기업이 취할 수 있는 방법은 현재 보유하고 있는 정보를 바탕으로 "이 고객은 이런 고객일 것이다."라고 유추하는 길밖에 없다. 기업의 상황이 이렇다면 조금 더 정확한 추정을 하기 위해 가급적 다양한 정보를 획득하려는 노력이 필요하며, 가능하다면 당장 필요할 것 같지 않은 정보들도 수집하려는 노력이 필요하다. 그렇다면 어떤 고객정보를 획득해야 하는가?

고객정보의 유형은 데이터의 내용에 따라 인구통계정보, 거래이력정보, 접촉이력정보, 고객부가정보(가족·취미·특성), 비정형정보(문의·클레임 등) 등으로 구분할 수 있지만, CRM 전략 관점에서는 데이터의 원천에 따라 고객의(of the customer), 고객에 의한(by the customer), 그리고 고객을 위한(for the customer) 정보로 분류될 수 있다.

'고객의 정보'란 일반적인 고객의 인구통계적 정보와 같은 기본적인 고객 프로파일 정보를 의미한다. '고객에 의한 정보'는 거래이력이나 커뮤니케이션 활동을 통해 고객이 기업에 부가적으로 제공해주는 정보를 의미한다. 그리고 '고객을 위한 정보'는 고객의 정보와 고객에 의한 정보를 분석하여 기업이 고객에게 제공하는 정보를 의미한다. 물론 고객을 위한 정보가 제시되었을 때 고객의 반응을 추적할 수 있다면 이것이 다시 고객에 의한 정보로 갱신될 수 있는 것처럼, 세 가지 유형의 고객정보는 서로 유기적으로 연계된다.

한편, CRM 전략 관점의 세 가지 고객정보 유형은 각 관계진화 과정에 따라 그 중요도가 상대적으로 달라진다. 아래 표는 기업이 일반적으로 취급하는 고객정보들이 관계진화과정의 각 CRM 전략을 수행할 때 얼마나 중요시되어야 하는지를 나타내는 예시다.

[관계진화과정에 따른 주요 정보 유형(예시)]

구분	필요 정보	잠재고객 확보	고객관계 획득	고객관계 유지	고객관계 강화
고객의 (of the customer)	성명	●	◐	◐	◐
	나이	○	◐	◐	●
	연락처	●	●	●	●
	직업	○	◐	●	●
	연간소득	○	○	●	●
고객에 의한 (by the customer)	거래금액	○	○	●	●
	거래일시	○	○	●	●
	거래빈도	○	○	●	●
	구매상품 카테고리	○	●	●	●
	불만사항	○	◐	●	●
고객을 위한 (for the customer)	오퍼링	○	◐	◐	●
	고객등급 및 혜택	○	○	●	●
	할인정보	◐	●	◐	◐
	행사정보	●	●	●	◐
	신제품정보	○	○	◐	●

●: 매우 중요, ◐: 중요, ○: 보통

ESSENTIAL

고객정보 수준 = 고객관계 수준

사람끼리 친해질수록 그 사람에 대한 더 많은 정보를 알게 되듯이, 기업도 고객과의 관계가 깊어질수록 그 고객에 대해 보다 깊은 통찰력을 얻는 것은 당연하다. CRM이 사람 간의 관계진화과정을 기반으로 한 전략이기 때문이다. 이에 CRM이 고도화된 선진기업에서는 고객과의 관계심화 정도를 단순한 구매수준이 아니라 고객정보 충족률과 같은 데이터품질지표를 활용하여 판단하기도 한다. 거래이력과 커뮤니케이션 이력이 많음에도 이러한 빅데이터가 고객을 이해하기 위해 체계적으로 활용되지 못한다면 그 기업은 단기적인 성과 중심의 기업문화가 팽배한 조직이다.

CRM을 위한 고객정보 수집 및 관리활동을 효과적으로 운영하기 위해 고려할 만한 주요 운영지침은 아래와 같다.

■ **협업상황의 고려** CRM을 위한 고객정보 수집 및 활용방안을 기획한다면 반드시 고객접점 직원의 참여가 필요하다.

■ **유관 시스템 통합** Web, CRM, ERP, CS 등 유관시스템의 고객관련 정보는 당연히 통합·관리되는 것을 기본으로 삼아야 하며, 가급적 일배치(daily batch) 통합보다는 실시간 통합을 목표로 해야 한다.

■ **고객접촉정보 갱신 전략** 주소, 전화, 이메일 등의 고객접촉정보는 유형별로 갱신 검토 주기가 다르므로 접촉정보 유형별 갱신 전략을 마련해야 한다.

■ **고객의 자발적 갱신 유도** 고객 스스로 자신의 정보를 갱신할 수 있는 동기를 부여한다면 이는 CRM DB의 품질과 고객충성도를 동시에 높일 수 있는 방안이 된다.

■ **고객접점 직원의 직무평가/보상제도 개선** 고객정보를 수집해야 하는 주요 주체들에 대해서는 수집·활용에 대한 보상제도를 마련해야 하며, 개선된 직무평가지표를 고려해야 한다.

■ **비정형 데이터 수집·활용** web, blog, SNS 등의 채널을 통해 형성되는 고객들의 비정형 빅데이터를 수집·요약·가공하여 고객 프로파일상에 적절히 연계시키는 것을 고려해야 한다.

ESSENTIAL

고객정보 주체와 실구매자 간의 차이

남편 명의의 백화점 카드를 사용하는 VIP 여성고객, 시부모님 효도관광을 위해 여행상품을 예약한 며느리, 아빠 명의로 등록된 자녀들의 휴대폰…. 이렇게 실제로 고객정보의 주체와 실구매자 혹은 실사용자가 다른 상황은 얼마든지 존재한다. 이럴 경우 아무리 과학적인 분석기법을 동원해도 CRM의 효과는 떨어지게 된다. 정확한 타게팅이 요구되는 업종일수록 이러한 한계점을 극복하기 위한 방안을 모색하는 것이 필요하다.

VOC 관리

고객의 소리, 즉 VOC(Voice of Customer)란 말 그대로 고객이 기업에 제시하는 단순 문의, 교환·환불 요청, 서비스 요구, 불만·클레임, 그리고 칭찬·의견·제안 등을 의미한다. VOC 관리는 CRM이라는 용어가 형성되기 훨씬 이전부터 콜센터나 고객서비스 부서를 통해 운영되고 있는 기업의 기본적인 기능 중 하나다. 따라서, VOC 관리체계는 CRM 전략을 추구하지 않는 기업이라도 기본적으로 운영하고 있는 기능일 것이다. 그렇다면, 구태여 VOC 관리를 CRM의 기반 전략 중 하나라고 보는 이유는 무엇일까? 이를 위해 CRM 관점의 VOC 관리업무의 정의를 먼저 살펴볼 필요가 있다.

VOC 관리전략이란 콜센터, 고객서비스부서, 웹, 모바일 등 고객의 소리가 접수될 수 있는 모든 가용채널을 통합하여 고객의 요청을 신속히 처리하고, 축적된 VOC 지식을 사내 업무개선으로 연결시킬 수 있는 전략체계를 의미한다. 즉, 기존의 VOC 관리가 콜센터나 고객서비스에서 다루어 왔던 인바운드(inbound) 고객접촉에 대한 단순 대응이었다면, CRM 전략에서의 VOC 관리는 VOC를 효과적으로 수집·대응·분류·저장 및 분석함으로써 고객지식에 기반한 조직학습(organizational learning)이 가능하도록 한다는 데 있다. 물론 이를 위해서는 다음과 같은 요건이 충족되어야 한다.

VOC 관리 프로세스 재설계 고객의 소리를 접수하고 처리하는 전방위(front-end) 업무절차뿐만 아니라, VOC 정보를 효율적으로 축적·관리하고, 주기적인 분석 및 사내 공유를 통해 조직의 업무체계 전반을 개선시킬 수 있도록 고객지식경영이 가능한 VOC의 후방위(back-end) 업무체계도 확립되어야 한다. 한편, VOC에 의한 업무개선 결과는 관련 VOC를 제시한 고객들에게 반드시 통지해주는 절차도 포함되어야 한다.

■ **VOC 분류체계 개발** VOC는 더 이상 단순한 고객문의가 아니라 향후 다양한 목적으로 활용될 수 있는 고객지식이다. 그러므로 단순한 축적이 아니라 VOC의 유형·시점·주제 등의 분류체계를 만들어 데이터베이스화해야 한다.

■ **CRM 시스템과의 연동** 동일한 VOC라 하더라도 제시한 고객에 따라 대응방식이 달라질 수 있으며, 고객이 제시한 VOC 내용에 따라 새로운 마케팅 기회를 연계할 수 있어야 한다. 이를 위해서는 VOC 관리시스템이 독립적인 모듈로 작동하기보다는 고객 DB나 CRM 시스템과 연동하여 운영하는 것이 필요하다.

■ **다양한 VOC 채널 고려** 같은 고객이라 하더라도 상거래의 활동단계에 따라 VOC 발생 채널이 달라질 수 있다. 고객들은 회사 내의 VOC 접수 채널 외에도 상품의 인지단계, 경쟁상품의 탐색단계, 구매의사결정단계, 사후 서비스 단계, 추천 또는 교차구매단계, 그리고 이탈단계 등에 따라 각종 리뷰 사이트나 포털광고, 커뮤니티 사이트, 블로그, SNS, 비교검색 사이트, 회사의 홈페이지나 각종 구매채널에서 VOC를 발생시킨다. 따라서, 고객의 소리가 중요한 업종이라면 회사 밖의 다양한 VOC 발생 가능 채널을 주기적

으로 모니터링하고 분석할 필요가 있다.

ESSENTIAL

서비스 부서는 고객지식의 보고(寶庫)

일반적으로 마케팅 부서나 영업부서가 고객정보를 많이 가지고 있기 때문에 CRM의 전방위 부서라고 생각한다. 물론 양적인 면에서 그럴 것이다. 그러나 서비스 부서가 가지고 있는 정보는 마케팅 부서나 영업부서가 가지고 있는 접촉정보나 거래이력과 같은 정량적 데이터와는 차원이 다르다. 교환·환불·수리이력뿐만 아니라, 고객이 쏟아내는 불만사항, 니즈, 심지어 자신의 성향과 향후 구매계획까지도 포함되어 있는 경우가 많다. 고객서비스나 VOC 관리영역을 CRM 전략에 연계시켜야 하는 이유는 명백하다.

한편, VOC 관리나 고객서비스와 같이 고객을 직접 응대하는 접촉 채널 운영에서 반드시 논의해야 할 주요 원칙에는 교환관계의 공정성(justice 혹은 fairness) 이론이 있다. 이 이론은 고객이 제기하는 불만이나 요구사항에 대해 고객은 결과적 공정성(distributive justice), 절차적 공정성(procedural justice), 그리고 상호작용 공정성(interactive justice)이라는 세 가지 공정성을 기대하고 있다는 것이다. 결과적 공정성이란 고객의 요구사항에 대해 고객이 얻게 되는 결과나 성과가 고객에게 공정해야 함을 의미하며, 절차적 공정성은 이러한 고객의 요구사항이 전달되고 처리되는 과정의 업무 프로세스나 규정이 공정해야 함을 의미한다. 그리고, 종종 태도적 공정성이라는 용어로도 사용되는 상호작용 공정성은 고객이 요구사항을 제기하는 과정에서 고객을 응대하는 직원들이 고객에게 보이는 태도가 공정해야 한다는 것을 의미한다.

이러한 세 가지 공정성은 고객이 모두 원하는 점이지만, 각 공정성 간에는 어느 정도 상호 보완적인(complementary) 관계가 존재한다는 것도 이해할 필요가 있다. 즉 최소한의 기준을 넘는 수준이라면, 상대적으로 약한 공정성 영역은 다른 공정성 영역을 향상시킴으로써 어느 정도 극복할 수 있다는 의미다. 예를 들어, 강한 불만을 제기했던 한 고객이 처음에는 일정 금액의 보상을 요구했지만, 고객서비스 직원이 고객의 의견을 충분히 들어주고, 공감대를 형성해주는 과정에서 고객 스스로 클레임을 철회하거나, 오히려 우호적인 관계로 방향을 바꾸는 경우가 이에 해당한다.

고객가치 조사

이제 정기적이든 비정기적이든 고객만족도에 대한 설문을 실행하지 않는 기업이 없다. 조사 목적에 따라 달라지겠지만 고객만족도 설문과 같은 고객가치조사를 통해 기업은 자사에 대한 고객의 평가를 알 수 있고, 자사의 강점과 약점을 파악하여 향후 개선해야 할 경영요소를 진단할 수 있다. 고객가치조사는 VOC 관리와 마찬가지로 기업이 늘 해오던 활동이지만 이 역시 엄연히 CRM 전략의 일부라고 보는 것이 타당하다.

한편, 고객가치조사는 기업에서 자체적으로 수행하는 인소싱(insourcing) 방식과 외부 기관에 의뢰하는 아웃소싱(outsourcing) 방식으로 구분할 수 있다.

인소싱 방식 조사설계에서부터 조사실행 및 데이터 수집, 분석 및 보고에 이르는 전체 과정을 회사 내부에서 진행하는 방식이다. 간단하거나 이벤트성 혹은 실험 목적으로 진행하는 조사의 경우, 외부 잠재고객보다는 현재 고객들의 의견이 중요한 조사의 경우, 그리고 회사 내부에 연구조사설계능력이나 통계분석능력을 갖춘 경우에 적절하다. 비용이 적게 들고, 조사의 모든 과정을 통제할 수 있으며, 데이터 수집의 신뢰성을 확보할 수 있다는 장점이 있는 반면, 조사의 공신력을 응답자들에게 전달하기 쉽지 않고, 조사를 통해 얻을 수 있는 통찰력 수준의 책임이 전적으로 회사에 달려 있다는 단점도 있다.

아웃소싱 방식 외부 조사대행기관에 의뢰하는 방식을 모두 아웃소싱 방식이라고 말할 수 있지만, 사실 고객가치조사에 대한 아웃소싱 방식은 단순설문대행 목적과, 조사과정의 전체 혹은 일부를 외주로 돌리는 목적으로 구분된다. 또한, 단순설문대행 아웃소싱도 회사에서 응답표본을 전달하는 경우와 설문대행업체가 보유한 응답표본을 사용하는 경우로 구분할 수 있다. 조사과정을 외주로 하는 경우에도 설문항목 개발, 표본프레임 설계, 데이터 수집·분석 및 보고서 개발 등의 범위에 따라 더 세분화할 수 있다.

이처럼 아웃소싱은 조사의 세부 형태에 따라 달라지지만, 대개 현재 고객뿐만 아니라 불특정 잠재고객들의 의견이 더 중요하거나 대외공신력을 갖출 필요가 있는 조사의 경우, 혹은 회사에서 보유한 고객정보가 불확실하거나 아예 구체적인 조사대상 고객 수가 매우 제한적일 경우 사용한다. 고객가치조사에 관련된 전문적인 지식과 경험을 갖춘 기관을 통해 진행하므로 조사과정에 대한 전반적인 신뢰가 높아지고, 조사결과가 유의미할 경우 대외적인 활용도가 높다는 장점이 있다. 그러나 비용이 많이 들고, 의뢰 기업이 알고자 하는 통찰력을 정확히 제시해주기 어려울 수 있으며, 일부 업체의 경우 부적절한 응답자를 통해 수집한 데이터를 전달하여 연구조사의 신뢰성이 낮아질 수 있다는 단점도 있다.

한편, 기존의 고객가치조사를 보다 CRM 전략적인 차원으로 개선시키기 위해 기업이 고려해야 할 요소들은 다음과 같다.

- 고객가치조사 경험이 부족한 기업의 경우, 단순한 외주보다는 조사기획부터 결과보고에 이르는 전체 주기를 외부 전문가의 도움을 받아 함께 수행해보는 것이 필요하다.
- 설문 외에도 FGI, 일대일 인터뷰, 실험, 관찰 등 조사목적에 따라 다양한 조사방법론을 활용하는 것이 바람직하다.
- 필요에 의해 수행하는 서베이와 전사 관점의 고객만족도 조사와 같은 정기 서베이는 반드시 분리하여 운영하는 것이 바람직하다.
- 너무 잦은 조사는 지양한다. 이를 위해 조사설계 과정에 많은 시간을 투자하여 신중하게 진행해야 한다.
- 전체 평균보다 고객 세그먼트별 응답값이 중요한 기업이라면 세그먼트별로 조사를 진행하거나, 웹 로그인, 설문지 코드 관리 등의 방법을 활용하여 가급적 응답자 식별이 가능하도록 하는 것이 필요하다.

- 고객만족도 서베이의 경우 구매가치, 브랜드 가치, 관계가치 등의 고객가치요소와 고객만족도 및 고객충성도를 함께 고려하여 분석결과 인과관계를 도출할 수 있도록 설계해야 한다.
- 한 조사에서 너무 많은 질문항목을 두면 설문을 중도에 포기하거나, 신뢰할 수 없는 응답값이 수집될 위험이 있다. 기왕에 진행하는 고객가치조사이니만큼 여러 팀에서 그동안 고객에게 묻고 싶었던 질문을 모두 모아서 설문을 진행하는 경우에 이런 현상이 나타난다.
- 리커트 척도를 사용하는 설문항목에는 별도로 '잘 모르겠음'이라는 체크항목을 두는 것이 좋다. 그렇지 않으면 중간점수(예: 5점 척도 시 3점)에 체크하여 설문결과가 왜곡되는 현상이 나타난다.
- 고객조사도 중요한 대고객 커뮤니케이션 활동이다. 따라서, 질문항목에 자사의 신상품을 간접적으로 언급하는 것처럼 적절한 수준에서 마케팅의 목적이 가미되는 것도 고려할 만하다.
- 설문지 끝에 인구통계정보 외에도 월평균 구매빈도 및 금액, 사용 품목 수, 혹은 타사 이용 정도 등 고객구매행태를 추정할 수 있는 정보도 함께 수집하면 다양한 분석을 할 수 있으므로 의도하지 않았던 마케팅 통찰력을 얻을 수 있다.
- 고객가치조사의 전체 과정을 외부 조사기관에 의뢰하여 진행한 경우 반드시 표본프레임과 코딩된 원천데이터를 확보해야 한다. 조사결과의 신뢰성을 확보할 수 있을 뿐만 아니라, 향후 내부적으로 필요한 추가 분석이 가능하기 때문이다.

ESSENTIAL

고객응답 보상물의 단점

고객설문 시 많은 기업에서 고객응답률을 높이기 위해 기프티콘, 포인트 적립 등 다양한 보상물을 제공한다. 이때 응답률은 분명히 높아진다. 그런데, 동시에 샘플 바이어스도 존재한다는 사실을 기억해야 한다. 체리피커(cherry picker)가 다수 섞여 있을 수 있다. 최근에는 실제 고객이 아님에도 불구하고 기업의 설문응답만 전문으로 해주는 아르바이트도 있는 실정이다. 정말 투명하고 정확한 고객의 의견을 듣고 싶다면 표본선택을 잘하고, 또 설문의 취지를 응답 대상자들에게 잘 설명하는 노력이 더 중요하다.

CRM 성과평가관리

CRM 기반 전략 중 마지막으로 언급할 활동은 CRM에 대한 성과평가 및 관리활동이다. "측정할 수 없으면 관리할 수 없다."라는 이야기는 비단 경영활동에 대한 것만을 의미하지는 않을 것이다. 그러나 기업이 매우 중요하게 인식하는 경영활동이라면 성과평가(performance measurement)라는 기능의 역할은 대단히 중요하다. 성과평가가 비단 수익이나 ROI 측정과 같은 결과적인 측면만을 파악하기 위한 목적이 아니라, 성과평가를 위한 기준체계 자체가 올바른 방향으로 나아갈 수 있도록 전략을 이끌어주는 바로미터(barometer) 역할을 해주기 때문이다. 따라서, CRM을 추구하는 기업에는 어떤 형태이든 핵심성과지표(KPI)를 개발하여 전략의 성과를 측정하려는 노력을 하겠지만, 여기에서 의미하는 CRM 성과평가관리는 단순히 개별 활동 하나에 대한 평가지표를 수립한다는 것 이상의 의미를 가진다.

CRM 기반 전략으로서의 CRM 성과평가관리란 CRM 전략에 대한 적절한 KPI를 설계하고, KPI들 간의 유기적인 관계를 설정함으로써 CRM 활동에 대한 모니터링과 성과평가를 주기적으로 수행하고, 문제영역 도출과 원인을 파악하기 위한 일련의 활동 일체를 의미한다. 따라서, 거꾸로 생각해보면 CRM 성과평가활동은 결과에 집중하기보다는 오히려 CRM을 제대로 시작하기 위한 올바른 출발선을 제시해주는 역할을 한다. 이 때문에 8장에서 중요하게 다루었던 CRM 진단이라는 논제는 바로 이 CRM 성과평가와 직접적으로 연결된다.

주기적인 진단과 평가를 통한 CRM 최적화를…

〈유통저널 2011〉 10월호 특별기획,
"성공하는 유통 CRM의 7가지 체크 포인트_김형수" 중에서

요즘 전사적이라는 말만큼 흔한 표현도 없겠지만, CRM이 전사적인 전략일 수밖에 없는 이유는 분명하다. 기업의 어떤 제품, 어떤 부서기능도 고객이라는 테마에 완전히 자유로울 수는 없기 때문이다. CRM이 전사 경영전략이라면 그것이 어떠한 형태이든 부분 최적화가 아닌 '고객'이라는 테마로 전체 최적화를 이루어야 한다. CRM에 있어서 전체 최적화란 개별활동들이 완벽하게 조직의 전체 목적에 부합되도록 전략적 배치가 이루어지는 것을 의미한다. 즉 나무와 숲을 동시에 보듯이, 개별적인 CRM 활동들에 대한 분석·기획·실행·학습의 업무도 중요하지만, 이러한 개별 CRM 활동들이 항상 전사적인 고객전략의 목적에 부합하는지 거시적인 관점에서 검토해봐야 한다는 것이다. 이를 위해 기업이 취할 수 있는 방법은 주기적인 CRM 진단평가와 CRM 활동들에 대한 전사관점의 정렬(alignment)을 수행해 보는 것이다.

CRM 진단평가는 CRM을 처음 시작하는 기업에는 어디에서, 무엇부터 시작해야 할지에 대한 출발점을 제시해주고, CRM을 추진하고 있는 기업에는 객관적인 성과평가와 문제영역 진단을 통해 개선 방향을 도출할 수 있도록 해준다. 평소 "우리가 CRM을 제대로 하고 있는 것인지, 문제점은 무엇인지, 개선해야 할 부분은 무엇인지?" 등의 고민이 있었던 기업이라면 반드시 CRM 진단평가를 통해 CRM 전략을 점검해볼 필요가 있다.

한편, CRM 활동들의 정렬이란 고객 세그먼트와 CRM 목표(획득·유지·강화)라는 이차원적 기준으로 전략영역을 구분해본 후, 모든 마케팅·CRM 활동들을 배치하여 과도하게 집중되거나 부족한 영역을 찾아냄으로써 모든 마케팅 활동들을 전체 조직의 최적화된 방향으로 재배치 혹은 정렬하는 과정이다. 만약, 자사의 고객등급이 5단계이고, 획득·유지·강화의 3단계 전략목표가 존재한다면 그 기업의 CRM 전략영역은 15개로 구분될 것이다. 여기에 실제 매출데이터를 각 전략영역별로 산정해보면 어떤 영역이 그 기업에 중요한지 가늠할 수 있어서 효과적인 마케팅 예산 분배 기준으로 삼을 수도 있다.

11

CRM 운영지원전략

CRM 기반 전략의 두 번째 하위 전략 영역인 CRM 운영지원전략은 CRM 인프라 전략에 비해 관계획득과 유지, 그리고 관계강화 목적의 CRM 활동들과 비교적 밀접한 관련성을 갖는 활동이다. 이는 곧 12~14장에서 기술할 관계획득, 관계유지, 그리고 관계강화를 위한 일련의 CRM 활동을 효과적으로 운영하기 위해 뒷받침되어야 할 활동을 의미하기도 한다. CRM 운영지원전략의 하위 전략 테마는 고객세분화, 핵심고객관리, 고객기반 상품개발, 캠페인 관리, 그리고 제휴마케팅 전략으로 구성되어 있다.

고객세분화

CRM이 기존의 매스마케팅과 다른 분명한 차이점은 전체 고객을 하나의 덩어리로 보는 것이 아니라, 특성에 따라 고객을 분류하고, 분류된 고객그룹에 따라 차별화된 마케팅 전략이 전개된다는 것이다(이론적으로 CRM의 기능적 지향점은 모든 개별고객에게 다르게 대응하는 1:1 마케팅이다). 따라서, 고객세분화는 CRM 전략을 실질적으로 수행하기 위한 기본적인 활동에 해당한다. CRM에서 고객세분화란 기업에 유의미한 가치 기준에 따라 일차원 혹은 다차원 분류기준을 선정하여 고객들을 분류하고, 각 세분화된 고객그룹별로 기본적인 전략을 마련하는 활동을 의미한다. 고객세분화를 수행함으로써 CRM 전략에 대한 기본적인 틀을 완성하게 될 뿐만 아니라, 고객 그룹 또는 등급 간의 이동패턴을 파악함으로써 향후 기업이 더욱 집중해야 할 마케팅 기회영역을 파악할 수 있다는 데 큰 의미가 있다. 고객이동패턴 분석에 의한 등급별 상향 전략은 관계강화전략의 등급전환전략에서 다시 논의하기로 한다.

고객세분화는 엄밀히 말해 전사범위의 고객전략을 수립하기 위한 CRM 고객세분화와, 마케팅 활동에 포커스를 맞춘 마케팅 고객세분화로 구분되어야 한다. CRM 고객세분화는 그 기업의 전사 CRM 전략을 수행하기 위해 고객을 구분하는 기본적인 틀을 형성하는 것을 의미한다. 대개 중장기적인 관점에서 수립하기 때문에 세분화의 기준이 자주 변하지 않는다. 고객의 가치수준에 따라 VIP, Gold, Silver 등의 등급제도를 형성하거나, 관계진화과정에 따라 신규고객그룹, 기존고객그룹, 핵심고객그룹, 이탈고객그룹 등으로 구분하고, 모든 고객관련 활동 및 전략을 개별 그룹의 특성과 목표에 맞게 전개한다.

한편, 마케팅 고객세분화는 마케팅적 통찰력을 가져다주는 여러 가지 분류기준을 고려하여 마케팅 목표에 맞게 고객을 구분하는 틀을 의미한다. 대개 단기 혹은 중기적인 관점에서 수립하기 때문에 세분화 기준은 목적에 따라 자주 변할 수 있다. 가장 기본적으로 지역 또는 연령대와 같이 인구통계적인 기준이나 고객의 주력 구매상품군으로 세분화할 수 있으며, 최근에는 고객의 구매니즈나 구매행태 정보를 활용하여 마케팅 고객세분화를 수행하기도 한다. 마케팅 고객세분화의 경우 업종의 특성이나 상황에 따라 매우 다양한 분류기분과 방법론이 존재하므로 여기서는 CRM 고객세분화에 대해서만 논의하고자 한다. CRM 고객세분화를 수행하기 위해 사용할 수 있는 기법에는 크게 4가지가 있다.

▪ **군집분석에 의한 방법** 앞서 6장에서 언급한 데이터마이닝 기법 중 군집분석기법을 활용하여 고객의 그룹을 형성하는 방법이다. 고객에 대한 명확한 분류기준을 가지고 있지 않거나, 탐색적으로 전체 고객을 몇 개의 그룹으로 형성하는 것이 좋을지에 대한 아이디어를 얻고자 할 때 권장할 만한 세분화 방식이다. 다양한 변수를 함께 고려할 수 있다는 장점이 있는 반면, 분석하기 위해 투입한 변수가 무엇인가에 따라 군집분석결과의 품질이 달라질 수 있기 때문에 변수 선정에 각별한 주의를 기울여야 한다.

▪ **구매행태분석에 의한 방법** 4장에서 언급한 RFM은 고객의 구매행태를 나타내는 가장 대표적인 분석기법이다. 따라서, RFM에 의한 고객분류방식은 고객의 행태적 로열티를 나타내는 가장 직관적인 세분화 기법으로, CRM 전략을 효율적으로 전개할 수 있는 장점이 있다. 최근성(recency), 방문의 빈도(frequency), 그리고

구매액(monetary)에 대해 각각 3단계 혹은 5단계 등급으로 구성하여 복합적으로 결합함으로써 입방체에 해당하는 정교한 고객세분화를 수행할 수 있다(각 5단계의 경우 5×5×5 = 125개의 세그먼트가 존재).

ESSENTIAL

RFM 기반 고객세분화의 주의사항

RFM을 기반으로 고객세분화를 할 때 주의해야 할 사항이 두 가지 있다. 첫째, 한때 RFM을 종합점수로 환산하여 그 점수의 분포 특성을 바탕으로 고객 등급을 나누는 경우가 있었으나, 이는 적절하지 못하다고 판명되었으므로 주의해야 한다. 둘째, 반대로 R/F/M을 별개의 기준으로 활용할 경우 Frequency(F)와 Monetary(M)가 독립적인 기준으로 사용될 수 있는지 반드시 상관관계분석을 통해 검증해 보아야 한다. 두 지표의 상관계수가 높아서 하나만 사용해도 전혀 문제될 것이 없는 업종이 많다.

■ **고객자산가치에 의한 방법** 4장에서 논의된 고객자산가치의 두 가지 축인 고객생애가치(customer lifetime value)와 고객추천가치(customer referral value) 산정 모형을 개발하고, 모형에 의해 계산된 고객자산가치 수준에 따라 고객을 세분화하는 방법이다. 그러나 고객추천가치에 의해 고객세분화를 수행하고, 이를 기반으로 CRM 활동을 전개하는 기업은 극소수이므로 현실적으로는 고객생애가치만으로 고객자산가치를 추정한다고 해도 과언이 아니다. 개인이 어떤 자산항목에 투자하는 것과 마찬가지로 기업이 고객을 자산으로 간주한다면 미래가치를 예상하여 투자해야 한다. 그것이 CRM이든 마케팅 활동이든 고객에게 전개되는 기업의 활동은

모두 미래가치에 대한 투자행위이므로 고객생애가치와 같이 고객의 미래자산가치를 평가할 수 있는 방법에 의존하여 CRM 활동을 전개하는 것은 당연한 것이다.

기타 CRM 파생변수에 의한 방법 고객 DB에 존재하는 다양한 고객변수를 고려해보면 여러 변수들을 적절히 변환 및 결합하여 전략적으로 의미 있는 파생변수를 도출할 수 있다. 가령, 개인별 구매주기를 활용하여 개인별 이탈위험도를 계산할 수 있으며, 과거 구매이력을 바탕으로 개인별 교차구매지수를 파생시킬 수도 있다. 또한, 고객의 연령과 최근까지의 최대 구매량(또는 금액)을 바탕으로 개인별 잠재구매력도 추정할 수 있다. 이러한 전략적 CRM 파생변수는 매출액과 같은 기존의 주요 변수와 결합되었을 때 매우 강력한 세그먼트 효과를 가져올 수 있다. 가령, 구매액 vs. 교차구매지수, 실제구매액 vs. 잠재구매력, 고객등급 vs. 이탈경보단계, 총 거래기간 vs. 생애점유율 등은 CRM에서 전략적으로 활용할 수 있는 2차원 고객세분화 기준이다.

한편, 고객세분화를 실시할 때 실무자들이 갖는 의문점 중의 하나는 고객 DB에 등록되었지만 구매이력이 존재하지 않는 이른바 비구매고객(잠재고객)도 고객 세그먼트에 포함시켜야 하는가라는 점이다. 필자는 비구매고객 역시 하나의 세그먼트로 관리할 것을 권장한다. CRM 전략 유형에는 엄연히 잠재고객 획득과 1차 거래유도전략이 포함되어 있기 때문이다. 식별되지 않은 대중을 대상으로 회원가입을 통해 잠재고객으로 유도하는 것도 엄연히 CRM

활동 중 하나이며, 이들을 대상으로 신규거래를 유도하는 것 역시 CRM 활동이기 때문이다.

고객세분화: 이렇게 나누는 것이 최선인가?

〈유통저널 2011〉 10월호 특별기획,
"성공하는 유통 CRM의 7가지 체크 포인트_김형수" 중에서

유통기업에서 발견되는 고객세분화 문제는 크게 두 가지 중 하나 이상이다. 첫째, 고객세분화의 기준이 여전히 금전적인 기준으로만, 그것도 실제 수익을 고려하지 않은 매출액 중심의 단편적인 고객세분화가 그것이다. 매출액은 중요한 분류기준이지만, 방문빈도나 교차구매지수와 같이 구매금액과는 다른 관점이 포함된 다차원 세분화가 바람직하다. 그러나, 구매빈도의 경우는 대개 매출액과 매우 높은 상관관계를 가지고 있으므로 별개의 기준으로 사용할지는 신중하게 접근해야 한다. 국내의 한 인터넷 쇼핑몰의 경우 RFM, 즉 최근성(recency), 빈도(frequency), 금액(monetary)의 기준을 모두 사용하였으나, 분석결과 빈도와 금액의 상관관계가 매우 높아 하나의 기준만 사용해도 된다는 결론에 이르렀다.

둘째, 고객세분화의 기준이 매출액이든, 고객생애가치(CLV)이든 등급을 나누는 기준점(cut-off point)이 적절치 못한 경우가 많다는 것이다. 이 경우 세분화된 고객그룹의 개수가 너무 많거나 적을 수 있고, 등급분류 기준점이 잘못되어 특정 등급의 고객 수가 지나치게 많거나 적어서 올바른 피라미드 형태의 고객계층 구조가 나타나지 않는 현상이 발생한다. 실제로 국내 한 대형 온라인 서점을 분석한 결과 고객그룹 수를 3개에서 4개로 증가시켜야 하고, 최우수 고객집단의 매출액 기준을 다소 낮춰야 한다는 사실이 밝혀졌다.

핵심고객관리

기업이 고도 성장을 구가할 때는 넘쳐나는 신규고객들로 인해 자

사에 충성도 높은 고객이 진정 누구인지 되돌아볼 겨를이 없을 것이다. 그러나, 성장이 둔화되고, 정체된 시장에 경쟁사와 대체재산업이 들어설 때쯤이면 상황은 달라진다. 기업이 위기상황에 직면했을 때는 더할 나위가 없다. 어려울 때 그 사람의 절친한 친구만이 주변에 남듯이, 기업도 위기의 순간엔 많은 고객들이 떠나가 버리고, 그 기업을 사랑했던 진정한 '고객'만이 그 기업을 지탱시켜줄 것이다. 이렇게 기업이 어려운 순간에도 늘 든든한 버팀목이 되어주는 충성도 높은 고객을 우리는 '핵심고객(core customer 또는 key customer)'이라고 한다.

진정한 핵심고객이라면 기업의 비즈니스 성과에 안정적인 기반을 마련해줄 뿐만 아니라, 단순히 제품을 구매하는 '소극적 거래관계'를 넘어 주변인들에게 긍정적인 입소문과 추천을 통해 신규고객 창출에 기여하고, 제품·서비스 개선을 위해 자신의 의견을 적극적으로 개진할 것이다. 또한, 열정적인 핵심고객들은 종종 기업의 열린 혁신을 통해 신제품 개발에까지 적극 동참하고, 기업 위기시에는 수호천사 역할을 수행하는 등 자발적인 친기업 활동을 전개하는 이른바 파트너 역할을 맡는다. 따라서, 기업이 핵심고객을 양성하고, 이들을 적극적으로 관리할 수만 있다면 기업의 유기적 성장에 매우 중요한 기반을 마련하게 되는 것이다.

CRM 관점에서 핵심고객관리는 자사의 핵심고객이 누구인지 파악하기 위해 핵심고객의 판별 기준을 정립하고, 이들과의 강력한 상호 파트너십을 형성하기 위해 일련의 CRM 활동을 전개해 나가는 것을 의미한다. 핵심고객관리는 직무의 형태적인 차원에서는 다른 고객유지활동과 유사하기 때문에 일종의 관계유지전략의 하위요소로 봐도 무방하다. 하지만, 핵심고객관리가 기업에게 일종의 위기관리(risk management) 역할을 제공하고, 기업이 정의한 핵심고객 개념은 곧 기업이 생각하는 모든 고객들의 이상적인 도달점이므로 CRM 전략의 방향성을 결정한다는 데서 CRM 기반 전략으로 보는 것이 타당하다.

아무튼 핵심고객관리전략에서 가장 중요한 포인트는, 과연 핵심고객을 어떻게 정의할 것인가 하는 점이다. 가장 많이 구매하는 집단인 초우량고객(VVIP)을 핵심고객으로 정의할 것인가?라는 질문에 대한 정확한 답을 얻기 위해서는 "기업이 어려운 상황에서 든든하게 버텨주는 충성심 높은 고객들은 과거에 무조건 많이 구매해준 고객일까?"라는 질문에 대한 답을 먼저 고민해봐야 한다. 사실 이에 대한 답은 3장의 고객로열티 부분에서 이미 논의한 바 있다. 고객로열티는 행동적 로열티와 태도적 로열티로 구분할 수 있고, 태도적 로열티가 결여된 행동적 로열티는 타성적 로열티로서 기업이나 고객의 상황이 바뀔 때 쉽게 변할 수 있는 일종의 '가짜' 로열티라는 점이다. 결국 핵심고객이란 행동적 로열티가 기반이 되어야 하지만 여기에 태도적 로열티도 갖춘 고객을 의미한다. 조금 더 쉽게 설명하자면, 그저 구매만 많이 하는 고객보다는, 구매도 많이 하지만 평소에 기업과 자주 의사소통하거나, 기업의 활동에 동조해주는 고객이 그 기업의 핵심고객일 소지가 훨씬 크다는 뜻이다.

한편, 핵심고객의 개념은 막연히 듣기 좋은 이론적 표어에 그쳐서는 안 된다. 가령, "우리의 핵심고객은 우리 상품을 많이 이용하고, 주변 사람들에게 우리 기업을 추천해주는 고객이다."와 같은 핵심고객의 개념은 좋은 의미임에는 분명하지만, 구체적인 CRM 전략을 유도하기에는 다소 추상적이다. 그보다는 "최근 6개월 이내 3회 이상 방문 + 100만 원 이상 구매 + 교차구매지수 2.0 이상 + 자사 마케팅 행사에 연 2회 이상 참여"와 같이 데이터상으로도 측정 가능한 조작적 정의가 필요하다. CRM 관점에서 방문유도, 구매액의 증대, 교차판매 노력, 대고객 커뮤니케이션에 대한 구체적인 목표가 생기기 때문이다.

만약 이 기업이 백화점과 같은 유통업이라면 교차구매지수나 마케팅 행사 참여와 같은 행태정보는 핵심고객 정의에서 매우 중요하다. 구매금액이나 방문횟수와 같은 표면적 행태정보만으로는 우수고객이라 하더라도 특정 상품군(또는 특정 브랜드)에 충성도가 높은 것인지, 아니면 해당 유통업체에 충성도가 높은 것인지 구분이 불가능하기 때문이다. 백화점의 입장에서 고객이 특정 브랜드가 아니라, 우리 백화점 자체에 충성도가 높은 것인지 판단하기 위해서는 최소한 2개 이상의 상이한 품목에서 반복구매가 있는지의 여부를 알아야 한다. 한 가지 상품군이나 브랜드에 집중하는 우수고객은 해당 브랜드의 샵 매니저가 백화점을 옮기면 그가 관리하던 고객도 함께 동반 이탈하는 경우가 종종 발생하기 때문이다.

따라서, 핵심고객이라는 개념을 CRM의 실무적인 차원에서 활용하기 위해서는 자사의 핵심고객에 대한 의미를 조직 내부의 여러 의견을 통해 수집하고, 이를 요약 정리하여 간단한 명제로 만든 후, 이러한 개념적 정의를 수치화하여 자동적으로 스코어링할 수 있는 조작적 정의로 구체화시켜야 한다. 즉, 고객 DB의 매출 및 고객접촉 관련 정보들이나 이를 통해 파생된 다양한 파생변수들로 구성된 핵심고객 스코어 모델을 개발하는 것이다.

업종에 따라 또는 그 기업만의 특별한 관리목적에 따라 조금씩 달라지겠지만, 핵심고객의 비중은 대략 10% 내외가 적절하다. 핵심고객 추출모형이 너무 적은 고객을 추출한다면(예: 1% 이내) 추출기준을 완화해야 하며, 너무 많은 고객 수를 추출한다면(예: 15% 이상) 추출기준을 강화해야 한다. 핵심고객 정의 모형이 개발된 이후에는 월별, 분기별, 반기별, 연도별 등 주기적으로 고객들을 평가하여 핵심고객의 수를 파악하고, 획득률 · 유지율 · 강화율 · 이탈률 등의 성과지표를 관리할 필요가 있다. 또한 고객의 트랜드가 자주 바뀌거나 시장 상황이 급변하는 업종의 경우에는 적어도 1년에 한 번은 핵심고객의 분류기준을 재검토하는 것이 바람직하다.

ESSENTIAL

핵심고객관리는 모든 업종에 필요한가?

가전제품, 자동차, 주방용품, 가구와 같이 한 번 구매하면 5년 이상은 사용할 수 있어서 주기적인 반복구매나 교차판매 가능성이 적은 내구성 소비재 산업은 핵심고객을 구분하는 것도 어렵거니와 핵심고객관리를 통해 얻을 수 있는 효과도 긍정적인 입소문 효과 정도일 것이다. 이러한 산업은 오히려 미래가치가 높은 고객을 중점관리 대상으로 삼는 것이 바람직하다.

■■ 고객기반 상품개발

마케팅의 현실적 의미는 여전히 이미 생산된 상품과 서비스를 시장에 효과적으로 공급하기 위해 안에서 밖으로 행해지는 일련의 인사이드 아웃(inside-out) 활동임을 부인하기 어렵다. 그러나, 점차 마케팅의 인사이드 아웃 성격은 외부의 니즈와 수요를 적극적으로 파악하여 기업 내에서 생산하는 상품과 서비스에 반영하는 이른바 아웃사이드 인(outside-in)이라는 특성으로 변모해 가고 있다. 이러한 마케팅의 아웃사이드 인의 특성을 현실적으로 반영하기 위해서도 CRM의 역할은 중요하다. CRM을 통해 다양한 형태의 고객접촉과 축적된 고객정보를 바탕으로 시장침투율이 신속한 상품과 서비스를 개발할 수 있는 지식기반을 활용할 수 있기 때문이다. 이 때문에 고객기반의 상품개발이라는 전략테마는 CRM의 기반 전략 중 하나이자, CRM을 고객지식경영(customer knowledge management)이라는 개념으로 승화시킬 수 있는 요소이기도 하다.

고객기반 상품개발을 구체적으로 정의하자면, 상품 및 서비스를 구성하는 세부요소들을 컴포넌트화하여 고객의 인구통계적 특성, 고객등급, 라이프사이클, 구매동기 및 니즈 등의 고객유형에 따라 새로운 상품 및 서비스를 구성 또는 개발하고자 하는 시장지향적인 신상품개발(NPD: New Product Development) 전략을 의미한다. 고객기반 상품개발은 생산기능 관점에서는 신상품개발 전략이지만, 마케팅 관점에서는 브랜드 자체도 영원불멸의 대상이 아닌 고객의 니즈에 따라 변화·발전할 수 있다는 고객기반 브랜드 관리

전략(customer-centered brand management)의 일부이며, 물류전략 관점에서는 최종 상품의 조립 및 구성을 생산지에서 수행하지 않고, 고객의 실제 니즈와 수요를 파악할 수 있는 최종 수요지까지 지연시키는 지연전략(postponement)과도 그 맥이 닿아 있다. 또한, 고객의 니즈가 기업과 고객 간의 관계진화과정에 따라 달라질 수 있기 때문에 기업은 고객의 상황에 따라 차별화된 상품 및 서비스를 적시에 제공할 수 있어야 하므로 CRM 관점에서도 중요한 역할을 담당하고 있다.

한편, CRM에서의 고객기반 상품개발은 단순히 고객지향적인 기업문화나 고객서베이와 같은 간헐적인 마케팅 조사 정도와는 구분되어야 한다. CRM에서의 고객기반 상품개발은 고객에 대한 정보와 지식을 바탕으로 다양한 형태의 상품을 신속하게 구성 또는 개발할 수 있도록 구체적인 절차와 방법론이 마련되어야 하기 때문이다. 기업이 선호하는 다양한 방법론이 있겠지만, 가장 쉽고 널리 활용되는 고객기반 상품개발방법 중 하나는 상품속성-고객그룹(product attribute-customer group) 매트릭스이다. 상품속성-고객그룹 매트릭스는 주요 상품·서비스들을 구성하는 주요 속성 변수들을 확인하고 해당 속성 변수들을 이루는 속성값 수준들을 분해하여 과거 구매이력 데이터를 바탕으로 각 속성값들이 고객 그룹에 대해 매핑되는 현황을 시각적으로 보여주는 도구이다.

가령, 여행사의 경우 아래의 매트릭스처럼 여행패키지 상품에 대해 지역·항공·호텔·가이드 등의 속성변수들을 선별하고, 지역이라는 속성에서 미국·유럽·동남아 등의 속성값을, 항공이라는 속성에서 국내항공과 해외항공이라는 속성값을, 호텔이라는 속성에 대해서는 5성급·4성급 등의 속성값을 부여할 수 있다. 주요 고객그룹(예: 노년부부, 50대 가족, 신혼부부 등)을 정의한 다음 고객그룹에 매핑되는 상품속성값들을 요약하여 보면 그 고객그룹에 적절한 상품구성을 파악할 수 있다. 만약 이러한 상품구성에 해당하는 상품·서비스가 그 고객그룹에 현재 존재하지 않는다면 그 기업은 해당 신상품 개발을 적극적으로 검토해보는 것이 필요하다.

[상품속성-고객그룹 매트릭스 예시]

상품속성 / 고객그룹	지역				항공			호텔			가이드			옵션		일정		식사			…
	미국	유럽	동남아	…	국내	국외	무관	5성급	4성급	…	현지	동행	무관	포함	불포함	빠듯	여유	현지식 중심	한국식 중심	무관	…
노년부부	V				V			V				V		V			V		V		…
노년그룹			V				V		V				V		V		V			V	…
환갑부부	V	V			V			V					V	V			V		V		…
50대가족				V			V		V		V				V	V				V	…
성인그룹			V				V			V			V		V	V				V	…
40대가족				V			V			V	V				V	V				V	…
개별직장인	V	V				V				V			V		V	V		V			…
신혼부부				V	V			V				V		V			V			V	…
대졸사회초년	V			V			V			V			V		V	V		V			…
대학생		V	V	V			V			V	V				V	V				V	…
…	…	…	…	…	…	…	…	…	…	…	…	…	…	…	…	…	…	…	…	…	…

한편, 고객기반 상품개발에 유용하게 사용될 수 있는 또 다른 방법으로 통계분석기법 중 하나인 컨조인트 분석(conjoint analysis)이 있다. 이에 대해서는 앞서 6장에서 설명한 바 있으므로 여기에서는 자세한 설명을 생략한다. 그러나, 상품속성-고객그룹 매트릭스를 활용하든, 컨조인트 분석기법을 활용하든 공통적으로 중요한 점은 상품 및 서비스를 세부 구성요소 단위로 분리하여 조립 또는 구성(configuration) 방식으로 신규상품을 개발할 수 있는 역량이 기본적으로 요구된다는 것이다.

고객기반 상품개발이 성공적으로 실현되기 위해 필요한 또 다른 조건으로서는 첫째, CRM 팀·부서의 기능이 생산 또는 R&D 부서 업무의 주요 단계와 직접적으로 연계될 수 있도록 조직구조 내지는 업무 프로세스의 개선이 필요하다는 것, 둘째, CRM 또는 마케팅 부서는 고객들이 자사의 상품·서비스를 구매하는 근본적인 원인을 지속적으로 조사 및 연구하는 활동이 선행되어야 한다는 점, 셋째, 주요 상품 유형별로 신제품 체험단이나 고객 모니터링 요원들을 통해 의미 있는 피드백을 주도적으로 확보해야 한다는 점이다.

ESSENTIAL

명품 브랜드의 진입장벽 낮추기 전략

CRM 관점에서 보자면, 고가의 명품 또는 하이엔드(high-end) 브랜드 기업들은 잠재고객들의 브랜드 진입을 촉진하기 위해 상대적으로 저가인 관계획득 목적의 신상품을 개발하는 것이 필요하다.

■■ 캠페인 관리

CRM이 마케팅에 잘 접목된 기업의 특징 중 하나는 그 기업의 마케팅 활동이 캠페인이라는 단위로 체계화되어 진행된다는 점이다. 여기에서 캠페인(campaign)이란 본디 일정한 목적을 달성하기 위해 전개되는 일련의 운동과 같은 활동을 의미하는데, 마케팅 관점에서는 이러한 캠페인의 개념을 상거래 목적으로 전환한 개념으로 이해하면 된다. 즉, 기업이 전개하는 마케팅 캠페인은 기업의 일정한 목적을 달성하기 위해 한정된 기간 동안 계획된 상품이나 서비스 광고를 실행하는 것을 의미한다.

따라서, CRM 운영지원전략에서 캠페인 관리란 고객에게 전개되는 마케팅 활동들을 캠페인이라는 단위로 전환하여 체계적인 관리를 수행하는 일련의 활동을 의미한다. 캠페인 관리가 제대로 이루어짐으로써 기능적으로는 캠페인 프로세스에 대한 체계적인 연계 및 자동화를 통해 캠페인 수행업무를 효율적으로 운영할 수 있는 능력이 생기며, 전략적으로는 다양한 목적에 따라 캠페인 유형을 정립하고 이를 고객그룹에 동적으로 연계함으로써 개별 캠페인들의 조합이 결국 전사적인 CRM 목표에 부합할 수 있도록 정렬된다는 데 큰 의미가 있다.

기업에서 수행하는 캠페인은 목적에 따라 상품기반 캠페인, 고객기반 캠페인, 계절/시기별 캠페인, 그리고 기타 특별한 목적을 가진 캠페인으로 구분할 수 있다. 대부분의 기업에서 여전히 상품기반 캠페인의 비중이 절대적으로 더 높긴 하지만, CRM 문화가 점차 기업에 정착하게 됨으로써 고객기반 캠페인의 비중이 점점 더 높아지고 있는 것이 사실이다. 미국의 한 CRM 관련 연구조사에 따르면, CRM을 적극적으로 추진하고 있는 기업의 경우 고객기반 캠페인의 비중이 평균적으로 약 30%라고 발표하였는데, 이 점을 참고할 만하다.

[캠페인 유형과 예시]

캠페인 유형	개념	예시
상품기반 캠페인	브랜드별, 개별 상품별 판매촉진 목적으로 진행되는 캠페인	각 상품별 프로모션, 신규상품 판촉행사, 제휴사 연계 프로모션 등
고객기반 캠페인	데이터 분석과 조사에 의해 탐색된 문제점이나 기회영역에 적용되는 CRM 전략 중심의 캠페인	잠재고객 신규거래 촉진 이벤트, 2차구매 촉진 캠페인, 이탈고객 재획득 캠페인, 우수등급 고객의 상승전환 캠페인 등
계절/시기별 캠페인	계절, 명절, 기념일 등에 진행되는 캠페인	여름축제, 겨울맞이 바겐세일, 성탄절 축제, 어버이날 기념 세일 등
특별 목적 캠페인	기업의 특별한 목적에 따라 수시로 기획되는 단기성 캠페인	10주년 세일, 매출 1조 달성 축하 바겐세일, 100만 회원 돌파 이벤트 등

한편, 캠페인 관리 프로세스는 앞서 7장에서 논의한 CRM의 순환기능인 분석→기획→실행→학습의 과정을 그대로 따른다. 즉, 기업이 하나의 CRM 캠페인을 전개하기 위해서는 아래와 같은 4단계의 업무 프로세스를 거쳐야 한다는 것이다. 이 중 한 가지라도 빠지게 되면, 엄밀히 말해 CRM 중심의 캠페인 관리체계가 갖춰졌다고 말하기는 어렵다.

■ **분석단계: "어떤 캠페인이 필요한가?"**

데이터 분석결과 및 내외부 조사자료에 기반하여 문제점을 발견하고, 그 문제점을 해결할 수 있는 전반적인 방향성을 수립하는 단계이다. 문제해결을 위한 구체적인 캠페인 요구사항이 도출되며, 이를 기반으로 개략적인 캠페인 기초계획이 마련되고, 해당 캠페인의 표적이 될 고객그룹이 선별된다.

■ **기획단계: "어떻게 진행되어야 하는가?"**

분석단계에서 제시된 캠페인 요구사항과 기초계획을 바탕으로 구체적인 운영계획이 확립되는 단계이다. 캠페인의 예산확립과 더불어 캠페인 과정에서 고객과 커뮤니케이션해야 할 내용과 고객접촉단계 및 발생 상황에 따른 시나리오 방식의 대응방안도 수립해야 한다. 또한, 캠페인의 실행과정과 종료 시 측정해야 하는 모니터링 및 성과지표의 확정 역시 이 단계에서 마무리해야 한다.

■ **실행단계: "잘 진행되고 있는가?"**

분석과 기획단계에서 마련된 캠페인 계획을 실천하는 단계이다. 캠페인이 실행단계로 옮겨지면 캠페인을 기획한 CRM 팀은 초조하게 결과를 기다리기보다는 캠페인에 관여한 타 부서 및 협력업체 등의 이해관계자들에게 적극적인 협조를 촉구하는 지속적인 커뮤니케이션을 수행하고, 캠페인의 실행과정을 모니터링할 수 있는 관리지표를 계속 파악해감으로써 실행과정에서 발생할 수 있는 문제점을 조기에 해결할 수 있도록 만반의 준비를 갖춰야 한다.

■ 학습단계: "성과는 무엇이고, 다음에는 무엇을 개선해야 하는가?" 캠페인이 종료된 이후에 캠페인 실행결과를 측정·분석하고, 향후에 개선되어야 할 점을 도출하고 공유하는 과정이다. 이때 단순히 캠페인의 재무적인 성과만을 측정하기보다는 실행률·접촉률·반응률·성공률과 같은 캠페인 진행과정상의 효율성을 분석할 수 있는 지표를 함께 평가해야 향후 개선된 캠페인을 모색할 수 있다.

한편, 이러한 캠페인 관리체계가 효과적으로 운영되기 위해서는 다음의 세 가지 요건이 함께 고려되어야 한다.

■ 조직 요건 CRM의 캠페인 관리는 더 이상 개별 브랜드나 상품단위의 독단적인 마케팅 활동이 아니기 때문에 고객관점의 전사적인 통합 캠페인 기획과 관리가 가능한 부서나 팀의 역할이 필요하며, 대개 전사 마케팅 전략 팀이나 CRM 팀에서 이 역할을 담당한다. 이 역할을 담당하는 팀에서는 모든 브랜드와 개별 상품군을 아울러서 1년간 진행되는 모든 캠페인의 총괄적인 기획과 승인 프로세스를 확립하게 되며, 통신사 및 각종 온라인 접촉 매체 등과의 채널 제휴와 채널별 실행역량(capacity)을 통제·관리하는 역할도 맡게 된다.

■ 정보 요건 CRM에서 캠페인은 철저한 데이터 분석에 의해 문제점이나 기회영역을 발굴하여 접근하는 활동이므로, 고객프로파일 정보나 매출정보 외에도 고객과 커뮤니케이션하고 상품을 구매하는 과정에서 발생되는 모든 정보를 활용할 수 있어야 한다.

캠페인의 주제에 따라 달라지겠지만, 대체적으로 성과가 높은 캠페인들은 고객 프로파일 정보, 상품·서비스 이용 내역과 패턴, 고객 등급과 등급전환 이력, 채널 이용 패턴, 캠페인별 반응정보, 채널 접촉정보 등을 활용한다.

■ **시스템 요건** CRM의 캠페인 관리는 철저하게 절차를 밟고 체계적인 업무 행태를 가지고 있는 만큼 어느 정도 정보시스템의 지원이 필요한 것이 사실이다. 캠페인 관리시스템(campaign management system)이나 마케팅 자동화 시스템(marketing automation system)과 같은 솔루션은 이러한 시스템 요건을 잘 충족하고 있다. 이러한 솔루션에서는 캠페인 대상 고객의 추출 및 타게팅을 위한 분석기능, 캠페인 기획 및 콘텐츠 개발기능, 캠페인의 공유 및 승인기능, 정형화된 캠페인의 실행결과를 분석·평가할 수 있는 기능, 캠페인 대상 고객 중복 방지기능, 캠페인별 상세현황 종합관리기능 등을 제공한다.

ESSENTIAL

캠페인 관리를 하는 모든 기업에 캠페인 관리 솔루션이 필요한가?

연간 진행되는 캠페인 유형이 20개 이상, 실행되는 개별 캠페인 수가 약 100개 이상, 보유고객 수 10만 명 이상, 고객별 연간 노출 가능한 캠페인 횟수가 30회 이상, 5가지 이상의 온·오프라인 채널을 복합적으로 활용하는 기업이라면 캠페인 관리 시스템 도입을 적극 고려할 만하다. 이 조건에 해당하지 않는 기업이라면 솔루션 도입에 신중을 기하는 것이 필요하다.

■■ 제휴마케팅

고객들의 요구조건이 복잡 다양해지면서 자사만의 상품·서비스만으로 고객들을 만족시키고, 충성도를 도모한다는 것은 이제 거의 불가능하다. 고객이 특정 기업 혹은 브랜드를 선택함에 있어서 그 기업이 어떤 다른 상품·서비스와 전략적으로 제휴되어 있는지가 중요한 판단기준이 되어 버렸기 때문이다. 따라서, 기업의 제휴전략은 단순한 고객기반 확충과 추가 수익 달성이라는 목적 외에 자사 고객들의 만족과 로열티 제고를 위해 필요한 근본적인 CRM 활동으로 보는 것이 타당하다.

따라서, CRM 관점의 제휴마케팅 전략이란 마케팅 영역에서 타 기업과 맺는 전략적 제휴로서 각 기업이 보유한 고객그룹에 대해 서로의 상품과 서비스를 판매하기 위해 마케팅 차원의 협력관계를 모색하는 일련의 활동을 의미한다. 그리고, CRM 전략을 효과적으로 지원하는 제휴마케팅을 위해서는 무엇보다 자사가 추진하고자 하는 제휴전략의 근본적인 목적이 무엇인지 검토하는 것이 필요하다. CRM 전략 관점에서 제휴마케팅은 다음과 같이 크게 두 가지 전략적 목표를 가진다.

■ **신규고객의 창출** 타사의 고객들이 자사의 유의미한 잠재고객이 될 경우 이들을 대상으로 자사의 신규고객으로 영입하기 위한 목적으로 제휴마케팅을 전개한다. 이를 인바운드(inbound) 제휴전략이라고 하며, 자사의 고객 풀(pool) 증대가 한계에 이르렀거나,

자사의 현재 고객들로부터 지속적인 거래관계가 유지되기 어려울 경우 적극적으로 고려해야 한다.

■ **기존고객의 유지** 자사의 현재 고객들에게 타사의 상품과 서비스를 유리한 조건에 이용할 수 있도록 하여 자사 고객들의 만족도를 증대시킴으로써 이들과의 관계를 유지하기 위한 제휴마케팅을 의미한다. 이를 아웃바운드(outbound) 제휴전략이라고 하며, 자사의 상품·서비스가 경쟁사와의 차별성이 부족하여, 자사의 상품·서비스만으로는 고객유지가 어려운 경우에 적극적으로 고려해야 한다.

이러한 CRM 전략의 관점에서 제휴마케팅을 고려해야 하는 이유는, 일시적인 유행이나 단기적인 매출 증대의 목적으로 제휴 대상기업을 결정했을 때 자칫 자사 고객이 불만을 품거나, 심지어는 고객의 대거 이탈을 야기할 수도 있기 때문이다. 따라서, CRM 관점에서 제휴마케팅은 가급적 자사 고객의 만족도 증진이나 신규고객 확충과 같은 분명한 전략적 목적에서 출발하는 것이 바람직하다. 적절한 제휴마케팅이 이루어질 경우 자사 상품과 서비스만으로는 충족시키기 어려운 고객들의 전반적인 만족도를 증진시킬 수 있을 뿐만 아니라, 한계에 봉착한 신규고객 확충 채널에 새로운 돌파구를 마련하는 기회가 될 수도 있다.

단순히 자사의 상품홍보를 대행해주거나, 판매실적에 따라 수수료를 지급하는 일회성 제휴마케팅의 실행은 매우 신중하게 결정해야 한다. 단기적인 일회성 제휴마케팅의 경우 실행 약정 조건이나 기간이 종료되면 제휴를 통해 판매했던 타사의 상품과 서비스에 대해 더 이상 책임을 지지 않기 때문에 자사 고객들의 불만이 야기될 소지가 높다. 이러한 점에서 CRM 관점의 제휴마케팅은 단순히 기업 상호 간에 마케팅을 대행해주는 일회성 제휴마케팅(co-marketing)보다는 멤버십 프로그램과 같은 CRM 도구를 통해 중장기적인 전략적 연합(strategic alliance) 형태로 진행되는 것이 바람직하다.

ESSENTIAL

고객 생애단계에 주목하라

성공적인 CRM 제휴 전략들의 특징 중 하나는 특정 고객의 생애단계를 포착하여 그 시점에 적용되는 제휴 서비스를 모색한 점이다. 자사 고객들의 연령대와 첫 거래시점, 그리고 최종 거래시점 혹은 관계종료 시점을 고려한다면 기업의 주요 고객 생애단계를 포착할 수 있고, 각 생애단계마다 제휴마케팅의 기회를 검토할 수 있다. 주요 생애단계에 대한 전략적 제휴 기회가 발견될 경우 해당 제휴마케팅은 자사에 매우 유의미한 성과를 가져다줄 수 있다.

한편, 제휴 대상기업을 선정하는 경우 상품기반 제휴(product-based alliance)와 고객기반 제휴(customer-based alliance) 중 어느 것이 더 자사에 필요한지 검토해야 한다. 상품기반 제휴는 자사가 공급하는 상품·서비스의 특성과 연계될 수 있는 관련 상품 및 서비스와의 제휴를 의미하며, 고객기반 제휴는 자사의 고객들에 대한 인구통계학적 속성이나 라이프 스타일과 같은 고객의 특성과 연계될 수 있는 상품 및 서비스와의 제휴를 의미한다. 가령, 자동차 공급 업체가 자동차 보험이나 세차 및 정비 서비스와 제휴를 맺는 것은 자사가 공급하는 상품의 특성에 기반한 제휴라고 볼 수 있고, 최근 자동차를 이용한 여행 트랜드를 고려하여 여행사나 캠핑용품 기업과 제휴를 맺는 것은 고객의 특성에 기반한 제휴전략이라고 볼 수 있다.

12

관계획득전략

10장과 11장에서 논의한 CRM 활동들 역시 엄연히 CRM 전략이라고 할 수 있지만, 특정 관계진화과정에 적용되기보다는 기업이 관계중심형 CRM 전략을 효율적으로 추진하기 위한 기본역량에 해당한다고 볼 수 있다. 12장부터 14장에 이르는 CRM 전략은 직접적으로 고객을 획득하고, 유지하고, 고객과 기업 간의 상호관계를 강화하기 위한 일련의 프로세스 전략들이다.

우선 12장에서는 고객과의 관계를 처음 형성하기 위한 CRM 활동들에 대해서 논의하고자 한다. 관계획득전략은 해당 전략에 의한 직접적인 매출액의 증대보다는 새로운 관계를 형성하고, 관계를 발전시켜 나갈 대상자들을 확보한다는 점에 포커스를 둔다. 따라서, 외형적으로는 동일한 신규고객 창출활동이라 하더라도 CRM을 하지 않는, 즉 단기 매출 지향적인 기업은 확보된 고객자체보다는 그들이 구매해준 매출액에 더 큰 의미를 부여하기 때문에 확보된 신규고객들에게 사후 관리나 연계전략이 미흡할 수밖에 없다.

반면, 관계진화과정을 이해하는 CRM 중심의 기업에서는 신규거래를 통해 발생한 매출액 자체보다는 향후에 그 고객이 기업에 기여하게 될 미래가치, 즉 고객생애가치에 더 큰 비중을 둠으로써 신규거래 이후의 단계적인 유지전략을 모색하는 데 더 큰 노력을 보이게 된다.

사실 획득(acquisition)이라는 단어에서도 이러한 전략적 의미를 파악할 수 있다. acquisition이라는 단어는 주로 기업이 제공하고자 하는 상품이나 서비스의 원자재나 기타 자원을 조달(acquisition)한다는 의미로 활용된다. 그러나, 엄밀히 말해 원자재나 부품 자체의 조달행위만으로는 수익이 창출되지 않는다. 오히려 비용이 소모되는 일종의 투자행위일 뿐이다. 고객을 통한 수익창출에서도 마찬가지다. 고객조달 역시 조달행위 자체로는 수익이 창출되지 않는다. 그러나, 원자재의 조달이 없으면 좋은 제품과 서비스가 개발되지 않듯이, 고객이 조달되지 않으면 장기적인 고객과의 거래관계를 통한 안정적인 수익창출을 기대하기 어렵다.

실제로 고객획득활동은 어떤 산업에서건 그 결과 자체로는 마이너스 수익을 보이는 경우가 많다. 한 명의 고객을 획득하기 위해 기업이 실제로 투자한 비용은 그 고객을 얻게 되면서 발생한 수익에 비해 몇 배가 될 수도 있기 때문이다. 가령, 10% 마진이 남는 1만 원 상당의 신상품이 있다고 하자. 이 상품에 대해 올해 TV

광고 예산으로 10억이 소요되었고, 광고 효과가 유효하다고 판단되는 기간 동안 유입된 신규고객이 10만 명이었다고 가정하자. 그렇다면, 광고비 관점에서 1인당 신규고객 획득비용은 1만 원, 1인당 수익은 1천원이므로 고객당 수익대비 비용은 10배가 된다. 따라서, CRM 관점에서 신규고객 획득은 그 자체로 수익창출을 하기 위한 목적보다는 장기적인 거래관계 형성을 통해 안정적인 수익창출을 위한 '자원확보(resource acquisition)'라는 개념으로 이해하는 것이 바람직하다.

ESSENTIAL

신규고객 창출은 매스마케팅만의 역할?
전통적으로 관계획득을 목적으로 하는 기업활동은 주로 매스마케팅의 영역이었다. 지금도 여전히 많은 기업에서 신규고객 창출은 매스마케팅, 기존고객의 관리는 CRM 마케팅이라고 분류하는 경우가 많다. 그러나, 이 책을 1장부터 차근히 읽어 내려온 독자라면 고객획득 역시 엄연한 CRM 활동의 일부라는 것을 이미 이해했을 것이다. 불특정 다수에게 접촉하는 것은 동일하지만, 현재 우리 회사의 유효고객들의 특성을 파악한 후 그러한 잠재고객들이 주목할 만한 메시지, 지역, 시간대, 채널을 고려한 CRM적인 매스마케팅은 단순히 직관과 창의력만으로 계획된 매스마케팅에 비해 비용과 효과면에서 더 뛰어나다.

잠재고객 획득

고객과의 관계는 실질적으로 거래가 발생해야 일어난다고 생각할 수 있지만, 관계(relationship)라는 본질적인 개념을 살펴본다면 아직

거래가 발생하지 않았어도 기업과 고객과의 관계는 시작될 수 있다. 실제로 어떤 형태이든 비구매고객이 기업과 관계를 맺고 있다면 이들로부터 신규거래가 발생할 확률이 전혀 관계가 없던 고객으로부터 신규거래가 발생할 확률보다는 높다. 오히려 과거에 아무리 구매를 많이 했어도 그 고객이 누구인지 알지 못하는 이른바 비(非)식별고객들은 그 회사와 아직 관계가 형성되었다고 볼 수 없다. 그렇다면, 거래가 발생하지 않았는데도 불구하고 관계가 형성된다는 것은 무엇을 의미할까? 실무적인 관점에서 잠재고객 획득은 무료회원 가입 등의 방식으로 식별 가능한 고객정보를 획득하는 것을 의미한다. 따라서, 잠재고객 획득전략의 목표는 자사의 상품과 서비스에 관심을 가질 만한 가망고객들의 데이터를 확보하는 것이라고 할 수 있다.

이와 같이 관계획득전략은 사람 간의 관계에서 명함을 주고받는 것처럼, 고객의 정보를 획득하는 잠재고객 획득활동으로부터 고려하는 것이 타당하다. 잠재고객 획득전략은 엄밀히 말해 구매여부를 떠나 아직 식별되지 않은 고객들의 정보를 확보하기 위한 일련의 고객기반(pool) 확대전략이다. 하지만 일반적으로 향후 구매 가능성이 높은 비구매고객(potential customer 또는 prospective)들만을 대상으로 하는 일종의 가망고객 확보 영역으로 제한하고, 기존 거래고객들의 식별화 활동은 별개의 활동으로 진행하는 경우가 더 많다.

가망고객들의 데이터를 확보하기 위해 다양한 전략을 고려해

볼 수 있다. 홈페이지의 무료회원제도를 운영해 관심 있는 잠재고객들의 정보를 확보할 수 있고, 신규회원 영입을 촉진하는 특별한 마케팅 캠페인을 전개할 수도 있다. 동호회와 같은 어피니티 그룹에 연계하여 멤버들에게 자사의 상품과 서비스에 대한 결속력을 느끼도록 하는 것도 일종의 잠재고객 획득전략이다. 또한, 잠재고객으로 하여금 기업에 직접 접촉할 수 있도록 메시지(전화번호, e-mail, HP주소 등)를 전달하는 다이렉트 리스펀스 마케팅(direct response marketing) 역시 주요한 잠재고객 확보방안이다. 특히, 최근 다이렉트 리스펀스 마케팅은 QR 코드나 RFID 혹은 NFC와 같은 고객접촉 정보기술을 활용하여 다양한 채널(오프라인매장, 스마트폰, 인터넷, SNS 등)을 유기적으로 연계 활용하는 이른바 옴니채널(omni-channel) 형태로 변모해 가고 있다.

한편, 기존고객을 통해 새로운 고객(잠재고객)을 유치하는 MGM(Members Get Members) 마케팅 혹은 고객추천전략(customer referral strategy) 역시 유효한 잠재고객 획득방안이 될 수 있다.

물론 이러한 잠재고객 획득전략이 효과적으로 전개되기 위해서는 잠재고객을 위한 고객 프로파일링 작업이 선행되어야 한다. 우리 기업에 유의미한 잠재고객은 현재 유효고객의 특성과 유사한 특성을 가질 것이라는 전제 아래, 접촉할 잠재고객의 특성을 파악하기 위한 기존고객의 프로파일 분석이 필요하다는 것이다. 유의미한 잠재고객 집단의 프로파일이 형성되었다면 그러한 고객들에게 적절한 지역, 채널, 시간, 마케팅 메시지를 고려하여 위에서 열거한 다양한 방식으로 잠재고객들에게 접촉을 시도할 수 있다. 물론 어떠한 방식의 잠재고객 획득방법을 취하였더라도 단순히 인지적인 홍보 효과만을 노리는 것이 아니라, 반드시 잠재고객들의 개인별 접촉정보를 확보해야 한다. 그리고, 확보한 잠재고객 데이터는 반드시 별도의 데이터베이스에서 통합 관리하는 것이 필요하며, 추후 이들 잠재고객 중에서 실질적인 거래가 발생하면 해당 고객의 정보는 일반고객 DB로 이관되는 동시에 잠재고객 DB에서는 삭제되어야 한다. 또한, 몇 년 동안이나 거래가 발생하지 않는 잠재고객들에 대해서는 주기적으로 삭제나 비활성화와 같은 별도의 데이터 처리를 하는 것이 바람직하다. 잠재고객 DB는 다음에 논의할 1차 구매유도활동의 표적고객 리스트 역할로 활용되기 때문이다.

기업에게 잠재고객 획득이라는 전략 테마가 유의미하기 위해서는 무엇보다 잠재고객을 획득하는 활동 역시 CRM 프로세스 전략의 일환이라고 인식하는 것이 필요하다. 물론 이러한 과정에서 기존의 매스마케팅 기능과의 적절한 공조가 이루어지는 것이 바람직할 것이다. 새로운 고객(불특정 다수)에게 접근하는 기능은 오랫동안 전통적인 매스마케팅의 영역이었기 때문이다.

ESSENTIAL

잠재고객의 적정 규모는?

안정적인 비즈니스 기반이 되기 위해서는 어느 정도 규모의 잠재고객을 확보하는 것이 필요할까? 잠재고객 수를 포함한 자사 전체 고객 수의 적정 규모는 전체 시장규모(고객 수)를 주요 시장참여자(경쟁자) 수로 나눈 값의 150% 내외다. 이보다 확연히 낮은 값을 가지고 있다면 광고이든 CRM이든 주요 목표는 고객 풀(pool)을 늘리는 데 집중해야 한다.

1차 구매유도

잠재고객 획득전략을 통해 고객의 정보를 확보하였다면 적절한 시점에 실질적인 거래관계가 이루어지도록 노력해야 한다. 기업과 고객 간의 본격적인 관계는 구매행위를 통해 이루어지기 때문이다. 더욱이 이동통신, 보험, 장기교육서비스, 정기구독매체와 같이 첫 거래 후 이탈장벽이 존재하는 계약업종(contractual business)의 경우에는 신규거래 자체가 어느 정도 지속적인 매출을 보장해주기 때문에 신규거래를 창출하는 활동이 매우 중요하다.

넓은 의미에서 1차 구매유도전략은 CRM 프로세스 전략의 본격적인 출발점이 되는 활동으로서 기업 내부 DB에 존재하는 잠재고객집단에게, 혹은 식별이 불가능한 외부 잠재고객집단을 대상으로 첫 번째 구매를 유도하는 일련의 활동을 모두 포함한다. 물론 식별이 불가능한 외부 잠재고객집단을 대상으로 전개하는 1차 구매유도활동은 일반적인 영업활동 또는 매스마케팅과 구분하기 어렵기 때문에 여기에서는 기존의 잠재고객 DB를 활용한 신규거래 창출 활동에만 포커스를 두고자 한다.

1차 구매유도전략에서 기억해야 할 점은 신규거래가 완성되었다고 하더라도 이 역시 고객과의 관계가 완전히 형성되었다고 볼 수는 없다는 것이다. 안정된 고객관계가 형성되기 위해서는 최소한 2차 구매가 완료된 이후부터라고 보아야 하기 때문이다(2차 구매유도전략은 관계유지전략 부문에서 논의한다). 따라서, 1차 구매유도전략은 고객이 그들의 기대 수준에 확신을 갖고 2차 구매를 위한 제품이나 서비스에 대한 평가가 긍정적으로 이루어질 수 있도록 최초의 고객경험 기회를 제공해준다는 점에서 의미를 찾아야 한다. 이 때문에 1차 구매유도전략은 잠재고객 획득전략과 2차 구매유도전략의 매개 역할을 하는 영역이라고 볼 수 있다.

잠재고객 획득과 마찬가지로 1차 구매유도전략 역시 고객 프로파일링 업무가 중요하다. 잠재고객 획득전략에서 이미 유의미한 잠재고객들을 얻었다고 하더라도, 실제로는 매우 다양한 유형의 잠재고객들이 포함되어 있기 때문이다. 이 중에는 실제로 구매할 여지가 있는 고객도 있지만, 현실적으로 구매 가능성이 전혀 없는 고객들도 존재한다. 따라서, 적중률 높은 신규거래 창출 활동을 위해서는 기존의 거래고객들을 중심으로 고객 프로파일링 작업을 다시 하는 것이 필요하다. 물론 이 과정에서 거래 이력이 있더라도 일회성 구매에 그친 고객들은 제외해야 한다.

또한, 1차 구매유도에서는 직접적으로 고객이 반응할 만한 상품이나 서비스를 추천해야 하므로 실질적인 고객관계를 출발시킬 상품과 서비스를 고려하는 것이 필요하다. 반복거래가 이루어졌던 고객들의 거래이력을 바탕으로 그 출발점이 되었던 상품·서비스는 무엇이었는지 분석함으로써 1차 구매유도의 추천상품 후보로 고려할 수 있다. 명품 브랜드나 고가의 서비스 업종이라면 잠재고객들로 하여금 인지적인 브랜드 장벽을 쉽게 넘을 수 있는 특별한 기획상품을 개발하는 것도 고려할 만하다. 그러나, 어떤 방식이든 1차 구매유도를 위한 제안 상품이나 서비스를 결정할 때에는 고객 세그먼트별로 고려할 것을 권장한다. 즉, 20대 여성 잠재고객과 40대 남성 잠재고객에게는 신규거래를 위해 제안하는 상품이 다를 수도 있다는 것이다.

이 밖에 방법론적인 관점에서 1차 구매유도전략을 실행할 때 고려해야 할 사항은 다음과 같다.

제휴마케팅(co-marketing)을 적극적으로 활용하라

타 기업과의 전략적 제휴는 목적에 따라 자사 고객의 만족도 증대를 위한 제휴전략과 신규고객의 확보를 위한 제휴전략으로 크게 구분할 수 있다. 자사 멤버십 프로그램의 포인트나 마일리지를 타사에서 사용할 수 있도록 타 기업과 제휴관계를 맺는 것은 현재 고객의 만족도를 높이기 위한 활동이라고 볼 수 있으며, 타사 고객 정보를 활용하여 자사의 상품홍보나 할인혜택을 제공하는 제휴는 신규고객 기반을 늘리기 위한 전략이라고 볼 수 있다. 전자는 주로 멤버십 연합(membership alliance)의 형태로, 후자는 공동마케팅 혹은 협력마케팅(co-marketing)의 형태로 진행된다. 브랜드 인지도가 높지 않은 기업에게 공동마케팅 방식의 제휴는 자사의 고객 풀(pool)을 확대하기 위해 필수적인 전략이다.

1차 구매는 사후관리가 중요하다

상품유형에 따라 정도가 달라지겠지만 기본적으로 1차 구매 후에는 사후관리, 즉 구매상품을 잘 사용하고 있는지, 제품에 이상은 없는지, 구매상품의 만족도는 어떤지 등을 파악하는 것이 중요하다. 첫 번째 구매 경험으로부터 얻어지는 고객의 가치요소는 전적으로 구매가치에 의해 결정되고, 이것은 다시 추후 2차 구매의 동기로 작용하는 동시에 그 회사의 브랜드 가치에 영향을 주기 때문이다.

섣부른 교차판매활동을 지양한다

잘못된 CRM 활동의 대표적인 형태는 첫 거래가 형성되었다고 해서 고객의 상황을 고려하지 않은 채 무차별적으로 전개되는 교차판매활동이다. 교차판매는 기업과 고객 간의 상호관계를 강화시켜 나가기 위한 전략이다. 관계를 강화시켜 나간다는 것은 강화시킬 만한 관계가 존재한다는 것이고, 이는 곧 어느 정도 안정화된 상호관계를 전제로 한다는 것이다. 따라서, 일부 기업들의 해피콜을 빙자한 추가 판매노력은 어렵게 확보한 고객과의 관계를 오히려 끊어버릴 수 있다는 점을 기억해야 한다. 사람과 사람의 관계이든, 기업과 고객과의 관계이든 처음 형성된 관계는 미약하기 마련이다.

2차 구매유도 전략을 염두에 둔다

시점을 고려하지 않은 '더 팔기'식의 무차별적 교차판매가 아닌, 적절한 시점에 고객의 두 번째 거래를 유도하기 위한 활동은 중요하다. 따라서, 1차 구매유도는 가급적 2차 구매유도전략을 염두에 두고 계획되어야 한다. 가령, 구매단계에 따라 차등적으로 적용되는 쿠폰을 기획하여 신규거래 시 제공해주는 것은 기업이 원하는 시점에 고객들의 2차 구매를 유도할 수 있는 좋은 방법 중의 하나다. 즉, 2차 구매유도는 단순 매출을 증대시키기 위한 '정해진' 상품의 무조건적 추천보다는 고객의 자발성을 통해 스스로 찾아오도록 좋은 조건을 제시해주는 것이 더 효과적이다.

ESSENTIAL

신규고객 확보를 위한 제휴마케팅 시에도 고객분석은 필수!
1천만 명의 고객 DB를 보유한 기업과의 제휴는 달콤하다. 그러나, 무작위 홍보요청은 기대한 것만큼의 효과를 가져다주지 못한다. 먼저 자사의 유효고객집단의 프로파일링(특성분석)을 수행한 뒤에 그 프로파일(특성)에 해당하는 제휴기업의 고객집단에게만 공동마케팅을 요청하는 것이 바람직하다. 최근 부각되고 있는 제휴마케팅 플랫폼은 이러한 기업 간의 효과적인 제휴전략을 지원하기 위해 개발되고 있는데, 다양한 브랜드와 연계될 수 있는 이동통신사 또는 신용카드사 등에서 이러한 제휴마케팅 플랫폼을 제공하고 있다.

이탈고객 재획득

잠재고객을 획득하거나, 이들로부터 신규거래를 이끌어내는 1차 구매유도활동뿐 아니라, 관계가 종료된 혹은 안정된 관계를 유지하다가 완전히 이탈해버린 고객들을 재획득하려는 노력 역시 관계획득전략이라고 보는 것이 타당하다. CRM은 '관계(relationship)'를 매개체로 전개되는 전략인 만큼 아무리 과거에 활발한 거래관계가 있었던 고객이라 할지라도 상호관계가 끊어진 이상 이탈한 고객과의 관계 재획득은 완전히 새로운 관계를 획득하는 것이나 다름없기 때문이다. 오히려 이미 이탈한 고객과의 관계를 재형성하는 것은 상호 간의 관계가 전혀 없었던 신규고객과의 관계를 형성하는 것보다 더 어려운 일이기도 하다.

그럼에도 불구하고 이탈고객 재획득전략을 CRM에서 중요한 전략으로 간주하는 이유는, 이탈고객의 이탈원인이 해결되어 다시 자사의 고객으로 전환될 경우에 일반적인 신규고객보다 훨씬 안정적인 관계 형성이 가능하고, 그러한 과정에서 이탈원인을 주도적으로 파악하고 개선하려는 노력들이 전반적인 고객관련 업무의 개선으로 이어질 수 있기 때문이다. 따라서, CRM 관점에서 이탈고객 재획득전략이란 이탈고객 중 자사에 대한 공헌가치가 높았던 고객들을 대상으로 이탈 여부 및 원인을 파악하고, 이탈원인에 따라 적절한 관계 재형성 활동을 전개하는 일련의 활동으로 정의할 수 있다.

이탈고객 재획득전략의 핵심은 이탈원인의 규명에 있다고 해도 과언이 아니다. 제품이나 서비스 자체에 대한 불만, 직원에 대한 불만, 가격에 대한 불만, 경쟁사의 유혹과 같은 능동적 이탈을 야기하는 원인 외에도 이사, 유학, 건강상의 이유 등과 같이 수동적인 이탈을 야기하는 원인도 존재한다. 능동적 이탈은 기업의 노력 여하에 따라 이탈고객의 재획득 가능성이 높아질 수 있지만, 개인적인 사유와 같은 수동적인 이탈의 경우에는 기업의 노력과 관계없이 단기적으로 이탈고객을 재획득할 수 있는 방법이 없다. 따라서, 이탈고객에게 재획득 활동을 전개하기 전에 이탈원인에 따라 혜택으로 되돌아올 수 있는 고객, 제도적 개선 여부로 되돌아올 수 있는 고객, 재획득 자체가 불가능한 고객을 미리 구분할 수 있어야 한다.

[고객의 이탈원인 유형과 대처방안]

재획득 가능성	이탈원인 유형		대처방안
높음	가격불만	제품·서비스에 대한 가격 혹은 비용적인 차원의 불만요소에 의한 이탈	* dynamic pricing 제도 도입 * 가격할인, 쿠폰 등 제시 * 가격 외의 고객가치요소 부각
	경쟁사의 유혹	경쟁사의 이벤트나 단기적인 혜택제공 등에 의한 이탈	* 경쟁사보다 더 나은 혜택 제공 * 기존 보유 포인트/마일리지의 레버리지 활용기회 부여
보통	직원 서비스 불만	고객접점 채널 직원에 대한 불만요소(불친절, 다툼, 약속 불이행 등)에 의한 이탈	* 해당 직원에 대한 적절한 조치 후 관련 고객에게 통보 * 직원교육에 대한 전면적 개선
	제품/서비스 불만	제품이나 서비스의 품질 및 편의성 불만에 의한 이탈	* 제품·서비스 품질력 개선 * 고객기반 상품개발 프로세스의 활용
낮음	개인사유	유학, 군입대, 장기출장, 이사, 건강문제 등 개인적인 사유에 의한 불가피한 이탈	* 감사 메시지를 겸한 복귀 예정 일정 확인(추후 접촉 허락 요청)

그러나, 앞서 거론한 바와 같이 이탈고객 재획득은 다른 CRM 전략 테마들에 비해, 그리고 해외 기업들에 비해 상대적으로 국내 시장 상황에서 그 효용성을 발휘하기가 쉽지 않다. 대표적인 이유는 다음과 같다.

이탈 여부를 확인하기 어려운 산업이 많다

보험이나 통신업종과 같은 계약업종과 달리, 유통업과 같이 자율거래가 가능한 비계약업종에서는 완전한 이탈 여부를 판단하는 것 자체가 쉽지 않다. 이런 산업의 경우 이탈고객 재획득보다는 관계유지전략의 선도적인 이탈예측과 방지전략이 더욱 중요하다.

이탈원인이 불분명한 경우가 많다

완전 이탈한 고객이라 하더라도 이탈원인이 여러 원인에 근거하는 경우가 많다. 전통적인 소비자심리학이나 소비자행동론 이론으로는 복잡하고, 급변하는 한국 소비자들의 행동을 예측하기 어렵다는 일부의 주장도 이와 같은 맥락으로 이해할 수 있다.

이탈원인을 제대로 이야기해주지 않는다

한국 소비자들은 상대적으로 본인의 속 깊은 이야기를 기업에 전달하지 않는다. 불만족한 고객 중 10% 이내만 기업에 직접 클레임하고, 이탈한 고객들은 자신의 이탈 이유를 솔직하게 이야기해주지 않는 경우가 더 많다.

이탈고객과의 재접촉이 용이하지 않다

기업이 진정성을 갖고 이탈고객과 만나려고 해도 만남이 쉽게 이루어지지 않는다. 고부가가치 산업이나 B2B 업종의 경우 이탈고객과의 재회를 위해 많은 노력을 기울이지만 실제 연락이 되었다 하더라도 미팅약속을 지키지 않는 이탈고객의 비율이 훨씬 높다.

이탈고객 재획득을 위한 시간과 비용 정도가 상대적으로 크다

중요 고객에 대한 재획득전략은 개별적인 대면접촉이 필요하기 때문에 다른 캠페인 활동에 비해 투입해야 하는 시간과 금전적인 비용이 상대적으로 크다. 이때 이탈고객 재획득전략의 긍정적인 ROI를 경험해보지 못한 기업이라면 중도에 포기하는 경우가 많다.

재획득 활동을 하지 않아도 자연 복귀하는 경우가 많다

기업이 노력하지 않아도 일정한 시간이 흐른 뒤 이탈고객이 스스로 재구매를 시작하는 경우가 많다. 이는 곧 국내 소비자들의 주요 이탈원인이 해당 기업에 대한 특별한 불만에 기인하기보다는 단순한 변심이나 경쟁사의 단기적인 혜택 부여로 이탈하는 경우가 상대적으로 더 많다는 것을 의미한다.

따라서, 이탈고객 재획득전략은 자사의 현황과 업종의 특성에 따라 매우 신중하게 추진해야 할 이슈이다.

ESSENTIAL

샴페인을 너무 일찍 터뜨리지 말 것!

이탈고객 재획득 활동을 통해 재구매가 성사되었다고 해서 성공적인 전략이라고 말하기는 어렵다. 재획득한 이탈고객과의 관계는 1차 구매유도전략과 마찬가지로 완전히 새로운 관계로 인식해야 하기 때문이다. 따라서, 이탈고객 재획득 활동을 통해 발생한 새로운 구매관계는 신규고객 확보 이후의 2차 구매유도처럼 거래 안정화 단계가 반드시 연계되어야 한다. 즉, 재획득 활동을 통해 재구매가 성사된 고객들 중 실제로 그 이후에 자사의 유지고객 기준(가령, 최근 6개월 내 2회 이상 구매)을 충족하는 고객비율이 높을 경우에만 이탈고객 재획득전략의 의미가 있다고 볼 수 있다.

13

관계유지전략

고객관계유지 활동은 한때 그 의미 자체가 CRM의 주요 목적이었던 만큼 CRM의 가장 중추적인 프로세스 전략이다. 관계유지전략은 처음으로 거래관계가 형성된 신규고객들을 안정된 관계로 유도하여 지속적인 거래를 창출하기 위한 일련의 활동을 의미한다. 고객과의 관계를 잘 유지하면 새로운 고객을 창출하기 위해 쏟아붓는 막대한 비용을 절감할 수 있고, 좋은 유대관계를 통해 반복적인 매출이 발생함으로써 일차적으로 영업이익률의 증대, 궁극적으로는 고객자산가치 증대를 도모할 수 있다.

실제로 신규고객 한 명을 새롭게 유치하는 것이 기존고객을 관리하여 재구매하도록 유인하는 것보다 10배 이상의 많은 비용이 들고, 기업이 고객이탈률을 현재의 5%만 개선시켜도 기업의 수익률은 거의 100% 가깝게 증가한다는 것이 많은 연구와 사례를 통해 밝혀졌다. 이 때문에 현재까지 학술적으로나 실무적으로 가장 널리 알려진 CRM 전략들의 대부분은 관계유지를 목적으로 하는 활동들이었다. 그러나, 기업의 관계유지활동들을 단순히 단기적인 매출증대만을 목적으로 전개하는 DB 마케팅으로 혼동하는 경우도 많다. 관계라는 상호 메커니즘을 이해하지 않고 무작위적으로 전개하는 기업의 마케팅 활동은 자칫 관계유지는커녕 점차 아웃바운드 고객접점 채널을 무력화시키는 채널 황폐화(channel desolation)를 경험하게 한다. 따라서, 기업은 어떠한 관계유지전략을 수행하더라도 이론적으로 널리 알려진 다음과 같은 관계유지전략의 조건을 고려해야 한다.

첫째, 두 번째 거래관계를 형성하라

일회성 고객과 유지고객을 가르는 첫 신호가 2차 구매다. 따라서, 관계유지전략의 첫 번째 관문은 2차 구매유도가 되어야 한다.

둘째, 고객의 기대수준을 맞춘다

고객의 기대수준이 높다면 그것은 기업이 만들어낸 것이므로 고객의 기대수준을 낮추든지 기대수준에 부응하는 상품과 서비스를 공급하든지 결정해야 한다. 그리고, 고객의 기대수준과 니즈를 파악하기 위해 지속적인 커뮤니케이션 방안을 모색하는 것이 필요하다.

셋째, 고객의 선택이 옳았음을 어떤 식으로든 전달한다

3장의 고객가치요소에서 논의한 바와 같이, 모든 관계진화과정에서 지속적으로 중요한 요인은 고객들의 실질적인 구매가치다.

따라서, 자사 상품의 우수한 품질, 가격, 편의성 등의 구매가치요인은 아무리 오래된 고정고객이라 하더라도 지속적으로 표현해주어야 한다. 자사 상품의 구매가치가 경쟁사에 비해 더 좋다는 것을 객관적인 비교수치로 보여줄 수 있다면 더욱 좋다.

넷째, 급격한 관계의 발전을 욕심내지 않는다

교차판매나 상승판매를 섣불리 실행하지 않아야 하고, 고객과의 접촉기회를 무조건 상품판매 목적의 메시지로만 사용해서도 안 된다. 관계진화과정의 신호(signal)를 정확히 정의하여 초기에는 관계지향적 커뮤니케이션을 시작하고, 단계적으로 관계의 발전을 모색해야 한다.

관계유지전략에는 신규 거래가 이루어진 고객들을 대상으로 안정적인 고객으로 유도하기 위한 2차 구매유도전략, 현재 대부분의 소비자가 최소한 한 개 이상씩은 보유하고 있을 로열티 프로그램 전략, 고객들에게 개인화된 메시지나 개별 니즈에 부합하는 오퍼를 제공하는 커뮤니케이션 개인화 전략, 그리고 고객들의 이탈을 다양한 분석기법으로 예측하고, 이탈 가능성이 높은 고객들에게 특별히 기획된 오퍼를 제공하는 이탈예측 및 방지전략이 있다.

■■ 2차 구매유도

CRM의 관계유지기능이 제대로 작동하기 위해서는 우선 '누구'를 유지고객 대상으로 볼 것이냐를 잘 선택해야 한다. 다양한 고객유형 중 어떤 고객을 유지고객 대상으로 선택할 것인지, 고객의 관계진화과정 중 어느 순간부터 관리대상으로 설정해야 할 것인지를 고민하는 것이다. 이는 물론 기업의 상황, 상품이나 서비스의 특징, 그리고 고객들의 특성에 따라 달라지겠지만, 일반적으로 두 번째 구매가 이루어진 고객들부터 관계유지전략을 적용하는 것이 적합하다. 두 번째 구매는 단지 구매를 두 번 했다는 의미 외에도 고객이라는 본질적인 의미를 적용할 수 있는 시점이기 때문이다. 또한, 두 번 구매한 고객은 한 번 구매한 고객들에 비해 산업에 따라 많게는 7배 정도까지 고객유지율이 높게 나타난다. 이 때문에 관계유지전략 중에서도 2차 구매유도전략은 본격적인 관계유지전략으로 들어가기 위한 관문(關門) 전략이라고 할 수 있다.

CRM 관점에서 2차 구매유도전략이란 1차 구매로 획득된 신규고객들을 대상으로 적절한 시기 이내에 두 번째 구매를 유도하여 본질적인 의미의 '고객(customer)' 집단으로 전환시키고자 하는 일련의 활동들을 의미한다. 관계유지전략에서 일반적인 반복구매 유도가 아닌 두 번째 구매를 유독 강조하는 이유는 2차 구매가 성립된 고객의 경우 1차 구매만 성립된 고객에 비해 관계유지 확률이 확연하게 증가하기 때문이다. 업종에 따라 다르지만 인터넷 쇼핑몰의 경우, 신규 구매고객들의 추후 1년 거래지속률은 15%를 밑도는 반면, 신규거래 이후 3개월 이내에 2차 구매가 이루어진 고객의 경우 추후 1년 거래지속률이 60%를 초과하는 것으로 밝혀졌다.

모든 CRM 전략에서 4R(Right customer, Right product, Right time,

Right channel)을 고려해야 하지만, 2차 구매유도전략에서는 무엇보다 right time, 즉 적절한 2차 구매유도 시점을 포착하는 것이 중요하다. 이를 위해 기업이 쉽게 해볼 수 있는 분석은 기존고객들의 구매이력을 바탕으로 고객들의 평균적인 2차 구매 시점을 유추하는 일이다. 아래 그림에서 보는 바와 같이, 기존고객들의 과거 구매이력에서 1차 구매가 일어난 시점과 2차 구매가 일어난 시점을 비교하면 구매 간격, 즉 2차 구매 시까지 소요된 시간을 파악할 수 있으며, 이에 대한 전체 고객평균을 구하면 해당 기업이 신규고객들에게 2차 구매를 유도하기 위한 적정 마케팅 시점을 가늠할 수 있다.

기존고객들의 1차 및 2차 구매 시점 데이터

고객명	1차 구매	2차 구매	구매 간격(일)
김××	2009. 02. 05	2009. 03. 11	35
박××	2008. 03. 27	2008. 05. 10	45
서××	2007. 08. 09	2007. 08. 28	20
김××	2009. 08. 12	2009. 09. 13	33
신××	2010. 10. 06	2010. 11. 28	54
정××	2011. 02. 28	2011. 03. 14	15
한××	2008. 09. 26	2008. 10. 19	24
정××	2007. 07. 07	2007. 07. 23	17
홍××	2006. 04. 29	2006. 05. 25	27
박××	2001. 03. 24	2001. 05. 22	60
김××	2002. 02. 28	2002. 03. 20	21
신××	2010. 03. 26	2010. 05. 19	55
…	…	…	…

평균 2차 구매
소요기간: 약 34일

▶ 결론: 신규 거래 후 약 34일 후에 2차 구매가 이루어짐.

[2차 구매유도 시점 포착을 위한 분석 예시]

물론 이렇게 2차 구매 소요기간의 평균값을 활용한 방식은 고객들의 2차 구매 소요기간에 대한 확률분포가 정규분포에 가깝고, 해당 분포의 첨도(kurtosis)*가 비교적 높게 나타나야 활용가치가 크다. 자동차와 같은 내구성 소비재나 개인의 특성에 따라 구매패턴이 크게 달라지는 도서상품과 같이 고객들의 2차 구매 소요시기에 대한 편차가 커서 평균적인 2차 구매 소요시점을 유추하는 것이 의미가 없다면 고객별로 2차 구매 예상시점을 예측해야 한다. 이를 위해서는 상기 예시한 고객별 2차 구매 소요기간을 구간화하여 그룹화하고, 그룹별 프로파일링(profiling) 분석을 통해 신규고객을 각 그룹으로 예측할 수 있는 분류모형을 개발해야 한다. 구체적인 모델링 방법은 이 책의 범위를 벗어나므로 생략한다.

한편, 성공적인 2차 구매유도전략을 수립하기 위해 추가적으로 고려해야 할 사항은 다음과 같다.

■ **1차 구매유도와의 유기적인 관계** 2차 구매유도는 1차 구매유도(신규고객 획득)와 전략적으로 매우 밀접한 연관성을 가져야 한다. 1차 구매에 성공한 고객 리스트는 곧바로 2차 구매유도전략의 후보 표적고객으로 활용되고, 경우에 따라서는 2차 구매 시 적용되는 할인 쿠폰을 1차 구매완료 시에 전달할 수 있다.

■ **평균 구매주기가 2차 구매 예상시점?** 2차 구매유도 시점을 결정하는 데 발생할 수 있는 실수 중 하나는 자사의 전체 고객 평균 구매주기를 2차 구매 예상 시점으로 판단하는 것이다. 일반적

* 첨도(kurtosis)란 분포의 중앙부분이 뾰족한 정도를 나타내는 척도로, 관측값이 평균에 많이 몰려 있을수록 첨도가 높게 나타난다.

으로 신규거래부터 2차 구매까지 소요되는 시간은 전체 고객들의 평균 구매주기보다 길게 나타난다.

2차 구매유도의 보상 수준 2차 구매를 유도하기 위한 쿠폰 할인율이나 포인트 적립과 같은 보상 수준은 신규 거래를 유도하기 위한 1차 구매유도 목적의 보상 수준보다 높게 책정하는 것이 바람직하다.

2차 구매유도 보상의 유효기간 2차 구매유도를 위한 보상이나 혜택에는 유효기간을 설정하여 목표로 하는 기간 내에 2차 구매가 완료될 수 있도록 촉진시키는 것이 필요하다. 보상의 유효기간은 업종에 따라 다르지만, 일반적으로 고객들의 평균 구매주기보다 다소 짧은 기간을 설정한다.

ESSENTIAL

2차 구매가 이루어지지 않는다면?

2차 구매유도 노력에도 불구하고 상당 기간 동안 구매가 이루어지지 않는다면 해당 고객과의 관계는 다시 단절된 것으로 보는 것이 타당하다. 즉, 이러한 고객에게는 반복적인 2차 구매유도활동보다는 다시 1차 구매유도전략의 대상으로 보는 것이 타당하다.

로열티 프로그램

로열티 프로그램은 반복구매를 하는 고객들의 로열티를 증진시키기 위해서 여러 가지 유·무형의 인센티브를 제공하는 제도나 마케팅 프로그램을 의미한다. 소비자를 대상으로 사업을 전개하는 대부분의 기업의 경우 나름대로의 로열티 프로그램을 운영하고 있다. 현재 국내에서 운영되고 있는 로열티 프로그램의 유형은 크게 단골고객 프로그램, 제조업체의 멤버십 클럽, 항공사의 마일리지 프로그램, 연합 포인트 제도, 유통업체 멤버십, 통신사 회원 프로그램 등이 있다.

로열티 프로그램 자체가 기업에 대해 고객의 진실한 충성도를 형성해줄 수는 없지만, 고객이 지속적으로 기업과의 관계를 유지할 수 있는 제도적인 이탈장벽을 형성해줄 수는 있다. 고객은 로열티 프로그램이 제공하는 구매에 따른 누적 포인트나 각종 인센티브로 인하여 심리적으로 이탈장벽을 느끼게 되며, 효과적으로 설계된 로열티 프로그램은 고객의 구매 패턴을 더욱 강화시키기도 한다. 현재 기업이 CRM에 투자하는 예산 비중이 가장 높은 주제가 로열티 프로그램이다.

이미 대부분의 기업에서 로열티 프로그램을 운영하고 있지만, 로열티 프로그램이 효과적인 CRM 전략도구로 활용되는 경우는 흔치 않다. 많은 경우 기업의 특성과 전략적 목적을 충분히 검토하지 않은 채 단지 유행이나 경쟁사가 도입했다는 이유 등으로 어쩔 수 없이 멤버십 프로그램을 도입하는 경우도 많기 때문이다.

충분한 전략적 논의가 이루어지지 않은 채 도입된 로열티 프로그램들은 단지 부수적인 고객서비스 차원으로만 운영하고 있거나, 아무도 거들떠보지도 않으면서 운영비용만 소모시키고 있는 애물단지로 전락하는 경우가 많다.

따라서, 기업은 과연 우리 기업에 로열티 프로그램이 필요한지부터 신중하게 결정해야 한다. 로열티 프로그램의 도입이 결정되었다 하더라도 자사만의 독립적인 멤버십이 적절할지, 혹은 타 기업과의 적절한 연합 멤버십으로 운영하는 것이 좋을지를 결정해야 한다. 그리고, 자체적인 독립 멤버십으로 운영할 경우에도 타사가 운영하는 로열티 프로그램을 그대로 모방하여 사용하기보다 자사의 비즈니스적 특성을 고려하여 적립방식 · 적립률 · 보상물 · 상환체계 등 로열티 프로그램의 설계요소를 고려해야 한다.

단순히 구매금액에 따른 포인트나 마일리지 적립을 제공하기 위한 목적의 로열티 프로그램이라면 이러한 전략적 이슈는 그다지 중요하지 않을 것이다. 그러나, 최근 기업 간의 경쟁이 로열티 프로그램 간의 전쟁이라고 불릴 만큼 매우 다양한 로열티 프로그램이 범람하고 있기 때문에 특별히 차별성이 보이지 않으면 더 이상 고객의 참여를 기대하기 어려운 상황이 되었다. 또한, 로열티 프로그램이 고객과 기업 간에 발생하는 주요 행태 정보를 수집할 수 있는 주요 채널로 인식해야 한다는 필요성이 제기되면서 기업의 로열티 프로그램은 위에서 기술한 전략적 이슈를 반드시 해결할 수 있도록 공학적인 설계가 요구되는 마케팅 과학 프로그램으로 거듭나야 한다.

한편, 효과적으로 운영되는 로열티 프로그램들의 주요 특징을 요약하면 다음과 같다.

■ **사용의 편의성을 높인다** 포인트 적립과 차감 시 편의성을 극대화하는 데 주력해야 한다. 아무리 적립률이 좋고 보상제도를 갖추고 있어도 고객이 이해하기 복잡하거나, 적립 및 활용 절차가 번거롭다면 로열티 프로그램의 참여율과 몰입률이 떨어진다.

■ **결제 활용의 유연성을 높인다** 고객들이 결제할 때 누적된 포인트를 함께 사용할 수 있는 로열티 프로그램들이 활성화된다.

■ **다양한 스폰서십 구조를 고려한다** 비교적 단순한 상품과 서비스를 제공하는 업종의 경우, 로열티 프로그램을 통해 다양한 제휴서비스를 이용할 수 있는 기회를 제공하는 것을 고려한다.

■ **고객비율에 의거한 고객등급 기준을 적용한다** 고객등급을 구분하여 운영하는 로열티 프로그램의 경우, 각 등급을 구분하는 기준점을 각 그룹의 고객비율에 의거하여 설정해야 한다. 단순한 직관이나 경험에 의존한 등급기준은 부적절한 그룹 간 고객비율을 야기하여 특정 그룹의 고객불만을 야기하는 원인이 되기도 한다.

■ **보상의 지연성을 둔다** 보상의 지연성이란 소비 시점과 보상물 수령 시점 간의 시간적 간격을 의미한다. 즉각적인 보상보다는

업종에 따라 적절한 지연성을 두는 프로그램들이 효과적인 것으로 나타났다.

▪ **보상의 가분성을 고려한다** 보상의 가분성이란 로열티 프로그램의 혜택을 나누어 사용할 수 있는 정도를 의미한다. 적립 포인트를 1,000점부터 사용할 수 있는 프로그램과 10,000점부터 사용할 수 있는 프로그램의 경우 보상의 가분성 차원에서 전자가 더 우수하다. 그러나, 업종에 따라 적절한 가분성이 존재하므로 무조건 가분성이 높다고 하여 좋은 로열티 프로그램이라고 할 수는 없다.

▪ **볼록함수 형태의 리워드 구조를 제시한다** 볼록함수(convex function) 형태의 리워드 구조란 구매 규모가 커질수록 고객이 받는 리워드의 한계 증가분이 더욱 커지는 형태의 로열티 프로그램을 의미한다. 우수 고객의 의미가 큰 사업일수록 볼록함수 형태의 리워드 구조가 중요하다.

▪ **포인트 적립방식에 탄성을 부가한다** 제로(0)부터 시작하는 로열티 프로그램보다는 로열티 프로그램에 처음 가입하는 시점부터 어느 정도의 리워드 포인트를 부여함으로써 자연스럽게 로열티 프로그램에 몰입할 수 있는 환경을 만들어주는 것이 유리하다. 이 경우 로열티 프로그램을 이용한 2차 구매확률이 더욱 증가한다.

보상의 형태를 다양화한다 천편일률적인 보상물보다는 재무적/비재무적, 직접적/간접적, 실용적/쾌락적 보상형태를 고려하여 다양한 고객 취향에 부합하는 로열티 프로그램이 성공할 확률이 높다.

관계의 확장을 도모한다 로열티 프로그램은 고객이 자주 이용하는 상품으로 보상물을 제공하는 것도 의미가 있지만, 다른 상품을 경험할 기회를 제공하여 미래의 교차·상승 구매의 가능성을 높임으로써 고객과의 관계를 확장하는 것도 전략적으로 의미가 있다.

고객지식을 확보한다 고객에 대한 지식을 효과적으로 획득하려는 로열티 프로그램의 전략적 목표를 잊어서는 안 된다. 로열티 프로그램을 운영하면서 전략적으로 활용할 만한 고객정보를 충분히 얻지 못한다면 로열티 프로그램의 재설계를 통해 전면적인 개편을 고려해야 한다.

ESSENTIAL

로열티 프로그램의 철회 검토 상황

만약 전체 고객 중 로열티 프로그램을 발급받은 고객의 비중이 30% 미만이라면 해당 기업에 로열티 프로그램은 전략적인 의미를 부여해주기 어려운 상황이라고 볼 수 있다. 이때는 운영 중인 로열티 프로그램의 운영 타당성을 전면 재검토해야 하며, 로열티 프로그램의 철회까지도 고려해야 할 수도 있다.

로열티 프로그램은 위에 기술한 전략의 개요에도 나타나 있듯이, 고객의 구매수준에 따른 사은(appreciation)을 제공함으로써 인지적 이탈장벽을 형성하는 것이 주요 목적이었다. 그러나 최근에는 기업과 고객이 서로 소통하는 상호작용 매체(interactive media)로서의 역할이 더욱 커졌다. 특히 스마트폰 활용 비율이 급격하게 증가함에 따라 기존의 멤버십 카드가 멤버십 전용 앱(app)이나 월렛(wallet) 프로그램으로 운영됨으로써 로열티 프로그램이 더 이상 단순한 포인트 적립카드가 아니라 고객의 구매행태를 정확히 파악하고, 고객에게 전달하고자 하는 기업의 마케팅 노력이 보다 용이하게 전달될 수 있는 또 하나의 마케팅 채널로 인식되고 있다.

스마트폰 기반의 로열티 프로그램은 사용자 관점에서 멤버십의 이용 편의성 증대와 더불어 다양한 쿠폰 및 혜택을 곧바로 활용할 수 있어서 멤버십의 활용가치가 증대된다. 뿐만 아니라 공급자 관점에서도 로열티 프로그램의 디자인과 운영방식이 변경되었을 때 실시간으로 모든 고객이 소지한 로열티 프로그램에 반영할 수 있어 관리의 효용성 증대와 운영비용을 절감할 수 있는 효과도 제공하고 있다. 또한, 기업은 고객의 구매이력, 포인트 적립 및 차감이력, 쿠폰 사용이력, 그리고 제휴업체에 대한 활용이력 등 이른바 고객 빅데이터(customer big data)를 본격적으로 수집할 수 있게 됨으로써 마케팅 영역을 넘어 다양한 고객관련 정책 개발을 지원하는 고객지식의 보고 역할을 할 수 있게 되었다.

■■ 커뮤니케이션 개인화

사람 간의 관계에서 서로 익숙해진다는 것은 그 사람의 특성이나 취향을 이해하고, 이를 바탕으로 개인화된 커뮤니케이션이 전개된다는 것을 의미한다. 기업과 고객과의 관계유지 관점에서도 이러한 접근방식은 유효하다. 안정적인 관계유지가 필요한 고객들에 대해서는 그들의 선호도나 니즈를 파악하여 마케팅 활동이나 고객응대 커뮤니케이션에 적절히 반영하는 것이 필요하다. 이러한 커뮤니케이션 개인화 활동은 고객들이 인지하는 사회적 편익이나 고객화 편익을 증대시킴으로써 고객가치 요인 중 관계유지에 필수적인 관계가치 수준을 높이는 데 유효하다.

따라서, 현재 고객과의 관계유지 차원에서 커뮤니케이션 개인화 활동은 또 하나의 분명한 CRM 전략이라고 할 수 있다. CRM 관점에서 커뮤니케이션 개인화란 개별고객들의 프로파일 정보와 구매 및 서비스 이력정보를 활용하여 인바운드/아웃바운드의 커뮤니케이션 내용이나 고객에게 제공되는 상품과 서비스를 해당 고객의 상황과 특성에 맞도록 개인화하여 제공하는 일련의 활동을 의미한다.

커뮤니케이션 개인화 전략은 기업과 고객이 사람 대 사람의 관계처럼 일대일의 관계를 형성하는 것이 주요 목적이므로, 개인별 맞춤화된 상품 제안뿐만 아니라, 일상적인 대화나 이메일과 같은 커뮤니케이션 내용 자체에 고객 개인의 특성을 반영하는 것이 중요하다. 이를 위해서는 모든 고객접점 영역에서 고객을 응대하는 시점에 해당 고객의 특성을 참조할 수 있도록 고객 프로파일 DB와 연동시킬 수 있는 기술적 기반이 마련되어야 하고, 고객을 응대하는 직원들 역시 고객 개개인에 집중하여 친밀감을 형성할 수 있도록 고객지향적인 역량을 함께 갖추는 것이 필요하다. 커뮤니케이션 개인화를 위해 필요한 조직역량을 시스템적인 역량과 직원들의 고객지향적 역량으로 구분하였을 때 구체적인 필요 요건은 다음과 같다.

▪ **시스템 역량** 기업이 고객 개개인의 특성과 취향을 참고하여 개인화된 커뮤니케이션을 수행하기 위해서는 적시적소에서 고객정보를 활용할 수 있는 시스템적 기반이 요구된다. 따라서, 커뮤니케이션 개인화를 위한 시스템 역량은 CRM 인프라 전략에서 논의한 고객정보의 효율적인 수집과 관리 역량에 직결된다고 볼 수 있다. 커뮤니케이션 개인화 관점에서 중요한 고객정보의 유형을 분류하면 다음과 같다.

- 고객 기본정보: 회원 가입 시 고객이 직접 제공하는 인구통계정보나 구매 및 사용과정에서 고객이 접수하는 VOC 정보를 의미한다.
- 고객 구매정보: 고객의 구매과정에서 자동적으로 발생하는 구매품목, 거래일시 및 장소, 결제정보 등을 의미한다.
- 고객 선호정보: 고객이 선호하는 자신의 호칭, 접촉채널, 또는 상품품목이나 서비스 옵션 등에 대한 정보로서 고객이 직접 알려줄 수도 있지만 고객의 과거 이력을 바탕으로 유추할 수 있다.

- 고객전략정보: 고객이 속한 사회계층정보나 추정 연소득, 고객의 성향에 기반한 마케팅 세그먼트, 이탈위험도, 교차구매지수 등보다 진보된 고객전략을 수행하기 위해 필요한 파생정보(derived information)를 의미한다. 고객전략정보는 상기 다양한 고객관련 정보를 바탕으로 추가적인 분석과 모델링에 의해 도출된다.

■ **직원역량** 커뮤니케이션 개인화와 관련된 직원역량은 현장에서 고객을 얼마나 고객지향적으로 응대할 수 있느냐에 대한 직원의 개인적 능력을 의미하며, 크게 태도적인 역량과 행동적인 역량으로 구분할 수 있다.

- 태도적인 역량: 직원의 마음속에 갖춰진 태도적인 능력을 의미하며, 고객에 대한 애착과 몰입도, 고객과의 감정이입 능력, 태도의 일관성, 고객만족을 통해 얻는 자기만족감 등을 포함한다.
- 행동적인 역량: 고객에게 표현되는 직원의 행동적인 능력을 의미하며, 고객만족을 위한 노력 정도, 고객니즈의 간파능력, 고객과의 약속 엄수, 직원 개인의 관심전달능력, 고객의 문제해결을 위한 자율재량권, 고객을 위한 진심 어린 반대의견 표현능력 등을 의미한다.

물론 일반적인 인구통계적 정보나 상품구매 이력과 같은 정보가 커뮤니케이션 개인화를 위해 사용될 수 있지만, 보다 고객친밀도가 높은 서비스가 이루어지기 위해서는 고객이 선호하는 호칭이나 고객의 특이점과 같이 해당 고객에게만 적용되는 특별한 정보가 요구된다. 이러한 정보들은 단순히 회원가입이나 구매과정에서 쉽게 수집될 수 있는 정보가 아니므로, 어느 정도 관계가 안정된 고객을 대상으로 관찰하거나 개별적인 정보를 얻기 위한 노력에 의해 확보될 수밖에 없다. 또한, 이러한 정보들은 대개 개인의 민감한 정보에 해당될 수 있으므로 정보수집과 활용에 상당한 주의가 필요하다.

아무튼, 기업이 수행하는 커뮤니케이션 개인화의 범위는 다소 넓은 것이 사실이다. 일단 CRM 시스템이 어느 정도 성숙된 기업들이 수행하는 이벤트 기반 마케팅(event-based marketing)* 전략은 커뮤니케이션 개인화 전략을 시스템적으로 운영하는 하나의 사례라고 볼 수 있다. 또한, 백화점의 컨시어지(concierge) 서비스나 항공사 플래티넘 멤버십의 서비스 혜택 차별화, 카지노에서의 VIP 전용라인처럼 우수고객들에게 직접적인 혜택으로 차별화하는 것도 커뮤니케이션 개인화라고 할 수 있다. 고객등급에 따라 아웃바운드 콜에 대한 스크립트(script)를 다르게 구성하는 것이나, 고급 레스토랑에서 단골고객을 매니저가 직접 나와서 응대하는 것, 그리고 가깝게는 친숙한 동네 슈퍼마켓 주인이 인근 주민의 가족사항을 기억하며 손님을 맞을 때 특정 가족의 안부를 묻는 것 역시 넓은 의미에서 커뮤니케이션 개인화라고 할 수 있다. 즉, 커뮤니케이션 개인화는 어떤 형태의 활동이든 고객 개개인의 상황과 취향에 따라

---

* 고객의 정보나 상태의 변화에 따라 적절한 마케팅 대응체계를 자동적으로 수행하는 전략체계.

기업의 접촉노력을 맞춤화(customization)하는 과정이라고 볼 수 있다.

이러한 관점에서 아래의 고려사항은 모든 커뮤니케이션 개인화 전략에 공통적으로 논의되어야 한다.

첫째, 고객정보는 현장에서도 확인할 수 있도록 한다

본사 차원에서 고객에게 대량 발송되는 자동화된 개인화 추천 시스템 외의 커뮤니케이션 개인화는 주로 고객과의 접점채널에서 이루어진다. 따라서, 고객을 직접 응대하는 현장 직원들이 상황에 따라 즉각 고객의 정보를 확인할 수 있도록 시스템적인 지원이 고려되어야 한다.

둘째, 고객 DB에 개인의 특성을 나타내는 특성변수를 추가한다

선호하는 호칭이나 직급, 선호하는 결제방식, 상품·서비스의 옵션 등과 같이 고객의 개인화 식별을 위해 필요한 정보 항목을 정의하고, 고객 프로파일 DB에 반영하는 것이 필요하다. 또한, 이러한 개인화 식별변수들은 최소 1년에 한 번씩 주기적으로 갱신을 고려해야 한다.

셋째, 모든 고객에게 개인화된 커뮤니케이션이 제공되도록 노력하지 않는다

모든 고객에 대해 개별적인 인지와 처우를 제공하기 위해 노력하는 것은 지양한다. 반복구매가 나타나는 고객 중에서 커뮤니케이션 개인화를 통해 관계가 성장할 수 있는 고객이나 특별한 관리가 필요한 고객 혹은 개인적인 친밀감을 원하는 고객들에 대해서만 선별적으로 전개하는 것이 바람직하다.

넷째, 고객접점 직원을 신중하게 선발하고 주기적인 교육을 실시한다

커뮤니케이션 개인화의 성과는 고객접점 직원으로부터 창출된다고 해도 과언이 아니다. 우수한 고객접점 직원을 선발하기 위해 고객지향성 테스트가 필요하고, 주기적으로 고객지향적인 고객응대 교육이 필요하다.

ESSENTIAL

비상업성 커뮤니케이션도 필수이다

마케팅이나 영업 목적과 관계없는 아웃바운드 커뮤니케이션도 주기적으로 수행되어야 한다. 고객을 위한 단순한 안부나 순수한 축하 메시지, 사회적인 관심사나 개인의 취향에 관련된 소식, 심지어는 자사가 아닌 경쟁사 소식도 기꺼이 제공하려는 노력이 필요하다. 단, 주의할 점은 이렇게 좋은 의도로 전달한 메시지에 덧붙여 또 다시 어떤 상품을 구매하도록 추천하는 행위는 삼가해야 한다.

이탈예측 및 방지

이탈예측 및 방지 전략이란 고객의 이탈, 휴면, 또는 해지를 미연에 방지하기 위하여 다양한 분석방법을 통해 이탈예측모형을 개발하고, 모형을 통해 예측된 이탈가능고객들을 대상으로 적절한 이탈방지 캠페인을 전개하는 일련의 활동을 의미한다. 고객과의 관계를 유지한다는 것은, 다시 말하면 고객들의 이탈을 방지하는 것이라고 볼 수 있다. 따라서, 적절한 이탈예측모형을 통해 이탈할 가능성이 높게 평가된 핵심고객의 경우 별도의 이탈방지활동을 전개하는 것이 필요하다. 가장 전형적인 이탈방지활동으로는 기업에서 일정한 주기마다 잠재 이탈고객을 예측하고, 이들에 대한 이탈방지 캠페인을 전개하는 것이다. 이 캠페인의 대상으로 선정되는 잠재 이탈고객들에게는 개별적인 접촉을 시도하여 개인적인 상담이나 문제해결을 도모하고, 특별한 할인 기회나 부가 서비스를 제공하는 등의 혜택을 제공한다.

CRM이 기업에 널리 전파될 수 있었던 가장 직접적인 계기 중 하나는, CRM 활동을 통해 고객을 효과적으로 유지할 수 있고, 고객의 유지율 증대는 신규고객 유치보다 더 많은 이익을 가져다줄 수 있다는 비전이 있었기 때문이다. 이 때문에 과거에는 CRM에 관련된 학술연구가 대부분 이탈고객을 사전에 예측하는 데이터마이닝 기법에 초점을 맞추었다. 현재는 이탈 예측 외에도 매우 다양한 주제의 CRM 전략 연구가 수행되고 있지만, 성공적인 고객이탈 예측은 기업의 경영성과에 직접적인 영향을 미치기 때문에 여전히 가장 중요한 CRM 전략 테마 중 하나로 인식되고 있다.

한편, 그동안 고객이탈을 예측하는 다양한 학술연구가 진행되어 왔음에도 불구하고, 이러한 이탈예측모형의 대부분은 주로 통신이나 보험업종과 같은 계약업종(contractual business) 산업에 적용될 수 있는 데이터마이닝 모델링 중심의 예측모형, 더 정확하게는 인공신경망이나 의사결정나무와 같은 지도학습모형 중심의 이탈예측모형이었다. 이러한 지도학습모형 중심의 이탈예측모형의 단적인 특징은 탈회나 계약해지와 같이 고객의 이탈 여부가 명백하게 확인될 수 있다는 전제 아래 개발된다는 것이다. 그러나, 이러한 이탈예측모형은 유통산업과 같이 고객의 자유로운 거래와 휴면이 반복될 수 있는 업종에는 적용하기 어렵다. 그럼에도 불구하고, 그 동안 국내의 많은 비계약업종에서 계약업종에 적합한 지도학습모형의 이탈예측모형을 사용함으로써 부정확한 이탈예측이 이루어지거나, 불필요한 마케팅 예산을 소모하는 경우가 많았다.

따라서, 이탈예측모형은 업종의 거래방식에 따라 다음과 같이 크게 두 가지 형태로 구분해야 하고, 각각 자신의 업종에 맞는 것을 개발하는 것이 필요하다.

[산업유형에 따른 이탈예측모형 분류]

	계약업종 이탈예측모형	비계약업종 이탈예측모형
개념	일정한 계약기간 동안 거래가 지속되는 업종에 적용되는 이탈예측모형	일정한 계약기간이 존재하지 않고, 고객의 자율적인 거래가 발생하는 업종에 적용되는 이탈예측모형
모형의 특징	기존고객의 이탈 여부를 종속변수로 설정하는 이탈판별 모형을 통해 고객이탈을 직접적으로 예측함.	거래특성을 나타내는 주요 변수들을 함수적으로 결합하여 이탈을 추정할 수 있는 파생변수를 도출하여 상대적인 이탈 가능성을 추정함.

모형 예시	(성별=남) & (연령≦40) & (혼인=미혼) & (월평균 이용금액<10만 원) ➔ 이탈	개인 평균 구매주기(API)=(최종 구매일−최초 구매일) / 총 구매횟수 * API 100% 미만: 안전 * API 150~200%: 주의 * API 200% 초과: 이탈 위험
주요 방법론	판별분석·회귀분석 등의 다변량 통계분석기법, 로지스틱 회귀분석, 의사결정나무, 인공신경망 등의 지도학습모형	확률모형(statistical model) 혹은 대수학적 모형(algebraic model)을 이용한 수리적 함수모형
주요 활용변수	이탈 여부(0 또는 1), 고객의 인구통계정보(연령, 성별, 직업 등), 거래특성 요약정보(월평균 이용빈도, 거래금액, 주 사용품목, 가격민감도 등)	최초 구매일, 최종 구매일, 총 거래횟수, 거래금액, 첫 거래품목, 중점구매품목 등 개인의 거래특성을 나타낼 수 있는 각종 데이터
주요 적용산업	보험, 통신, 장기렌탈, 정기구독, 임대차 서비스 등	신용카드, 백화점, 인터넷 쇼핑몰, 소비재 제조업, 여행 서비스, 식음료 서비스 등

ESSENTIAL

고객이탈예측을 어렵게 만드는 소비자의 특징

한 조사에 따르면, 한국인의 이사율은 25%에 이르러 세계적으로 높은 이사율을 보인다고 한다. 한 가족당 어림잡아 4~5년마다 이사를 한다는 통계치다. 이는 오프라인 중심의 비즈니스를 운영하는 기업에게 고객이탈 예측률을 떨어뜨리는 주요 요인으로 작용한다. 즉, 한국 시장은 비자발적 이탈이 많을 수밖에 없는 시장구조를 가지고 있으며, 이를 이탈예측모형에 반영해야 한다. 비자발적 이탈이 많다는 것은 자발적 복귀 또한 많다는 의미이므로, 비계약업종의 이탈예측모형에 고객의 자발적 복귀를 고려한 계산법이 포함되어야 한다.

14

관계강화전략

관계획득이 타인(stranger)의 관계를 지인(acquaintance)의 단계로 이끌어주는 활동이고, 관계유지가 지인의 관계를 동료나 친구(friend)의 단계로 이끌어주는 것이라면, 관계강화는 친구의 관계를 상호 혜택을 위해 노력하는 파트너(partner)의 단계로 이끌어주기 위한 활동이다.

두 물체를 이어주는 연결선과 마찬가지로 개체 간에 연결된 '관계'라는 개념의 끈 역시 그 종류가 다양할수록, 그리고 그 굵기가 굵을수록 상호 연결된 개체 간의 관계는 더욱 튼튼해진다. 두 사람 간의 관계에서도 단지 업무적인 관계 형태로만 묶여 있을 때보다 지연·학연, 취미생활 등으로 연계되어 있을 때 그 관계는 더욱 돈독해진다. 즉, 관계의 종류가 많아짐으로써 서로의 유대가 강화된다는 것이다.

한편, 업무적인 관계에서도 하루에 5~10분 정도 결재나 보고상의 접촉만으로 이루어지는 관계보다는 많은 시간 특정 직무를 함께하는 TFT나 같은 부서 동료 간의 관계가 더 깊다고 할 수 있다. 즉, 관계의 깊이가 깊어질수록 서로의 유대가 강화된다는 것이다.

이러한 상황은 기업과 고객의 관계에서도 그대로 적용된다. 어느 패밀리 레스토랑에 스테이크 메뉴 하나로 단골이 된 고객이라면 광우병 같은 사회적 이슈나 개인의 건강문제 때문에 더 이상 스테이크를 즐기지 못했을 때 그 고객과 해당 패밀리 레스토랑의 관계는 단절될 것이 분명하다. 만약 이 고객이 스테이크 외에 그 레스토랑의 다양한 다른 메뉴도 즐길 수 있었다면 상황은 달라질 수 있었을 것이다. 마찬가지로 1년에 한두 번 방문해서 스테이크를 즐기는 고객은 주변에 또 다른 패밀리 레스토랑이 생겼을 경우 한 달에 두세 번 방문하여 스테이크와 와인을 즐기는 고객보다는 이탈할 확률이 클 것이다.

이처럼 관계강화전략이란 고객과의 안정적인 관계를 기반으로 강력한 상호 파트너십을 형성하기 위해 관계의 유형과 깊이를 더욱 강화시켜 나가는 일련의 활동을 의미한다. 여기에는 등급전환전략, 교차·상승 판매, 고객추천관리, 그리고 고객참여정책과 같은 활동들이 포함된다.

그러나, 기업이 관계강화전략을 추구하는 데 있어 종종 놓치는 것이 있다. 관계강화전략은 반드시 안정적인 관계가 형성되고 있는 고객들만을 대상으로 전개해야 한다는 것이다. 그렇지 않으면 관계강화라는 본질적인 의미를 추구하기보다는 단순히 단기적인 매출증대만을 목표로 하는 활동으로 전락하고 만다. 이것은 사귄지 얼마 되지 않아 아직 서먹한 관계에 있는 상대방에게 무리한 요구를 하는 것과 다름없다. 그나마 어렵사리 형성한 상호관계를 오히려 끊어버릴 수 있는 위험한 행동이다. 관계강화전략이 적절히 수행된다면 기업의 성과를 실질적으로 끌어올려주는 CRM으로 거듭날 수 있을 것이 분명하다. 그러나, 고객들이 교차구매나 상승구매를 하는 행위도, 주변 지인들에게 적극적으로 추천하는 행위도, 혹은 그 기업의 활동에 유의미한 의견을 제시하는 행위도 그 기업과의 관계가 편안해졌을 때 실행하는 행동임을 잊지 말아야 한다.

■■ 등급전환전략

핵심고객관리 부분에서도 설명한 바와 같이, 기업의 CRM 활동은 궁극적으로 모든 고객들을 자사의 핵심고객 기준에 부합하도록 점진적으로 관계를 심화시키는 과정이라고 볼 수 있다. 실무적인 관점에서는 특정 고객등급 혹은 세그먼트에 속한 고객들을 적절한 방법을 통해 보다 상위등급 혹은 보다 핵심고객의 개념에 가까운 세그먼트 집단으로 전환시키는 활동이라고 볼 수 있다. 만약 기업의 고객 세그먼트가 전체 고객을 대상으로 양적 평가기준과 질적 평가기준을 모두 활용하여 이루어졌다면 각 고객 세그먼트에 대한 전환전략체계를 마련하는 것 자체가 CRM 프로세스 전략체계를 갖추는 것이라고 할 수 있다. 따라서, 등급전환전략은 자사 고객들의 모든 세그먼트에 걸쳐 관계강화전략을 도모하기 위한 일종의 전략 방향성을 수립하는 것이라고 할 수 있다.

따라서, CRM 전략 관점에서 등급전환전략은 CRM 전략 세그먼트를 바탕으로 하위 세그먼트에 속한 고객들을 상위 세그먼트로 이동촉진시키고자 하는 일련의 활동으로 정의한다. 여기에서 CRM 전략 세그먼트란 고객을 구분할 수 있는 다양한 세분화 기준 중에서 가장 전략적으로 중요하다고 판단되는 하나 이상의 세분화 기준을 바탕으로 고객을 분류한 것을 의미한다. 가령, 아래 그림에서와 같이 유통업의 경우, 고객가치 평가를 위한 양적 척도로서 고객들의 구매액과, 질적 척도로서 고객들의 구매품목 다양성이라는 두 가지 차원을 통해 고객을 세분화할 수 있다.

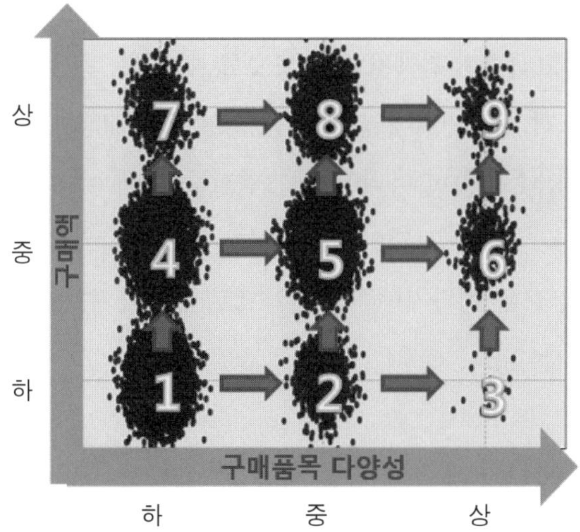

[등급전환전략의 개념적 예시]

이러한 CRM 전략 세그먼트의 경우 등급전환전략은 세그먼트 1집단의 고객을 세그먼트 2나 세그먼트 4집단으로, 세그먼트 5집단의 고객을 세그먼트 6이나 세그먼트 8집단으로 전환 촉진하려는 활동이다.

한편, 등급전환전략은 각 세그먼트에 속한 고객을 점차 핵심고객 단계로 전환 촉진하는 총체적인 전략체계를 의미하기 때문에 개념적으로는 관계강화전략 전체를 포함한다고 볼 수 있다. 그러나 등급전환전략 실행을 위한 독특한 분석 및 전략기획 업무가 존재하기 때문에 별개의 전략 테마로 구분한다.

전사적인 등급전환전략체계가 수립될 경우 계량적으로 측정이 가능한 고객의 태도적·행동적 특성 변수들을 바탕으로 고객들을 세분화하고, 기업에 보다 유의미한 세그먼트로 이동촉진함으로써 전체적인 고객과의 관계강화를 도모할 수 있다. 즉, 등급전환전략은 현재 고객 세그먼트에 놓여 있는 고객들을 대상으로 진행하는 정적인 CRM 활동이 아니라, 세그먼트들 간에 이동하는 고객들에게 초점을 맞추는 동적인 CRM 활동을 도모함으로써 기업의 CRM 활동을 보다 성과지향적인 전략으로 개선할 수 있는 기회를 가져준다는 것이다.

한편, 등급전환전략을 수행할 때 고려해야 할 사항은 다음과 같다.

■ **고객로열티의 양적·질적 수준을 CRM 전략 세그먼트로 활용**
기업에 따라 CRM 전략 세그먼트의 기준은 달라질 수 있지만, 어떤 CRM 전략 세그먼트이든 고객의 로열티를 양적 수준으로 평가할 수 있는 기준과 질적 수준으로 평가할 수 있는 기준을 동시에 고려하는 것이 필요하다.

■ **인접 세그먼트로 전환하는 것에 한정** 등급전환전략에서 대각선 방향의 전환(가령, 위 예시에서 세그먼트 1에서 세그먼트 5로의 전환)을 직접 고려하기보다는 가급적 인접 세그먼트로 전환을 촉진하는 것으로 한정한다. 급격한 점프 이동(jump migration)은 실행전략 방향성의 혼선을 야기할 수 있기 때문이다.

■ **전환유형에 대한 중요도 평가** 상기 예시의 경우 인접 세그먼트로 전환하는 유형은 총 12가지다. 모든 전환유형을 동시에 고려하는 것이 어렵기 때문에 전략적인 선택과 집중이 필요하다. 연도별 전환유형에 해당하는 고객들의 총 매출액, 1인당 매출액 등을 분석하여 자사가 어느 전환영역에 먼저 집중해야 할지 중요도를 평가하는 것이 필요하다.

■ **모든 고객을 대상으로 전개하지 말 것** 등급전환전략은 모든 고객들을 대상으로 전개하지 않고, 목표 세그먼트 고객들의 특성에 해당하는 대상 세그먼트 고객들만 선별하여 진행하는 것이 바람직하다. 이를 위해 판별분석이나 로지스틱 회귀분석과 같은 데이터마이닝 기법을 활용할 수 있다.

ESSENTIAL

고객경영 대시보드로 활용하자
고객들의 세그먼트 간 이동 현황을 주기적으로 분석한다면 기업의 전체 재무적 성과를 한눈에 파악할 수 있는 훌륭한 경영성과평가 대시보드(dashboard)로 활용될 수 있다. 기업의 경영성과는 결국 모든 고객 세그먼트에 대한 신규고객 획득, 관계유지, 그리고 관계강화를 통해 발생하는 매출현황으로 설명될 수 있기 때문이다. 물론 고객의 구매가 아닌 다른 외부 요건에 의해 기업의 성장이 좌우되는 기업에는 해당되지 않는다.

■■ 교차·상승 판매

고객과의 관계를 직접적으로 강화시켜 나가기 위해 가장 대표적으로 활용되는 CRM 활동은 교차판매와 상승판매전략이다. 교차판매(cross selling)란 특정 제품이나 서비스를 중심으로 이와 직간접적으로 연관된 다른 제품이나 서비스를 함께 판매하는 것을 의미하며, 상승판매(up selling)는 구매한 제품이나 서비스에 대해 더욱 높은 수준의 제품이나 서비스를 판매하는 것을 의미한다.

CRM 관점에서 교차판매는 고객관계의 유형(variety)을 확대시켜 나가는 역할을 하고, 상승판매는 고객관계의 깊이(depth)를 더욱 깊게 하는 역할을 한다. 즉, 고객과 기업 간의 관계에서 매체를 구매품목이라고 보았을 때, 교차판매는 구매품목의 다양성을 확대시킴으로써 관계의 폭을 확대시켜 나가는 것을 의미하며, 상승판매는 구매품목의 수준을 높임으로써 관계의 깊이를 강화시켜 나가는 것을 뜻한다. 교차·상승 판매전략은 할인쿠폰 마케팅이나 패키지 상품 구성에 활용할 수 있으며, 고객들의 구매이력을 바탕으로 개인별 맞춤 상품이나 서비스를 제안하는 개인화 추천 전략에도 활용될 수 있다.

전략적 의미에서 기업의 교차판매는 다양한 상품·서비스 카테고리에 대한 판매 증진이 이루어짐으로써 수익창출 영역이 확대되는 이른바 범위의 경제(economy of scope) 효과를 창출한다. 상승판매는 고객으로 하여금 특정 상품이나 서비스 품목 내에서 더 많은 매출을 올리거나 업그레이드된 품목으로 전환하게 함으로써 기업은 단일품목에 대한 수익성이 높아져 규모의 경제(economy of scale) 효과를 창출할 수 있게 한다.

그러나, 이 장의 서두에서도 언급했듯이 고객과의 관계진화과정을 고려하지 않은 교차·상승 판매전략은 자칫 단순한 추가판매 노력으로 이루어져 고객들의 주머니를 쥐어짜려는 exploiting CRM의 모습으로 비춰질 수 있다. 실제로 2000년대 초반 외국계 컨설팅 벤더들이 국내기업들에게 전수한 CRM 전략 프레임워크는 '관계획득 → 관계강화 → 관계유지'라는 자연스러운 관계진화과정에 역행하는 방식이었다.(필자가 속해 있던 외국계 컨설팅 펌에서도 동일한 프레임워크를 사용하고 있었다.) 초기구매로 관계를 획득한 뒤에는 고객의 기여가치를 극대화하기 위해 곧바로 교차판매나 상승판매 유도전략을 수행하고, 개별고객의 기여가치를 극대화한 뒤에야 관계를 유지한다는 전략이다.

이는 클라이언트 기업 입장에서는 매우 달콤한 제안이다. 정말 관계가 획득된 직후부터 교차구매와 상승구매가 일어남으로써 고객 기여가치가 극대화되고, 이런 고객들을 중심으로 관계를 유지한다면 무엇을 더 바라겠는가? 그러나, 고객들은 냉소적이었다. 어제 신규계좌와 신용카드를 개설한 고객에게 오늘 해피콜을 빙자하여 "감사의 의미로 고객님만을 위해 특별한 보험상품을 준비했습니다."와 같은 접근방식은 고객들을 실망시키기 시작했다. 설사 그 보험상품이 해당 고객의 상황과 니즈를 반영한 상품이라 하더라도 보편적인 고객의 입장에서 편안하게 그 제안을 받아들이기 쉽지 않았을 것이다. 고객들은 점차 기업의 접촉을 달가워하지 않게 되었고, 결국에는 한국을 전 세계에서 가장 기업의 아웃바운드 접촉 반응률이 낮은 국가 중 하나로 만들어버렸다. 그리고 일반 소비자들에게 CRM이란 기업이 영업을 위해 귀찮게 접촉하는 행위로 인식하게 만들어버렸으며, 기업에는 한때 CRM 무용론(無用論)이 퍼지게 만드는 결과를 낳기도 하였다.

따라서, 교차·상승 판매전략은 단순히 재구매 유도를 통한 관계유지전략이 아니라, 상호관계를 증진시키는 관점으로 전개되는 관계강화전략임을 기억해야 한다. 거래관계가 갓 확보된 신규고객층을 대상으로 교차·상승 판매를 전개하는 것은 바람직하지 않으며, 일정 기간 안정된 거래관계가 확립된 고객을 대상으로 한정하는 노력이 필요하다. 관계가 안정화되지 않은 고객에게 무차별적으로 수행하는 교차·상승 판매는 단순한 추가구매 촉진활동에 지나지 않으며, 이 경우 고객은 기업의 접촉을 스팸 메일이나 귀찮은

텔레마케팅 정도로 인식하여 어렵게 형성된 관계마저도 단절시키는 역효과를 가져오기도 한다.

교차·상승 판매전략을 위해서는 고객별 적정 제안상품을 도출하는 비즈니스 규칙을 개발하는 것이 필요하며, 이를 위해 다음 세 가지 접근방식을 주로 사용하고 있다.

상품연관성 분석(product association analysis) 가장 많이 사용되는 교차·상승 판매분석기법은 흔히 장바구니 분석(market basket analysis)으로 불리는 데이터마이닝 기법이다. 고객들의 구매내역을 바탕으로 두 가지 이상의 상품이 동시에 구매될 확률을 계산하여 추천상품을 도출한다.

협업적 필터링(collaborative filtering) 상품연관성 분석과 같이 개인의 추천상품을 도출하는 것은 유사하나, 상품추천 결과에 대해 사용자의 피드백을 받아 추천모형을 개선한다. 위의 상품연관성 분석과 같은 비지도학습모형의 단점을 보완한 추천기법이다.

구매패턴 매칭(buying-pattern matching) 고객별 상품구매에 대한 RFM 등의 거래이력을 기반으로 개인별 구매패턴을 추출하고, 해당 구매패턴과 유사한 고객(또는 고객그룹)의 구매성향을 매칭하여 아직 구매하지 않은 상품을 추천하는 기법이다. 개인의 구매패턴을 일종의 사례(case)라고 볼 수 있으므로 교차판매전략을 위한 사례기반 추출(case-based reasoning) 기법이라고 할 수 있다.

위에서 제시한 교차판매규칙 분석기법 중 협업적 필터링은 한때 일반적인 상품연관성 분석이 갖는 비지도학습모형의 한계를 극복한다는 점에서 큰 호응을 얻었지만, 국내에서는 한국 소비자들의 성향상 상품에 대한 피드백을 적극적으로 하지 않는 문화적 특징으로 인해 협업적 필터링의 실무적 효과는(최소한 국내에서는) 떨어지는 것으로 알려져 있다. 따라서, 실무적으로 우수한 성과를 보이는 교차판매규칙을 위해서는 상품연관성 분석을 이용하되, 단순히 상품 간 동시구매 확률만을 고려하지 않고, 고객의 문맥(context) 정보를 추가하여 분석하는 것이 필요하다. 이러한 방식의 교차판매전략을 상황 기반 교차판매규칙(context-based cross-selling rule)이라고 하며, 기술적으로는 정통적인 장바구니 분석에 의사결정나무와 같이 규칙의 적용 여부를 판별할 수 있는 지도학습모형 기능을 결합한 것이라고 할 수 있다.

ESSENTIAL

일인당 적용 가능한 규칙이 많아질 때의 해결 방향

교차판매분석에서 나타나는 또 다른 문제는 고객 한 명당 적용 가능한 규칙이 많아서 어떤 것을 먼저 추천하느냐 하는 의사결정문제이다. 이때는 도출된 규칙들에 속하는 모든 조건(if) 및 결과(then) 품목들의 상호관계를 조사하여 네트워크 분석을 수행하고, 상품 간 연관 네트워크 위상구조에서 상대적으로 허브(hub) 역할을 하는 품목을 결과(then) 품목으로 지정하는 규칙을 우선 선정하는 것이 바람직하다. 해당 교차판매규칙이 성공했을 때 이후에 연계되는 또 다른 교차판매규칙이 존재하기 때문에 장기적으로 연쇄구매를 일으킬 수 있는 파급효과도 생기기 때문이다.

고객추천관리

3장에서 논의한 고객자산가치의 개념에서도 언급했듯이, 고객이 기여하는 가치는 본인의 직접적인 구매가치뿐만 아니라, 다른 고객들을 추천함으로써 기업에 간접적으로 기여하는 추천가치도 포함된다. 고객추천을 통해 기업이 얻을 수 있는 혜택은 추천하는 고객의 충성도를 통한 반복적인 구매가치와 더불어 추천받아 영입되는 신규고객에게는 새로운 구매가치와 획득비용 절감이라는 일거양득의 효과를 얻을 수 있다. 따라서, 기업은 안정된 관계가 형성된 고객을 중심으로 적극적인 고객추천 촉진활동을 전개하는 것이 바람직하다.

CRM 관점에서 고객추천관리전략은 충성도가 높은 고객을 대상으로 고객의 지인들에게 자사 상품이나 서비스를 추천하도록 촉진하는 일련의 마케팅 활동을 의미한다. 최근 많은 기업에서 고객들 간의 추천이나 소개를 독려하기 위해 다양한 인센티브제도를 도입하는 것도 이러한 맥락으로 이해할 수 있다. 고객순추천지수(NPS) 이론에 따르면, 고객이 타인을 추천하는 행위는, 고객이 특정 상품이나 기업에 대해 높은 만족도를 보이고, 고객로열티의 일환으로서 강한 추천의지를 갖는 고객이 취하는 행위이다. 따라서, 고객들 간의 추천이나 입소문을 촉진하기 위한 전략은 기업에 대한 충성도가 어느 정도 존재하는 고객을 대상으로 전개되어야 한다. 타인에 대한 추천이나 긍정적인 입소문을 전파하는 고객은 자신이 가진 기업에 대한 로열티를 스스로 확신하는 효과를 가져다줌으로써 반복구매 확률을 높여줄 뿐만 아니라, 별도의 신규고객 유치 비용을 들이지 않고 새로운 고객을 창출하는 효과를 가져다주기도 한다.

일반적인 상거래에서 나타나는 고객들 간의 추천활동은 다음과 같이 직접추천과 간접추천으로 구분할 수 있다. 직접추천과 간접추천은 추천행위뿐만 아니라 추천하는 사람의 추천의지도 다르고, 기업이 얻는 성과도 다르므로 각각 별개의 추천가치 측정방식을 사용해야 한다.

■ **직접추천(direct referral)** 고객이 자신의 지인에게 특정 기업이나 상품을 직접 소개해주거나 구매유도를 하는 활동을 의미한다. 전통적으로 직접추천 행위는 매장과 같은 오프라인상에서 주로 이루어진다. 고객이 자신의 친구나 동료와 함께 매장에 직접 방문하거나, 기업의 이벤트나 행사에 동반 참석함으로써 동반한 잠재고객의 구매를 유도하게 된다. 그러나, 최근에는 온라인상에서도 직접 추천하는 행위가 가능해졌다. 기업에 지인의 정보를 제공하거나, 혹은 홈페이지 혹은 온라인 쇼핑몰상에 마련된 지인추천 메일링 서비스를 통해 자신의 상품구매 추천 글을 할인쿠폰과 함께 지인에게 전달함으로써 구매를 유도한다. 그러나, 어떠한 경우이든 온라인에서 직접 추천하는 경우 추천인이 누구인지 명백히 밝혀 개인정보보호에 대한 이슈가 발생하지 않도록 하는 것이 중요하다. 한편, 직접추천활동을 하는 고객의 기여가치는 4장에서 논의한 직접추천가치(Type 1) 측정방식에 의해 평가할 수 있다.

■ **간접추천(indirect referral)** 간접추천활동은 지인에게 구매를 직접 유도하기보다는 단순히 대화상의 추천이나 긍정적인 입소문을 전파하는 행위를 의미한다. 이는 해당 지인에게 그 기업에 대한 좋은 이미지를 심어줌으로써 향후 실질적인 상품 구매의 가능성을 높여줄 수 있다. 고객들 간의 간접추천활동 역시 사람들 간의 대화에서 발생하는 추천활동처럼 전통적으로 오프라인상에서 진행되어 왔으나, 상거래 사이트의 고객평점제도, 기업 홈페이지상에서의 긍정적 댓글, 개인 블로그상에서의 특정 상품 추천, 그리고 최근에는 SNS상에서의 '좋아요' 클릭 등과 같이 온라인상에서의 간접추천활동이 더욱 활발하게 이루어지고 있다.

그러나, 간접추천의 경우는 추천활동의 범위가 애매하고 타인의 추천을 받은 고객이 구매할 때 추천 여부를 객관적으로 확인할 수 있는 방법이 없기 때문에 추천가치의 측정이 용이하지 않다. 따라서, 추천 받는 고객의 구매가치를 이용하기보다 추천활동 자체를 측정하여 일정률의 고객가치로 환산하는 방식을 취하는 것이 바람직하다. 가령, 간접추천활동은 기업에서 수행하는 광고 역할을 대행하는 것이라고 볼 수 있고, 대중매체 광고는 신규고객을 영입하기 위한 목적이 크므로 신규고객 획득비용의 일부를 간접추천활동에 대한 가치로 할당할 수 있다. 이러한 간접추천활동의 가치측정방식을 간접추천가치(Type 2) 측정방식이라고 한다.

한편, 고객추천관리는 다른 CRM 전략과 마찬가지로 모든 업종에 응용될 수 있지만, 신규고객 획득비용이 비교적 큰 산업이나 고객들의 자발적 추천이 중요한 경험재적 성향의 상품·서비스 업종에 보다 용이하게 적용될 수 있다. 따라서, 고객추천을 장려하기 위해 전략적인 표적고객군을 선정할 경우 구매빈도나 구매액이 유난히 높은 고객그룹보다는 평소에 왕성한 친기업활동을 보이는 심리적 로열티가 높은 고객그룹을 고려하는 것이 바람직하다.

ESSENTIAL

추천가치에 대한 보상은?

고객추천가치도 엄연히 고객에 의한 기여가치이므로 적절한 보상이 이루어져야 한다. 그러나, 고객 간의 추천활동은 개인 간의 신뢰를 바탕으로 일어나는 행위이기 때문에, 일부 업종에서는 추천활동에 대한 보상을 재무적 혜택으로만 제공하게 되면 추천이라는 선의의 의지가 희석되어 추천활동이 오히려 약해지거나, 허위 추천행위의 증가로 인해 고객추천제도 자체의 신뢰성이 저해될 수 있다는 점을 유의해야 한다.

■■ 고객참여정책

기업은 고객을 단지 제품을 구매하는 구매자 혹은 소비자로만 보는 것이 아니라, 신상품 개발 아이디어나 업무 프로세스 개선 등과 같은 기업의 여러 가지 가치창출활동에 직접 참여하는 일종의 프로슈머(prosumer)의 역할로 전환시킴으로써 고객관계의 질적 측면을 강화할 수 있다. 고객은 자신이 개발에 참여한 제품을 시장에서 만났을 때, 혹은 자신이 제안한 개선요청 사항이 반영된 것을 보았을 때 그 기업에 열성적인 지지자 역할을 하게 될 것이다.

CRM 관점에서 고객참여정책이란 고객들이 신제품 개발이나 고객접점 채널의 서비스 정책 개선 등 기업의 비즈니스 프로세스 개선과정에 직접 참여할 수 있는 정책이나 제도를 의미한다. 고객참여정책이 효과적으로 운영될 경우, 기업에는 고객중심의 경영혁신을 이루는 기반을 제공하고, 고객에게는 자신이 제안한 아이디어나 협력사항이 실질적인 기업경영에 반영되는 것을 확인시킴으로써 더 이상 수동적인 소비자가 아니라 능동적인 기업경영의 참여자라는 인식을 심어주게 된다. 그럼으로써 강력한 심리적 로열티를 형성하는 데 기여한다.

고객 참여는 기업의 모든 업무 프로세스 전반에 걸쳐 나타나고 있지만, 주로 신제품 개발이나 제품혁신을 위한 연구개발 영역과 더욱 효과적인 제품홍보를 위한 마케팅 영역에서 가장 활발하게 전개되고 있다.

■ 상품과 서비스 혁신을 위한 연구개발 영역의 고객참여

기업이 공급하는 상품과 서비스를 보다 고객지향적으로 혁신하기 위해 다양한 방식의 고객참여전략이 운영되고 있다. 나이키(Nike)는 Nike+GPS라는 앱을 통해 고객이 달릴 때마다 달리는 곳의 경로를 지도로 보여주고, 구간별 속도, 소모 칼로리 등의 정보를 제공한다. 나이키는 이러한 정보를 수집하여 고객맞춤형 제품을 개발하고 있다. 또한, 포크레인과 같은 중장비를 생산하는 일본의 고마츠(Komatsu)사는 전 세계에서 작동 중인 고마츠 중장비의 운영현황을 구글맵(Google Map)과 연동하여 실시간으로 모니터링함으로써 장비의 고장 유무와 부품소모 현황을 미리 예측하여 혁신적인

A/S를 제공할 뿐만 아니라, 지역적 특성에 맞는 건설장비를 개발하고 있다.

■ **소비자의 공감을 이끌어내기 위한 마케팅 영역의 고객참여**

고객의 공감을 보다 효과적으로 이끌어내기 위해 상품·서비스의 홍보와 마케팅에 고객을 직접 참여시키고 있다. 고객이 참여하는 마케팅은 소비자 선택의 불확실성을 제거하기 위해 상품의 품질과 서비스를 미리 경험하게 하고, 고객의 의견을 다시 내부 의사결정에 반영할 수 있다는 의미도 가지고 있다. 스웨덴의 가구 브랜드인 이케아(IKEA)는 2012년 1월 파리 오베르 지하철역에 16평짜리 아파트를 만들어 소비자들이 실제 생활하는 모습을 공개하는 마케팅을 수행함으로써 자사의 가구를 사용하면 협소한 공간에서도 생활이 가능하다는 것을 증명해 보였다. 또한, 맥도날드 빅맥송이나 하기스의 '옹알이 영상'은 금전적 대가가 없어도 고객들이 앞다투어 홍보대사 역할을 자청한 고객참여 마케팅의 일례이다.

그러나, 관계강화전략으로서의 고객참여정책은 신제품 체험단이나 단순한 고객 아이디어 공모전과 같은 이벤트성 고객 참여행사와는 구분되어야 한다. 실제 고객뿐만 아니라 모든 사람이 참여할 수 있는 이벤트성 참여행사는 많은 사람들에게 우리 기업이 고객지향적이라는 긍정적인 기업 이미지를 심어줄 수 있고, 이를 통해 많은 잠재고객을 영입할 수 있는 기회가 될 수 있으나, 행사를 통해 얻어지는 고객참여 결과물을 실질적인 고객기반 혁신의 정보로 활용하기에는 어려운 경우가 많다. 또한, 이러한 단발성 행사를 통해 모집된 고객들은 행사참여로 얻은 혜택만을 누리고 떠나 버리는 체리피커(cherry picker)일 가능성도 많다. 따라서, 불특정 다수에게 공지하여 모집하는 고객참여행사는 관계강화 관점의 고객참여정책이라기보다는 관계획득 관점의 잠재고객 획득이나 1차 구매유도전략이라고 보는 것이 타당하다.

고객참여정책을 수립하기 위해 활용할 수 있는 몇 가지 실무 가이드를 제시하면 다음과 같다.

■ **적합한 산업유형** 고객참여정책은 기술집약적이면서 고관여 특성을 보이는 상품이거나, 방송연예·문화예술공연 등의 콘텐츠 산업에 적합한 전략이다.

■ **명시적 프로세스 개발 필요** 중장기적 목표로 운영되는 고객참여정책의 경우 고객들의 의견수집 단계부터 최종 상품·서비스의 반영 결과 공지까지 구체적인 고객참여 프로세스를 개발하는 것이 필요하다.

■ **결과의 투명한 공지와 공유** 고객참여정책을 통해 도출된 결과는 외부에 분명하게 공지해야 하며, 고객참여를 통해 실질적인 성과가 창출되었다면 그 이익을 참여한 고객과 함께 공유하는 것이 필요하다.

■ **어피니티 그룹 활용** 고객참여정책이 정착하기 전에는 자

사의 상품·서비스와 연관되어 있는 적절한 어피니티 그룹(affinity group)을 선정하고, 해당 그룹을 지원하는 조건으로 그룹멤버들의 참여를 유도하는 것도 좋은 출발점이 될 수 있다.

지금까지 Part IV에서 논술한 CRM 전략 유형들은 고객전략 관점에서 반드시 고려해 볼 만한 활동들임에는 분명하다. 하지만, 모든 기업이 모든 CRM 전략 유형을 반드시 수행해야 한다는 의미로 해석해서는 곤란하다(실제로 본 파트에서 소개된 모든 CRM 전략을 제대로 수행하는 기업은 존재하지 않는다). 8장에서 논의하였듯이, 각각의 전략이 우리 기업에 주는 의미가 무엇일지 판단하여 전략적 중요도에 따라 취사선택하여 전개하는 접근방법이 중요하다. 실제로 사단법인 한국CRM협회에서 7년여에 걸쳐 국내 기업들의 CRM 현황을 진단한 결과, 업종에 따라 매우 상이하고, 독특한 CRM 전략의 패턴이 도출되었다.* 즉, 모든 업종에 공통적으로 적용되는 CRM 전략의 구성이란 존재하지 않는다. 자사가 속한 산업의 유형, 경쟁상황, 그리고 상품과 서비스의 특성을 고려하여 CRM 전략의 적합도를 평가하고, CRM 진단을 통해 조직 내의 모든 고객관련 경영활동을 점검하여 핵심 CRM 전략 주제를 선택하여 단계적으로 실행에 옮기려는 자세가 필요하다.

* 단, VOC 관리나 로열티 프로그램과 같은 일부 CRM 전략은 거의 모든 업종에 적용되고 있는 추세로 나타났다.

ESSENTIAL

지금도 빅뱅(big bang) 방식의 CRM 도입이 필요한가?

기업이 중장기적으로 가야 할 전체적인 CRM 전략의 로드맵을 도출하는 마스터플랜(master plan) 정도의 컨설팅이라면 몰라도, 실질적인 실행을 위해서라면 온갖 화려한 CRM 계획을 쏟아내는 백화점식 통합 컨설팅 프로젝트는 더 이상 필요하지 않다. 기업이 수천 페이지에 달하는 결과보고서를 소화하는 데에도 최소 몇 개월이 걸리고, 컨설팅 결과가 제시하는 다양한 전략을 동시에 수행하고 싶지만 조직 내 자원의 한계에 직면한다. 한 가지라도 제대로 수행하기 위해서는 컨설팅 보고서 내용과 다르게 수정·보완되어야 할 내용이 너무나 많다는 사실을 뒤늦게 깨닫기도 하고, 한 가지 전략이 완수되어 다른 전략을 준비할 즈음이면 컨설팅 결과물은 이미 몇 년이 지난 상태가 되기도 한다. 먹을 만큼만 담아야 하는 것은 식당에서만 적용되는 이야기가 아니다.

지금까지 IT 솔루션도, 마케팅을 지원하기 위한 분석기능도 아닌, 고객전략으로서의 CRM을 이해하기 위해 필요한 각종 이론과 기술적인 면모들, 그리고 고객을 중심으로 전개되는 다양한 전략 유형들을 살펴보았다. 만약 CRM이 IT 솔루션이나 분석방법론 정도라면 단순히 '도입(introduction)'이나 '채택(adoption)'이라는 개념만으로도 소기의 목적을 충분히 달성할 수 있을 것이다. 그러나, CRM을 '도입' 혹은 '채택'했던 수많은 기업에서 자사의 CRM이 성공적이었다고 말하는 기업은 그다지 많지 않다. 문제는 무엇이었을까? 진정 CRM을 경영전략이라고 인식한다면 단순히 '도입'이나 '채택'만으로 쉽게 성공할 것이라고 생각하는 사람은 많지 않을 것이다.

이에 마지막 파트인 PART V에서는 CRM이 전략으로서 성공하기 위해 고려해야 할 요소들에 대해 논의해보고자 한다. 사실 CRM이라는 이론이 학계와 업계에 전파되면서 좋은 개념과 전략, 기법들이 많이 소개되었지만, 정작 뒤에서 뒷받침되어야 할 (그래서 쉽지만은 않은) 성공요건들을 다루는 데는 다소 인색했던 것 같다.

PART V

성공적인 CRM 수행조건

15

CRM을 위한 고객접점 부서의 변화

CRM 전략의 운영과정은 우선 마케팅, 영업, 그리고 고객서비스와 같은 고객접점 부서의 역할과 업무에 직접적으로 크고 작은 변화를 동반한다. 이는 거꾸로 CRM이 성공적으로 안착하기 위해서는 우선적으로 마케팅과 영업, 그리고 고객서비스 기능이 고객지향적으로 변모되어야 함을 의미한다. 점차 변화되어야 할 CRM 중심의 마케팅, CRM 중심의 영업, 그리고 CRM 중심의 고객서비스가 무엇인지 기존의 마케팅과 영업, 고객서비스의 특징과 함께 비교해보자. 그리고, 독자들의 회사는 어느 수준인지 스스로 평가해보자.

CRM에 의한 마케팅의 변화

기업이 CRM 전략을 추진함으로써 가장 많은 변화를 겪게 되는 영역이 마케팅이다. 전통적인 마케팅 업무의 기능이 기업의 제품 또는 서비스를 시장화하는 일련의 방법론을 고려하는 것이었기 때문에 제품 또는 서비스의 생산 혹은 개발과 같은 내부 가치사슬 기능에는 영향을 미치지 못하였고, 고객이라는 주체 역시 주어진 제품과 서비스를 판매하는 관점에서 부수적으로 논의될 뿐이었다. 하지만, 현재 대부분의 산업에서 경쟁사가 증가하고, 고객의 협상력이 증대된 시점에서 마케팅의 중심은 더 이상 기존의 상품과 서비스가 아니라 고객일 수밖에 없다. 따라서, CRM 중심의 마케팅이 되기 위해서는 다음과 같은 마케팅 역할의 변화를 도모해야 한다.

마케팅 출발점의 변화: 제품중심에서 고객중심으로

과거 전통적인 마케팅 전략의 출발점이 제품이었다면, CRM적 마케팅의 전략 기반은 고객이다. 이는 단순한 차이면서 두 가지 마케팅 접근방식이 근본적으로 다를 수밖에 없도록 만드는 가장 중요한 요소이다. 제품중심의 마케팅은 전략의 방향과 실질적인 마케팅 활동들이 제품을 기반으로 형성되기 때문에 제품에 따라 마케팅 전략이 달라질 수 있다는 것을 의미한다. 따라서, 새로운 제품의 개발과 출시는 새로운 마케팅 전략의 필요성을 의미하며, 이러한 관점에서 마케팅 전략은 제품 생산에 종속적이거나 부수적인 기능일 수밖에 없다.

반면, 고객중심의 마케팅은 기업의 마케팅 전략과 활동들이 모두 고객을 중심으로 재편된다는 것을 의미한다. 따라서, 아무리 새로운 제품이 출시되더라도 고객 관점에서 새롭거나 유의미하지 않으면 해당 제품에 대한 마케팅 활동은 무의미하다. 아니, CRM 관점에서 보았을 때 고객니즈에 기반하지 않는 제품은 기획 자체가 부정된다. 따라서, 기업의 마케팅 전략은 신제품 개발보다는 새로운 고객군의 발견에 따라 새롭게 정의되어야 하며, 이러한 관점에서 기업의 마케팅은 곧 고객과의 커뮤니케이션 전략이라고 할 수 있다.

마케팅 요소의 변화: 4P에서 4R로

제품중심적 마케팅 전략은 4P(Product, Price, Place, Promotion)를 기반으로 수립되는 반면, CRM에서의 마케팅은 4R(Right customer, Right product, Right time, Right channel)을 결정하는 과정이다. 전형적인 제품중심적 마케팅 전략은 어떤 제품(product)을 판매할 것인가를 결정한 후 이 제품 판매에 대한 가격, 장소, 그리고 프로모션을 기획하게 되지만, CRM에서는 적절한 표적 고객(right customer)을 먼저 고려한 후 해당 고객에게 적합한 제품(right product)과 접근하고자 하는 시점(right time), 그리고 적절한 접촉 채널(right channel)을 고려한다. CRM에서 마케팅은 고객과의 끊임없는 커뮤니케이션 과정이기 때문에 4R에서의 채널(channel)은 4P에서 제품 판매나 프로모션을 위한 물리적 장소(place)뿐만 아니라 고객과의 의사소통이 이루어질 수 있는 다양한 수단까지도 포함하는 광의의 개념이라고 할 수 있다.

기획 방식의 변화: 소수에 의한 직감에서 정보와 체계에 의한 과학적 접근으로

마케팅 전략을 기획하고 전개하는 행태적인 부분에서도 기존 마케팅 활동과 CRM 중심적 마케팅 활동의 차이가 존재한다. 이전에는 대부분의 기업들이 한 사람 혹은 소수 마케터들의 아이디어에서 기업 전체의 마케팅 프로모션을 결정하곤 하였다. 즉, 제품에 따라 홍보전략과 가격을 추측하여 마케팅 캠페인을 기획했기 때문에 마케팅 업무는 다분히 예술적(artistic)이거나 기교적(tactical)인 측면이 강했다고 볼 수 있다. 이에 비해, CRM 중심의 마케팅 전략은 과학적(scientific)이고 전략적(strategic)인 측면이 더욱 강화된 접근 방식이다. 물론 기존의 창의력이나 기교는 개별적인 마케팅 활동 기획 영역에서 여전히 필요하지만, 여기에서 중요한 점은 이러한 창의력과 기교에만 의존한 마케팅 기획이 아니라, 그 중심에는 명확한 분석결과와 전략적 체계가 갖추어져 있다는 것이다. 현장에서는 재치 있고 흥미로운 마케팅 활동으로 전개되더라도, 이 활동의 내면에는 명백한 CRM 관점의 목표가 존재하고, 이 목표는 전사적인 고객전략의 방향성과 더불어 정확한 고객정보 분석의 기반 아래 수립된다.

실행 방식의 변화: 부분 최적화에서 전체 최적화로

마케팅 전략의 중심이 제품이냐 고객이냐는 실행 측면에서도 두드러진 차이를 보인다. 제품중심의 마케팅은 사업단위별 혹은 제품단위별로 개별적인 마케팅 활동이 전개되는 것을 의미하므로 특정 제품에 대해서만 최적화된 활동이 이루어진다. 이는 고객 관점에서 한 기업으로부터 개별 상품에 대한 마케팅 메시지를 여러 번 중복해서 받을 수 있기 때문에 장기적인 관계 형성과 유지에 부정적인 효과를 가져올 수 있다. 기업 입장에서도 불필요한 중복 마케팅

비용이 발생하거나, 마케팅 활동 간의 연관관계를 고려하지 못함으로 인해 자기잠식 효과(cannibalization)를 불러일으키는 결과를 가져오기도 한다.

한편, CRM에서 마케팅의 목적은 제품이 아니라 고객이기 때문에 제품과 서비스를 포함한 기업의 모든 자원들이 고객과의 관계 형성과 유지를 위해 전체 최적화된 관점으로 조직화되어야 한다. 이러한 과정에서 지금까지 중요하다고 생각되어 왔던 마케팅 활동들은 종종 과감하게 제거되거나 재설계되어야 할 필요성도 존재한다. 또한, CRM 중심의 마케팅 전략이 그 목적을 달성하기 위해서는 기존의 마케팅 접근방식 때보다 더욱 긴밀한 부서 간 협업문화(cross-functionality)를 필요로 한다.

평가방식의 변화: 제품별 판매량에서 고객별 자산가치로

전통적인 매스마케팅의 중심이 제품이기 때문에 이러한 접근방식에서는 제품별 판매량이나 매출액 자체를 가장 중요한 성과지표로 삼는다. 모든 성과평가와 모니터링은 브랜드나 제품 라인별로 이루어지고 보고된다. 이러한 특성은 기업으로 하여금 제품별 시장점유율 증대를 지상 최대의 과제로 삼을 수밖에 없도록 만들고, 또 이는 기업의 마케팅 활동들이 대부분 가격중심의 프로모션으로 매진하도록 한다. 이 경우 단기적으로는 제품별로 매출이 증대하지만, 고객들의 가격민감도는 점차 증가하고, 프로모션에 따른 매출의 등락이 가시화되어 궁극적으로는 제품별 가격 베이스라인(baseline)이 점점 하락하는 결과를 낳는다.

반면에 CRM 중심의 마케팅 전략에서의 성과지표는 고객별 자산가치(customer equity)의 증대를 기반으로 구성된다. 따라서, 마케팅 활동에 대한 성과평가와 모니터링은 관리 고객군별 획득, 유지, 강화지표와 더불어 이에 따른 고객자산가치의 변화 측정으로 이루어진다. 이러한 성과지표는 기업으로 하여금 자연스럽게 비용이 많이 드는 신규고객 확보에 치중하기보다 기존고객을 대상으로 반복구매에 의한 관계유지에 집중하도록 만들 수 있다.

CRM에 의한 영업의 변화

영업의 관점에서 보았을 때 CRM 전략의 도입은 일차적으로 기존의 비효율적이던 영업 업무 프로세스를 고객지향적으로 개선해 나갈 수 있는 계기를 마련한다는 점에서 의미가 있을 것이다. 하지만, CRM을 통해 기업의 실질적인 영업 성과가 개선되기 위해서는 CRM 전략 도입의 의미를 단지 이러한 기능적 역할의 제공만으로 한정해서는 곤란하다. 마케팅과 마찬가지로 CRM은 여러 가지 관점에서 영업의 근본적인 접근방식을 변화시키기 때문이다. 따라서, CRM 중심의 영업이 되기 위해서는 다음과 같은 영업기능의 변화를 필요로 한다.

영업 목표의 변화: 제품판매에서 고객문제의 해결 중심으로

일반적으로 영업활동은 제품이나 서비스의 판매 자체가 핵심 목표이다. 즉, 고객의 니즈가 결국 자사가 제공하는 제품이나 서비스에 맞지 않는다는 판단이 서면, 실질적으로 영업활동은 종료되는 것이며, 자사의 제품이나 서비스를 구매하지 않는다면 접촉해 왔던 고객들은 더 이상 자사의 고객이 아니라고 판단한다.

하지만, CRM 관점에서 영업활동은 고객과의 관계를 형성하고, 유지해 나가는 고객관계관리 과정의 일부이기 때문에 영업을 위해 고객과 접촉하는 것은 고객의 문제점을 해결하기 위한 공동 노력의 과정이라고 볼 수 있다. 따라서, 고객의 문제 해결을 위해서 자사의 솔루션이 맞지 않는다면 기꺼이 타사 제품이나 서비스를 권장해줄 수 있는 마인드가 있어야 한다.

영업 범위의 변화: 단기적인 거래관계에서 장기적인 상호관계로

기존 영업방식에서는 핵심 목표가 오로지 제품판매에 있었기 때문에 영업의 활동 범위 역시 대단히 단기적일 수밖에 없다. 즉, 판매계약이 이루어지면 모든 영업활동은 사실상 종료되는 것이라고 보는 것이다. 설사 향후 그 고객이 또 다른 제품이나 서비스 구매를 희망한다고 해도 그것은 엄연히 또 다른 독립적인 영업활동으로 간주되며, 이러한 새로운 영업 기회가 발생하지 않는 한 과거 판매시점 이후에 특별한 상호작용은 이루어지지 않는다.

한편, CRM 중심의 영업방식에서는 한 번의 제품판매활동 자체를 고객관계관리 과정의 일환으로 보기 때문에 단기적인 거래로 영업활동이 종료되는 것이 아니라, 장기적인 상호관계를 이끌기 위한 사후 프로세스를 정의하게 된다. 이 과정에서 고객이 구매한 제품 혹은 서비스가 고객의 문제점을 해결하고 있는지 지속적인 모니터링이 필요하며, 새로운 고객니즈를 파악하기 위해 체계적인 접근을 시도한다. 따라서, 새로운 제품의 판매 기회는 독립적인 사건이 아니라, 고객과의 장기적인 상호관계 속에서 발생하는 자연스러운 현상이라고 간주한다.

영업 기회 파악의 변화: 수동적 인지에서 능동적 탐색으로

단기적인 거래관계의 특징을 갖는 영업은 고객의 니즈 파악과 대응에서 수동적일 수밖에 없다. 단속적인 제품의 판매가 주목적이기 때문에 제품 구매에 관련된 문의나 요청이 들어오기 전까지는 해당 고객에 대한 별다른 접촉을 수행하지 않기 때문이다.

하지만, CRM은 고객과 장기적인 상호관계를 형성해 나가는 일련의 과정이기 때문에 지금 당장 제품 구매에 대한 문의나 요청이 없어도 지속적으로 고객과 접촉한다. 이는 제품판매라는 실익의 관점에서도 고객니즈를 능동적으로 파악할 수 있기 때문에 새로운 영업 기회의 탐색이 더욱 용이해진다.

영업 프로세스의 변화: 비체계적인 업무관리에서 체계적인 업무관리로

제품판매 중심의 영업방식에서는 고객 측에서 구매니즈를 제시하기 전까지는 어떠한 사전 및 사후 활동도 정의하지 않기 때문에 체계적인 영업 프로세스를 구축할 이유가 약하다. 물론 이러한 영업형태에서도 개별 단위업무를 지원하는 시스템을 활용할 수 있지만, 이것은 어디까지나 개별 업무기능에 대한 자동화나 부분 업무 최적화를 이루는 수준이다.

하지만, CRM 중심의 영업방식에서는 개별 고객에 대한 니즈와 접근방식이 모두 다르다는 것을 전제로 하기 때문에 잠재고객의 탐색에서부터 영업기회의 발견, 초기 접촉, 영업리드관리, 영업

종료, 사후관리 및 지속적 고객니즈 파악 등에 이르는 영업 프로세스 전반에 걸친 모든 업무 절차가 과학적이고 체계적으로 구성되어 있어야 한다. 이렇게 체계적인 절차에 의한 영업 프로세스는 기업의 마케팅 및 고객서비스 전략과 유기적인 연계를 도모함으로써, 조직의 전사 CRM 관점에서 전체 최적화를 이룰 수 있는 핵심 요소이다.

영업 핵심역량의 변화: 개인적 영업능력에서 고객지식 활용능력으로

본사 차원에서 영업지원을 위한 CRM 체제가 수립되어 있지 않은 경우에는 영업실적이 전적으로 영업사원 개인의 역량에 의해 좌우될 수밖에 없다. 따라서, 이러한 상황에서 기업은 영업역량이 뛰어난 사원을 영입하거나 양성하는 것이 가장 중요한 핵심 과제가 된다. 하지만, 개인 역량에 전적으로 의존하는 영업방식은 개인별 편차와 시기적 변화에 따라 기업의 영업성과가 크게 달라지기 때문에 영업패턴이 안정적이지 못하고, 영업관리체계가 비효율적으로 이루어질 수 있다는 단점이 있다. 또한, 기업의 성과가 개별 인적자원 요소에 지나치게 종속됨으로써, 핵심 영업사원의 이탈에 따른 문제점이 매우 커질 수 있다는 한계점 또한 내포하고 있다.

반면에, CRM 중심의 영업전략에서 중요시하는 핵심자원은 무엇보다 조직이 보유하고 있는 고객지식과 이를 전사적으로 활용할 수 있는 지식경영의 역량이라고 할 수 있다. 전사적인 고객지식 관리체계는 신입 영업사원에게도 접촉 고객에 대한 모든 영업 및 접촉 이력을 실시간으로 제공해주기 때문에 마치 해당 영업사원이 접촉 고객과 오랫동안 관계를 형성해 왔던 것과 유사한 역량을 제공한다. 물론, 이러한 영업관리체계가 효과적으로 수행되기 위해서는 영업사원에 대한 성과보상의 기준이 달라져야 하고, 고객지식 기반의 새로운 영업방식에 대한 교육과 훈련이 함께 이루어져야 한다.

CRM에 의한 고객서비스의 변화

고객서비스 부서는 고객과의 상호작용이 가장 활발하게 이루어지는 고객접점 기능이기 때문에 기업의 CRM 전략이 가장 효과적으로 수행될 수 있는 채널이기도 하다. 하지만, 이러한 고객서비스의 잠재력에도 불구하고, CRM 전략의 핵심 부서로 인식하지 못한 채 고객서비스를 잘못된 시각으로 바라보거나, 고객서비스를 매우 제한적인 기능으로만 인식하는 경우가 많다. 고객서비스에 대한 잘못된 인식을 갖거나 제한적 역할로만 한정하는 기업들의 경우 대개 CRM 중심의 마케팅과 영업 부분에서 논의했던 것과 마찬가지로 주로 그들의 시각이 여전히 제품지향적인 마인드에서 벗어나지 못했기 때문이라고 볼 수 있다. 진정한 고객중심의 고객서비스를 위한 CRM 중심의 고객서비스 역할은 다음과 같은 변화를 요구한다.

고객서비스에 대한 관점의 변화: 가급적 줄여야 할 난제에서 풍부한 고객지식 확보의 기회로

과거의 제품중심의 경영전략에서는 오로지 제품판매가 주목적이기 때문에, 매출액 증대야말로 그들의 실질적인 성공지표이고, 제품판매 이후에 이루어지는 대고객서비스는 결국 영업이익을 감소시키는 코스트 센터(cost center)로밖에 인식할 수 없었다. 따라서, 제품지향적인 접근방식을 갖는 기업의 입장에서는 가급적 고객서비스 비용을 최소한으로 줄이는 것이 현명한 선택이었을지 모른다.

하지만, 이제는 기존의 제품중심적인 사고방식을 갖던 제조업체들도 모두 서비스 지향적인 기업으로 전향하고, 고객과의 관계가 비즈니스의 핵심 성공요인이라고 인식하고 있는 만큼, 기존의 고객서비스에 대한 시각이 새롭게 바뀌고 있다. 고객이 제기하는 불만이나 서비스 요청은 고객과의 관계를 더욱 강화할 수 있는 좋은 계기이며, 이를 통해 풍부한 고객지식을 확보할 수 있는 중요한 기회로 인식하고 있다. 이러한 고객서비스에 대한 관점의 차이는 여러 가지 실질적인 고객서비스 운영정책의 차이로 나타나게 된다.

고객서비스 위상의 변화: 기능적 지원부서에서 CRM 전략의 핵심 수행부서로

고객서비스를 코스트 센터로 인식하고 최소한의 자원으로 가급적 줄여야 할 난제로 생각하는 기업에서는 고객서비스에 대해 단지 인바운드(in-bound)로 접수되는 고객문의나 불만을 수동적으로 처리하는 지원부서 이상의 역할을 기대하기 힘들다. 고객서비스 담당자들은 상담과 불만접수에 관련된 제한적인 권한밖에 없으므로 웬만한 고객니즈가 그 자리에서 처리되는 경우는 드물며, 어떠한 상황에서도 회사 내에서 수립한 서비스 기준을 예외 없이 적용하려는 특징을 보이기도 한다. 또한, 내부의 CRM 시스템과 연동되지 않기 때문에 인바운드로 접수되는 고객들의 가치평가를 제대로 하지 못해 고객별 차별화된 대응전략도 마련하지 못한다.

하지만, CRM 중심의 고객서비스 전략은 말 그대로 모든 고객서비스 정책과 프로세스가 전사적인 CRM 전략과 일관된 관점에서 진행된다. 고객접점에서의 모든 인터페이스는 내부의 CRM 데이터베이스와 연동되어 있기 때문에 인바운드로 접수되는 고객들의 정확한 정보와 현황을 파악할 수 있고, 미리 마련된 개별적인 고객 대응 지침으로 자연스럽게 차별화된 고객서비스를 제공할 수 있다. 이러한 관점에서는 고객서비스가 CRM 전략의 핵심 수행부서라는 인식이 자리잡고 있기 때문에 고객접점에서 근무하는 고객서비스 담당자들은 고객의 문제해결을 위해 일정 수준까지 책임과 권한을 위임 받아 현장에서의 즉각적인 처리가 가능하다.

고객지향성 개념의 변화: 단순히 친절함에서 친절함 + α로

제품지향적인 기업이라도 고객접점에서의 직원들은 고객지향적인 태도를 갖춰야 한다는 점에는 동의하지만, 이들에게 고객지향성(customer orientation)이란 단지 고객에 대해 친절한 태도를 보이는 정도를 의미한다. 물론, 친절하고 상냥한 태도는 고객뿐만 아니라 모든 사람을 대하기 위한 기본적인 덕목이므로, 고객접점 직원들이 친절한 태도를 갖도록 교육하는 것은 중요하다. 하지만, 친절함의 내면에 상대방에 대한 배려와 상대방을 이해할 수 있는 지식과 노력이 없다면, 그것은 길거리에서 낯선 사람에게 길을 알려주는 친절함과 다를 바가 없다. 오히려, 반복적인 접촉에도 불구하고 특정 고객을 개인적으로 인지하지 못한 채 기계적인 친절함을 보이거나,

그 친절함에 부응하는 고객지향적인 업무 절차나 정책이 따라오지 못한다면 고객들은 그러한 친절함이 가식적인 태도라고 생각하게 될 것이다.

이에 반해, CRM 중심의 고객서비스에서는 친절함이 고객지향성의 핵심이라고 생각하지 않는다. 고객에 대한 개별적인 이해를 바탕으로 개인적인 친밀함이 존재해야 하며, 이러한 태도적인 차원뿐만 아니라, 고객서비스 처리 내용이나 절차가 충분히 고객지향적이어야 한다고 생각한다.

콜센터 조직의 변화: 기능에 따른 분리에서 고객지향적인 통합 조직으로

전통적인 고객서비스 관점에서도 점차 고객서비스가 영업의 일부 기능을 담당할 수 있다는 것을 느끼게 되었다. 고객과의 커뮤니케이션 과정에서 새로운 잠재 영업의 기회가 생긴다는 것을 알았기 때문이다. 하지만, 고객서비스에 대한 근본적인 시각이 바뀌지 않았기 때문에 이러한 고객서비스의 새로운 역할이 기존 기능들과 유기적으로 통합되지 못한 채 부가적인 기능을 추가하는 방식으로 서비스 조직이 형성되곤 한다. 가장 흔한 사례가 콜센터 내에서의 인바운드 기능과 아웃바운드 기능을 분리하는 것이다. 즉, 고객문의, 불만, 클레임을 접수받아 처리하는 상담원과 새롭게 발생된 고객니즈를 바탕으로 회사 측에서 고객에게 접근하여 마케팅과 영업전략을 수행하는 상담원이 분리되어 있는 것이다. 기능의 분리를 통한 업무의 효율성 차원에서는 바람직해 보일지 모르지만, 이렇게 인바운드와 아웃바운드의 기능이 분리되어 있는 상황에서는 양쪽 기능을 완전히 묶어주는 정보시스템이 존재하지 않는 한, 동일한 고객에 대해 다른 시각으로 바라보게 되는 전형적인 비CRM적인 고객 커뮤니케이션 현상이 발생한다.

한편, CRM을 기반으로 하는 경영활동에는 모든 기업활동의 기준이 고객이기 때문에 인바운드와 아웃바운드가 분리될 이유가 없다. 이 때문에 최근 많은 기업에서는 고객당 전담상담원제를 도입하여 해당 고객에 대한 인바운드와 아웃바운드 접근이 동일한 상담원을 통해 이루어지도록 서비스 조직을 개편해 나가고 있다.

고객서비스 부서 형태의 변화: 전면적인 아웃소싱에서 부분적인 인소싱으로

고객서비스를 부수적인 지원기능 정도로 인식하는 상황에서는 기업이 여기에 핵심 자원과 역량을 투입할 리 만무하다. 만약, 특정 조직이나 기능을 자사의 핵심 역량이 아니라고 판단한다면 외주를 통해 해당 기능을 전담시키는 것이 옳을 것이다. 실제로 고객서비스 역할을 단지 부수적인 기능으로 판단하는 기업에서는 이 기능을 외주업체에 완전히 아웃소싱하는 경우를 많이 볼 수 있다. 물론, 아웃소싱하는 이유에는 해당 기능에 대해서 보다 전문적인 지식을 가진 업체를 통해 신속하게 그 기술력의 효과를 보려는 경우도 있다. 하지만, 그것이 아무리 전문지식을 요구하고, 신속하게 도입해야 하는 영역이라 할지라도, 그것이 자사의 핵심 역량이라고 간주된다면 무조건적인 아웃소싱은 많은 문제점을 노출할 수 있다.

한 예로, 글로벌 기업들이 최근 몇 년간 인도나 남미, 러시아 등지에 자사의 콜센터나 고객서비스 기능을 이주시키는 해외 고객서비스(offshore customer service)를 추진했다가, 고객불만을 처리해야 하는 고객서비스 기능이 오히려 고객불만을 야기하는 현상으로 이어지자 속속 자국 내로 다시 들어오는 이유도 여기에 있다.

고객서비스를 CRM 전략의 핵심 운영기능으로 인식하는 기업에서는 자사의 고객서비스를 전면적으로 아웃소싱에 의존하지 않는다. 이들은 고객서비스를 고객불만을 처리하는 것 이상의 중요한 역할을 담당한다고 인식하기 때문이다. 부분적인 아웃소싱을 하더라도 주요 관리임무에는 내부의 핵심직원이 배치되거나, 뛰어난 고객관리 역량을 갖춘 상담원들을 점차 정규직으로 전환하는 이유도 여기에 있다.

내부 프로세스와의 협력 변화: 단절 혹은 간헐적 연계에서 통합 혹은 지속적 연계로

고객과의 관계보다는 단기적인 제품판매가 주목적인 기업 풍토에서는 고객서비스 부서를 조직 내 다른 부서기능과 연계하기가 어렵다. 이런 기업의 경영진들은 고객서비스 부서가 외부로부터 들어오는 각종 고객불만과 클레임에 대한 방패막(shield) 역할을 해주기를 기대한다. 이러한 기업에서 제공하는 고객서비스의 특징 중 하나는 고객이 전화로 불만을 접수하면 실제 담당자에게 도달하기까지 몇 차례에 걸쳐 다른 부서 혹은 담당자에게 연계콜이 이루어지고, 고객은 전화를 받는 새로운 사람에게 매번 자신의 문제점을 다시 설명해야 한다는 점이다.

반면에, CRM 전략을 기반으로 한 고객서비스 부서에서는 고객서비스 기능을 방패막이 아닌 유의미한 고객통찰력을 확보하고, 이를 내부 비즈니스 프로세스에 원활히 공급할 수 있는 일종의 깔때기(funnel) 역할이 되어야 한다고 인식한다. 접수되는 고객의 소리를 그때그때 원활히 처리할 뿐만 아니라 적극적인 VOC 관리를 통해 어떤 점에서 지속적인 고객불만이 야기되는지, 제품 생산라인에서 어떤 점을 개선시켜야 할지를 찾아내어 다른 가치사슬 기능에 직접적인 피드백을 제공한다.

ESSENTIAL

방패막 역할을 하는 고객서비스의 결과

CRM의 전략적 의미를 이해하지 못하는 기업들의 방패막형 고객서비스의 결과를 한마디로 표현하자면, 소탐대실(penny-wise, but pound-foolish)이라고 해도 과언이 아니다. 접수된 고객불만이나 클레임에 대해 고객중심적으로 고려하지 않고, 단순한 처리(deal)로 마무리 지으려다가 결국 사회적인 이슈로 번져 더 큰 손실을 보는 기업의 사례를 우리는 자주 접한다.

16

CRM을 위한 조직 인프라

기업의 현황과 목적에 부합하는 CRM 전략을 도입한다 하더라도 이것이 성공적으로 운영되지 못하는 기업을 많이 볼 수 있다. 실제로 필자가 지난 10여 년간 국내 기업들의 CRM 현황을 진단한 바에 의하면, 이러한 기업들은 CRM 전략 자체보다는 조직 내부적인 인프라 요건들이 불충분하게 지원되거나, CRM적인 문화에 적합하지 않았기 때문인 것으로 나타났다. 즉, 고객전략으로서의 CRM이 제대로 작동하기 위해서는 조직의 특성에 맞는 체계적인 CRM 전략이 마련되는 것이 중요하지만, 그에 못지않게 조직의 인프라 요소들을 함께 갖추어 나가는 것도 중요하다는 것이다. 그렇다면, CRM이 근본적인 고객전략으로 거듭나기 위해 갖춰야 할 조직 인프라 요소는 무엇일까?

CRM을 수행하면서 함께 고려해야 할 조직의 인프라 요소를 크게 인적자원, 조직문화, 조직체제 그리고 정보시스템 영역으로 구분하여 살펴보자.

■■ 인적자원

CRM이 정보시스템이나 분석기법 자체가 아닌 이상 결국 사람에 의해 수립되고, 진행되는 활동이다. 비즈니스 규칙에 의한 자동발송 이메일이나 웹 맞춤화 정도는 정보시스템에 의해 자동화될 수 있지만, 이러한 자동화 영역이 CRM 전략에서 차지하는 부분은 극히 작다. 따라서, CRM이 조직전략으로 부상하게 되면 정보시스템보다는 조직의 인적자원 관리 측면의 중요성이 더욱 중요해진다.

> **ESSENTIAL**
>
> **이렇다면 인적자원 관점의 문제다**
> 최고경영자가 CRM에 대한 리더십이 없거나, 의지가 지속적이지 못하다. CRM 전략을 위해 필요한 분석 및 기획 전문인력이 없다. 직원들이 왠지 늘 불만에 휩싸여 있다. 고객접점 직원들이 자기중심적으로 일하거나, 형식적으로 고객을 응대한다. 이러한 신호가 있다면 CRM 실패의 원인은 인적자원 문제일 것이다.

CRM 전략을 위한 인적자원 측면의 성공요인은 최고경영진의 CRM 리더십, CRM 전문인력의 확보, 직원들의 만족도, 그리고 고객접점 직원들의 고객지향성이다.

최고경영진의 CRM 리더십

기업 경영에 관련된 모든 이론과 사례를 통틀어 최고경영자의 의지나 지원만큼 자주 거론되는 요인이 있을까? 진부할지 모르지만

CRM에서도 이 원칙은 그대로 적용된다. CRM은 일종의 경영혁신 과제인데, 이러한 혁신과제를 달성하기 위해서는 조직 곳곳에 내재되어 있는 기존 경영활동의 패러다임을 변화시켜야 하기 때문에 무엇보다 최고경영진의 확고한 의지와 지원이 절실하다. 이를 위해 최고경영진의 CRM 리더십은 우선 CRM에 대한 올바른 지식과 식견을 바탕으로 출발해야 한다. CRM에 대한 잘못된 오해와 고정관념에서 벗어나야 CRM 전략의 중요성을 전파할 수 있고, CRM 실행을 위한 실질적인 투자를 단행할 수 있기 때문이다.

그러나, 최고경영진의 긍정적인 CRM 리더십이 발휘된다 하더라도 지속적이지 못하고 일시적인 현상으로 끝나버리면 중장기적인 관점에서 전개되어야 할 기업의 CRM 전략은 그 효력을 발휘하기 어려울 것이다. CRM에 대해 초기에는 자사 경영진이 많은 관심과 지원을 아끼지 않았지만 시간이 지남에 따라 서서히 사라지는 것을 조직원들이 느끼는 순간, 조직 내에서는 CRM, 아니 혁신이라는 것 자체에 대한 회의론이 생길지 모른다. 최고경영자가 또 어느 순간 다른 혁신과제를 제기할지 모르고, 이러한 열정 역시 조만간 시들해질 것이라는 점을 잘 알고 있기 때문이다.

CRM 전문인력

CRM 전략이 실질적으로 운영되기 위해서는 CRM 전략을 수행하기 위한 각 기능 요소들을 담당하는 전문인력의 확보가 필요하다. CRM 전략을 수행하기 위해 필요한 전문인력은 CRM의 순환기능과정에 따라 분석인력, 기획인력, 실행인력, 학습인력으로 구분해

볼 수 있다.

분석인력 분석인력은 CRM 전략에 필요한 각종 데이터들을 분석하고, 유의미한 정보를 도출해낼 수 있는 전문가를 말한다. 분석 전문가로서 갖춰야 할 주요 스킬에는 고객 데이터베이스로부터 필요한 데이터를 추출하는 질의(query)능력, 업무 요건에 맞도록 데이터를 가공할 수 있는 스프레드시트 작업능력, 대용량 데이터를 처리할 수 있는 OLAP 및 데이터마이닝 도구 활용능력, 전략적 의사결정을 지원하는 통계분석능력 등이 있다.

기획인력 기획인력은 CRM 전략에 관한 전반적인 운영계획을 수립하는 역할을 담당한다. 경우에 따라 CRM 기획인력은 캠페인 기획이나 로열티 프로그램 기획처럼 테마별 기획 담당자나 전사적인 CRM 전략을 총괄 기획하는 CRM 전략가를 의미하기도 하는데, 후자의 경우 일반적으로 해당 조직의 CRM 부서나 팀을 리드하기 때문에 CRM 활동의 전략기획뿐만 아니라, 분석이나 실행, 학습을 지원하는 각 분야별 전문가들을 지휘 관리하는 업무까지 담당해야 한다.

실행인력 CRM 실행을 위한 인력은 내부적으로 마련된 CRM 전략을 고객접점에서 수행하는 프런트 오피스 직원들을 의미한다. 따라서, 영업사원이나 콜센터 혹은 고객서비스 부서 직원들은 물론, 고객응대가 매우 중요한 호텔이나 은행과 같은 서비스 업종에서 VIP 고객을 전담하는 고객담당 직원이나 소매은행의

PB(Private Banker)와 같은 인력들도 CRM 실행인력으로 볼 수 있다.

■ **학습인력** 흔히 간과하게 되는 CRM 전문인력 중 하나가 조직의 학습을 담당하는 인력이다. 여기에서 학습이란 CRM의 실행과정과 결과에 대한 체계적인 모니터링과 평가를 수행하고, 유의미한 개선점을 도출해낼 수 있는 기능을 의미한다. 따라서, CRM 학습을 위한 인력은 조직활동에 대한 성과평가 업무와 더불어 조직 구성원들이 등록하는 다양한 고객지식을 걸러줄 수 있는 일종의 지식분류 전문가 역할을 담당해야 한다.

한편, 학습인력은 분석·기획·실행을 담당하는 인력들의 조합으로, TFT를 형성하여 운영할 수도 있지만, 전사적인 고객지식 관리체계가 확립되어 있는 조직이라면 전문적인 학습평가 담당자가 별도로 존재하는 것이 바람직하다.

물론 여기에서 언급된 4가지 형태의 CRM 관련 기능들이 반드시 개별적인 인력들로 구분되어야 할 필요는 없다. 조직의 규모나 CRM 전략의 복잡성 정도에 따라 동일한 인물이 수행할 수도 있고, 완전히 구분되어 개별 전문가가 담당할 수도 있으며, 한 사람이 몇 가지 기능을 담당할 수도 있을 것이다.

ESSENTIAL

CRM 팀 역할의 변화

아직 일부 기업이기는 하지만 고객전략을 마케팅, 영업, 서비스의 정책적 방향을 총괄하는 개념으로 받아들여 CRM 팀의 지위를 "CRM 전략기획 본부" 또는 "CRM 정책팀"으로 격상시켜 보다 상위 단위의 전략 총괄 지휘를 담당하기 시작하였다. 이러한 기업의 특징 중 하나는 CMO(Chief Marketing Officer: 최고마케팅경영자)와는 별개로 CCO(Chief Customer Officer: 최고고객경영자)와 같은 고객전략 총괄임원이 존재한다는 것이다.

직원만족

CRM에서 직원은 고객에게 가치를 전달하고 이를 통해 기업의 목표 달성을 가능하게 하는 주체이기 때문에 내부고객으로서 직원들과의 관계 또한 중요하게 생각해야 한다. CRM 전략수행의 관점에서 직원만족이 중요한 이유를 조금 더 현실적으로 본다면, 자신이 속한 기업과 직무에 만족하지 않는 직원들은 기존 업무 관행에 비해 일반적으로 더 많은 개인적 노력을 투입해야 하는 CRM 직무에 심적으로 동의하지 않는다는 것이다. 특히, CRM 활동에 직접적으로 연관되어 있는 직원들의 만족도는 CRM의 친화적인 조직문화나 관련 정보시스템의 직무 적합도, 그리고 CRM 업무와 관련된 적절한 성과보상 및 직무평가제도에 직접적으로 영향을 받는다. 따라서, CRM을 추진하는 기업의 직원만족도를 개선하기 위해서는 CRM에 우호적인 조직문화 형성과 직무수행을 위한 효율적인 시스템의 구축, 그리고 그들의 CRM 업무를 평가하여 보상에 반영할 수 있는 성과평가제도가 함께 수립되어야 한다.

한편, 직원만족은 CRM을 수행하는 모든 기업에 중요한 인적자원 요인이지만, 소비재 제조업이나 브랜드 중심 기업, 대외명분을 중요시하는 비영리단체, 그리고 우량고객 중심의 금융서비스나 고가의 제품 및 서비스를 공급하는 업종의 경우 이를 위한 체계적인 접근방법을 모색해야 할 정도로 중요한 역할을 차지한다. 소비재 제조업이나 브랜드가 중요시되는 기업의 경우는 내부 직원이 곧 소비자이기도 하기 때문에 직원들이 소비자 커뮤니티에 직접적인 영향력을 행사할 수 있으며, 이는 곧 내부직원들이 기업에 대한 긍정적이거나 혹은 부정적인 입소문을 전파시킬 수 있는 매개체가 될 수도 있다는 것을 의미한다. 따라서, NGO와 같이 대외명분을 중요시하는 비영리단체의 경우에도 불만족한 고객이 자칫 조직의 가치관을 대외적으로 손상시킬 수 있기 때문에, 이는 곧 조직의 존폐를 결정할 수 있는 대중의 시각을 변질시킬 수 있는 위험을 가지고 있다.

한편, 우량고객들을 중심으로 운영되는 금융서비스업이나 최고급 여행 패키지와 같은 고가의 서비스를 제공하는 업종의 경우에는 우량고객들이 특정 영업사원들과 개인적인 인간관계를 형성하는 경우가 많다. 때문에 고객접점 직원이 조직에서 이탈할 경우 그 직원과 개인적인 관계를 형성하고 있던 고객들 역시 함께 이탈하게 될 가능성이 높아진다.

고객접점 직원역량

지금까지 언급한 인적자원 관점에서의 요소들은 결국 직원 개개인의 역량과 행동으로 나타난다. CRM 관점에서 올바른 직원행동이란 고객의 니즈를 충족시키고자 하는 고객지향적인 태도와 조직 차원의 전략적 입장을 인식하여 이를 실천하고자 하는 마인드를 동시에 갖춘 행동이라고 할 수 있다. 이러한 CRM 중심적인 행동은 이 책에서 여러 차례 언급한 것처럼, 일차적으로 고객접점에서 직접적으로 고객을 대면하는 직원들에게 가장 중요한 요소이다. 즉, 업무의 효율성뿐 아니라, 고객의 가치 실현을 목적으로 고객의 니즈 파악과 실현을 위해 최선을 다해야 하는 것을 의미한다. 이를 위해 고객접점 직원들에게는 다음과 같은 몇 가지 기본 자질이 요구된다.

■ **고객선별능력** 고객접점 직원의 시간과 노력을 적절히 투입해야 하는 고객과 이러한 시간과 비용 투입을 가급적 줄여야 할 고객을 파악할 수 있는 능력을 의미한다. 이러한 고객선별능력은 선천적인 능력일 수도 있지만, CRM 관점에서는 적절한 정보시스템의 지원에 의해 해결할 수 있어야 한다.

■ **관찰 및 기록능력** CRM 전략에 의한 고객접점 직원은 고객과의 모든 상호관계를 면밀히 관찰하고 기록할 수 있는 능력을 갖춰야 한다. 획득한 고객정보와 새롭게 갱신된 정보, 고객과 나누는 대화 중에 알게 된 새로운 니즈 등을 현재 사용하는 CRM 시스템에 등록함으로써 전사적으로 공유할 수 있도록 해야 한다.

■ **문제해결능력** 문제해결능력 역시 고객접점 직원들이 갖춰야 할 자질 중의 하나다. 여기에서 문제해결능력이란 고객이 직면

한 문제를 현장에서 곧바로 해결할 수 있는 능력만을 의미하지는 않는다. 관계지향적인 문제해결능력은 자신이 제공할 수 있는 솔루션이 적절치 않을 경우에 다른 대안을 제시할 수 있는 마인드나 효과적인 커뮤니케이션 기술로 격앙된 고객의 심기를 전환시킬 수 있는 능력 역시 포함한다.

ESSENTIAL

고객지향성은 현장 직원에게만 필요하다?

고객지향적인 태도는 현장직원뿐 아니라 조직 내부에서 CRM의 운영전략을 수립하는 CRM 전문인력에게도 중요하다. CRM 캠페인이나 다양한 형태의 마케팅 활동을 기획할 때 고객지향적인 마인드를 갖추지 못하면 흔히 CRM의 대전제인 상호 간의 공정가치를 위배하는 방향으로 전략이 수립될 수 있기 때문이다. 고객이 반드시 알아야 할 내용이지만 기업에 부정적인 효과를 가져올 수 있는 메시지는 고객이 알아차리기 힘든 곳에 배치하거나, 고객에게 좋은 가치를 제공하는 제안임에는 분명하지만 내부 업무의 효율성 때문에 고객이 그 가치를 획득하기 위해서는 상당한 불편함을 겪어야 하는 기획 내용이 전형적인 예가 될 수 있다.

■■ 조직문화

어떤 조직이든지 그 조직에 내재된 문화적 특징에 따라 그 조직을 구성하고 있는 구성원뿐만 아니라, 조직이 수행하고 있는 모든 활동과 체제에도 영향을 미치게 된다. CRM에 있어서도 올바른 조직문화는 일단 조직이 CRM의 실체를 무엇으로 보는가를 결정짓기 때문에 CRM의 성공 여부에 지대한 영향을 미치게 된다. 이 때문에 CRM에 대해 이미 올바른 시각을 가지고 있는 조직은 전사적 경영전략으로서 CRM을 성공시키는 데 유리한 입장에 놓여 있다고 해도 과언이 아니다.

> ESSENTIAL
>
> **이렇다면 조직문화 관점의 문제다**
>
> 본부에서 기획한 CRM 전략에 대해 각 실행단위에서 미온적인 태도를 보이는가? CRM 팀이 항상 무언가는 하지만 구체적인 성과는 나오지 않는가? 회사가 외부의 새로운 것을 잘 받아들이지 못하는가? 우리 기업은 잘 하지만 협력업체 때문에 고객불만족이 발생하는가? CRM에 있어서 무엇이 정답인지, 이렇게 가는 것이 맞는지 늘 불안해하는가? 당장 눈에 보이는 매출신장이 보장되는 경우 계획된 CRM 전략이 종종 무시되는가? 이러한 신호가 있다면 CRM 실패의 원인은 조직문화 문제일 것이다.

CRM에서 중요한 문화적 요인으로는 조직의 시장지향성, 장기적 시각, 조직경험, 명확한 목표, 부서 간 협업, 그리고 고객지향적인 파트너십 등이 있다.

시장지향성

시장지향성(market orientation)이란 외부 시장의 변화를 신속하게 파악하고, 이에 대응할 수 있는 조직의 능력을 의미한다. 시장지향적이지 못한 기업은 자사가 보유한 핵심 제품기술이나 유통역량 등과 같은 내부적인 요인을 과신하고, 여기에만 집중하기 때문에 외부 시장과 고객의 변화 패턴을 빠르게 감지하지 못한다. 전형적인 공급자 중심의 사고방식인 인사이드 아웃 형태의 조직문화이다.

이러한 조직의 경우 고객중심의 경영체계인 CRM의 필요성을 당연히 느낄 수 없다. CRM이 먼저 적용된 조직의 유형을 보면, 제조업보다는 서비스업이, 비영리기업보다는 영리기업이, 그리고 공공기관보다는 민간기업이 CRM 전략을 먼저 받아들였는데, 그 배경도 이렇게 상대적인 시장지향성의 차이와 무관하지 않다. 즉, 시장지향성은 더욱 경쟁적이고 빠르게 변화하는 시장 상황에서 조직성과와 강한 상관관계를 갖는 요인이라고 할 수 있다. CRM 관점에서 시장지향성은 신속한 고객 응대를 가능케 하는 동시에 원자재 구매처 및 유통·판매 채널 등의 파트너들과 시장 지식을 효과적으로 공유하도록 자극한다는 점에서 중요한 의미를 내포하고 있다.

장기적 시각

CRM에 대한 장기적 시각(long-term perspective)은 CRM 수행에 대한 효과가 단기적인 재무성과가 아닌 장기적인 성과로 나타난다는 믿음의 정도를 나타낸다. 따라서, CRM에 대한 장기적 시각을 가지고 있는 조직은 조급하게 솔루션을 먼저 도입하고자 하는 시도나 CRM 부서나 팀에 당장 눈에 보이는 성과를 보이도록 채근하지 않는다.

CRM에 대한 시각이 장기적인지 단기적인지는 그 기업의 마케팅 전략의 특성에서도 나타난다. CRM 전략의 중요성을 인식하는 기업들도 여전히 실질적인 마케팅 전략의 수립은 고객중심의 전략이 아닌 제품중심적인 사고방식, 즉 단기매출 중심의 전략으로 수행되는 경우가 많다. 이러한 단기성과 일변도의 기업문화가 자리잡게 되면 장기적인 관점으로 접근해야 하는 CRM의 수행은 어려워질 수밖에 없다. 또한, CRM은 기능중심적이고 제품지향적인 관점에서 고객중심적인 관점으로의 전환을 요구하기 때문에 광고·이벤트·판매촉진 등 전통적인 매스마케팅 수단을 기반으로 하는 기존의 마케팅 문화와 갈등을 일으킬 수 있다. 나아가 단기성과 일변도의 가치관을 가지고 있는 기업은 고객접점 부서의 생산성을 떨어뜨릴 수 있다는 우려 때문에 원천적으로 CRM 전략 자체가 수립되기 어렵다.

조직경험

모두에게 경험(experience)이란 암묵적 지식(tacit knowledge)의 가장 중요한 형태이자 다른 지식을 받아들여 내재화할 수 있는 흡수역량(absorptive capacity)의 원동력이 된다. 이러한 관점에서 조직경험은 CRM에서도 매우 중요한 역할을 담당한다. 과거에 CRM 관련 주제로 프로젝트를 진행했던 기업이라면 말할 것도 없거니와, 크고 작은 전사적인 경영 프로젝트를 성공적으로 추진해 온 기업, 데이터베이스 마케팅 기법을 수용하여 마케팅 전략에 반영하는 등 부분적이나마 고객중심적인 마케팅 전략을 수행해 온 기업, 그리고 느낌이나 직관보다는 근거를 중시하는 경영풍토가 오랫동안 자리잡힌 기업들이 그렇지 않은 기업보다 CRM 전략의 도입과 실천에서 성공할 수 있는 확률이 높다. 이러한 조직은 최소한 새로운 지식에 대해 유연한 사고방식을 가지고 있고, 변화와 혁신을 두려워하지 않으며, 긍정적으로 적응해 나가려고 하기 때문이다. 즉, CRM은 일종의 경영혁신 프로젝트이기 때문에 CRM을 도입하려는 기업은 혁신(innovation)에 대한 최소한의 조직경험을 필요로 한다.

명확한 목표

간절히 원하면 이루어진다는 말이 있듯이, CRM에서도 명확한 목표를 가지고 있어야 성공할 수 있다. CRM에서 명확한 목표(explicit goal)란 CRM 전략을 촉진시킬 수 있는 목표의 구체성과 명백성의 정도를 나타낸다. 명확한 목표가 수립된 CRM 전략은 도달해야 할 구체적인 지표가 정해져 있기 때문에 모든 전략활동에 대한 의사소통 체계를 구체화시키고, 각 단위활동을 촉진시켜야 할 명백한 동기가 부여된다. 실제로 구체적인 목표가 있는 CRM 전략과 그렇지 못한 CRM 전략 간에는 수행과정과 결과에서 많은 차이를 보인다. 가령, '3/4분기 고객유지율 15% 향상'과 같이 분명하고 구체적으로 명시된 CRM 목표는 '고객사랑을 통한 고객만족도 증진'과 같이 다소 애매한 목표보다 높은 성과로 이어지며, 실천과정에서도 성공과 실패에 대한 명확한 기준이 수립되기 때문에 더욱 개선된 전략으로 발전해 나갈 수 있다.

부서 간 협업문화

CRM 전략이 기업의 모든 가치사슬 영역에 적용될 수 있다는 논리는 곧 CRM이 부서 간 협업(cross-functionality) 역량을 필요로 한다는 뜻과 일맥상통한다. CRM 전략의 수행은 일반적으로 여러 유관부서들의 동시다발적인 참여를 요구하기 때문에 부서 간 협업체제는 필수적이며, 이를 위해 내부적인 커뮤니케이션과 조율이 필요하다.

한편, 부서 간 협업문화를 방해하는 주된 요인은 전통적으로 분업화된 기능중심의 조직구조에 기인한다. 각 부서들의 역할과 책임, 그리고 이를 위한 자원과 예산이 분명하게 구분되어 있는 기능중심의 조직구조는 이종 부서 간의 협력 프로세스(cross-sectional process)가 생명인 CRM 활동을 더디게 만드는 주요 원인이다. 따라서, 본격적인 CRM 전략체계로 들어서기 원하는 기업은 부서 간 협업문화를 만들기 위해 노력해야 하며, 최소한 CRM 정책 부서나 팀이 다른 팀과 공조할 수 있는 권한과 위치에 자리 잡을 수 있도록 조직구조를 변경해야 한다.

고객지향적 파트너십

앞서 제휴마케팅 부분에서도 기술했듯이, 많은 기업들이 점점 더 자사만의 상품과 서비스로 고객을 유지하기 어려운 상황으로 접어들고 있다. 이는 곧 기업들이 제휴업체와 적절하게 전략적 제휴를 맺어 다양한 상품과 서비스를 고객에게 제공해야 하는 것을 의미하며, 이를 위해 제휴업체와 고객지향적 파트너십(customer-oriented partnership)을 맺는 것이 현대 경영환경에서 중요한 조직문화 중 하나라는 것을 뜻한다. 고객지향적 파트너십이 일반적인 파트너십과 다른 점은, 기업이 제휴업체나 파트너들과 좋은 관계를 유지하는 목적이 무엇보다 고객만족을 증진시키는 데 있다는 점이다. 제휴사와의 호의적인 파트너십에 의해 자사에 유리한 조건으로 거래가 성사되어도 그것이 자사의 고객만족과 로열티 증진에 전혀 도움이 되지 않는다면, 이는 CRM 관점에서 유의미한 파트너십이라고 할 수 없다. CRM 전략을 추진하는 기업은 제휴사의 선정과 유지, 그리고 파트너십을 형성해 가는 기준들을 자사의 고객관계관리 관점에서 평가하고 관리해야 한다.

ESSENTIAL

조직문화는 CRM의 수단이자 목적이다

앞에서 논의된 6가지 고객지향적 조직문화는 CRM 전략의 주요 수단이자 CRM을 통해 달성해야 할 목적이다. 조직문화가 변화·발전하기 위해서는 우선 조직원들 스스로 현재 조직문화의 문제점을 명확히 파악하고, 이를 공유하며, 발전적인 조직문화상을 이야기할 수 있도록 함으로써 모든 조직 구성원들이 긍정적인 조직문화의 창달에 동참할 수 있도록 분위기를 만드는 것이 필요하다.

■■ 조직체제

앞서 논의한 CRM 지향적인 조직문화는 최고경영진을 포함한 모든 조직원들의 자발적인 노력도 중요하지만, 이러한 노력이 실질적이고 가시적인 효과로 나타나기 위해서는 적절한 조직체제가 동반되어야 한다. 조직체제(organizational alignment)란 특별한 목적을 위해 조직차원에서 마련하는 제도나 정책을 의미한다. 조직체제는 기본적으로 조직문화를 구현하기 위한 일련의 실천도구이기 때문에 위에 거론된 모든 조직문화적 요소들에 영향을 줄 수 있는 근본적인 제도로 구성되어야 한다.

ESSENTIAL

이렇다면 조직체제 관점의 문제다

CRM 관련 임원조차 CRM이 무엇인지 잘 모르는가? 새로운 CRM 전략을 수행하려면 거쳐야 할 결재단계와 협력절차가 복잡한가? CRM을 하기 전의 업무방식이 훨씬 빠르고, 편하다고 생각하는가? 실무자들이 CRM을 열심히 해봤자 본인에게는 별반 도움이 될 것이 없다고 생각하는가? 이러한 신호가 있다면 CRM 실패의 원인은 조직체제의 문제일 것이다.

CRM을 위해 고려해야 할 조직체제에는 조직구조, 교육·훈련, 그리고 성과보상제도 등이 있다.

조직구조

CRM 전략을 운영하기 위해서는 당연히 CRM을 위한 조직이 필요하다. 자사에 적합한 효과적인 CRM 조직구성을 위해 CRM을 담당할 조직의 규모와 위치(혹은 소속)를 고려해야 한다.

■ **CRM 조직의 규모** 기업의 CRM 전략은 작게는 개별 담당자나 3~4명 내외의 파트로, 크게는 10명 이상의 팀이나 부서(혹은 본부) 단위로 운영될 수 있다. 아직 사업규모가 작거나 CRM에 대한 전략적 위상이 크지 않은 기업의 경우 CRM 담당자나 CRM 파트 수준으로 기본적인 고객 데이터 관리나 비정형적인 고객관리업무를 수행할 수 있으나, 조직의 규모가 커지고 고객접점 기능이 많아지거나 멤버십 프로그램과 같은 정형적인 CRM 프로그램이 운영될 경우 팀이나 부서(혹은 본부) 단위 수준으로 CRM 조직을 구성

해야 한다. CRM 팀과 CRM 부서는 조직원의 규모에 의해서도 차이가 나지만, 다음에 설명할 CRM 조직의 소속(혹은 위치)에 따라 CRM 업무의 적용범위에서 차이가 난다.

■ CRM 조직의 위치 CRM 기능은 기업의 상황에 따라 마케팅이나 영업, 서비스 부서단위의 하위 조직으로 구성할 수도 있고, 이들 부서와는 별개의 독립된 팀 혹은 부서단위로 둘 수도 있다. 하위조직 형태의 예시로, CRM을 마케팅과 밀접한 업무라고 규정한 기업의 경우 마케팅 본부 산하에 CRM 팀을 구성할 수 있고(대개는 B2C 사업의 경우), 영업이 더 중요한 기업의 경우에는 영업본부 산하에 CRM의 기능을 둘 수 있다(대개는 B2B 사업의 경우). 그리고, CRM의 위상이 전사범위에 걸치는 고객전략 수준으로 격상된 기업의 경우에는 마케팅, 영업, 서비스 부서와는 별도로 CRM 조직을 구성함으로써 이러한 기존 부서들과 협력체계를 모색하는 경우도 있다.

한편, 이미 앞에서 논의한 바와 같이, 최근에는 오히려 고객전략의 역할을 마케팅, 영업, 서비스를 총괄하는 기능으로 보고 해당 부서들의 상위조직으로 구성하여 전사적인 관점의 고객정책을 개발·전파할 수 있는 조직구조로 변화시키는 기업이 늘어나고 있는 추세이다.

어떤 조직구조가 CRM에 더 적합하다는 결론을 내릴 수는 없을 것이다. 그렇지만, 최소한 CRM을 고객전략으로 인식하고, 고객에 대한 업무의 범위가 광범위해질수록 담당자나 파트 규모

수준에서 팀 혹은 부서 규모 수준으로, 하위조직 형태에서 독립조직 혹은 총괄조직 형태로 점차 변모해가야 하는 것은 분명하다.

ESSENTIAL

CRM은 마케팅인가, 영업인가, 고객서비스인가?

이와 같은 고리타분한 논쟁은 CRM을 기존의 가치사슬(value chain)에 기반한 기능적 조직구조에 끼워 맞추려는 오류에서 기인한다. CRM은 고객을 얻기 위한, 그리고 그 고객을 유지하고 상호 간의 관계를 강화시켜 나가는 기업활동의 총체이다. 따라서, CRM 전략이 어느 부서기능에 속해야 하는지는 기업이 속한 상황에 따라 달라질 수 있다. 그렇지만 장기적으로는 CRM 또는 고객전략부서가 마케팅, 영업, 고객서비스의 상위 정책조직으로 운영되는 것이 바람직하다.

교육 및 훈련

CRM 전략은 기존에는 없던 새로운 경영활동을 모색하는 경우도 있지만, 기존의 업무방식과는 사뭇 다른 새로운 방법을 취해야 하는 경우도 많다. 이 때문에 CRM을 추진하는 초기에는 조직 내부적으로 저항이나 반발이 일 수 있다. 따라서, CRM 전략이 조직 구성원 개개인의 수준까지 반영되도록 하기 위해서는 적절한 교육 및 훈련 프로그램이 필요하다.

CRM 교육 및 훈련의 목적은 직원들이 새로운 전략과 시스템을 어떻게 잘 활용할 수 있는지를 학습시키는 데 있다. 하지만 직원들의 자발적인 CRM 참여를 독려하는 동기부여의 목적도 매우 중요하다. 따라서, CRM에 관련된 교육·훈련은 CRM 수행에 필요한 직무교육뿐 아니라, CRM의 중요성과 필요성을 조직 전반적으로 전파하는 일종의 내부 캠페인 활동으로 정의할 수 있다.

ESSENTIAL

CRM은 누가 배워야 하는가?

CRM이 시스템이고, 분석기법이라면 해당 직무를 담당하는 직원에게만 CRM 교육을 제공하면 된다. 그렇다면 다음의 현상은 무엇으로 설명할 수 있을까? 국내 최대 규모의 그룹사 중 하나는 매년 계열사의 전체 임원들을 대상으로 진행하던 Marketing Intensive 교육 프로그램에서 최근 CRM의 비중을 가장 높게 할당하였다. 생명·화재·증권·투신·카드 등 5개의 금융기업을 보유한 국내 한 금융그룹은 2008년부터 5개사 전체 신입사원을 대상으로 직무 종류에 관계없이 CRM을 신입사원 필수 연수과정에 편입시켰다. 기업 온라인 교육 배급사들을 통해 국내 50여 개 사에 동시에 공급되고 있는 온라인 CRM 강좌의 수강직원 중 절반 이상은 CRM이나 마케팅 부서와는 전혀 관계 없는 직무의 임직원들이었다.

성과보상제도

교육을 통해 CRM에 대한 긍정적인 공감대가 형성되어도 CRM 전략이 직원들에 대한 성과보상제도와 연결되지 않는다면 실질적인 직원들의 행동변화를 유도하기 어렵다. 이를 위해 기업에서 다양한 방식의 인센티브제도를 개발하여 직원들의 CRM 참여를 유도하고 있다. 그러나, 인센티브제도는 직원들의 CRM 활동을 독려하기 위하여 몇 가지 CRM 활동지표를 수립하고, 이 기준에 도달하는 직원들에게 포상의 개념으로 재무적·비재무적 인센티브를 부여하는 단기적인 이벤트성 제도이다. 이러한 인센티브제도는 CRM

도입 초기에 중요한 역할을 하지만 문제는 CRM에 관련된 성과평가 및 보상정책이 인센티브제도 수준에서 계속 머무르게 된다는 점이다. 따라서, 기업이 CRM 중심적인 기업문화로 변모하기 위해서는 단기적인 인센티브 프로그램보다는 CRM 활동에 대한 과정과 성과를 개인의 직무평가 및 인사고과에 반영할 수 있도록 성과평가제도로 발전시켜야 한다. 가령, 콜센터 직원에 대한 기존의 성가평가 기준이 하루에 처리하는 콜(call)의 수였다면, CRM 중심의 성과평가 기준은 응대하는 고객의 고객서비스 만족도나 담당 직원이 관리하는 고객 풀(pool)에 대한 유지율과 같이 전반적인 고객관리의 성과지표로 전환되어야 함을 의미한다.

정보시스템

CRM 시스템을 CRM 전략과 동일한 것으로 간주하여 CRM 시스템의 구축이 곧 CRM 전략의 구현이라는 접근방식은 문제가 있지만, 정보시스템이 기업의 경영전략을 효과적으로 지원할 수 있는 주요 조직역량 요소 중 하나인 것은 사실이다. 따라서, CRM 시스템을 CRM 전략 수행의 지원도구로 바라보되, 이것을 자사의 환경과 업무요건에 맞도록 효과적으로 구축하는 것이 중요하다.

ESSENTIAL

이렇다면 정보시스템 관점의 문제다

CRM 전략을 수립하기 위해 기본적으로 제공되어야 할 고객정보가 부족하거나, 오류가 많은가? 전체 CRM 솔루션 패키지 기능 가운데 극히 일부분만 사용하고 있는가? 고객관련 정보시스템들이 분리되어 있어 통일된 관점의 전략 수립이 불가능한가? CRM 전략을 수행할 때 수작업의 비율이 많은가? 고객 접점에서 통일된 고객정보와 가이드를 참조할 수 없는가? 이러한 신호가 있다면 CRM 실패의 원인은 정보시스템 관점의 문제일 것이다.

기업의 CRM 전략에 부합하는 효율적인 정보시스템을 구축하기 위해서는 시스템의 구성요건, 시스템의 품질, 그리고 시스템의 직무 적합성을 고려해야 한다.

시스템의 구성요건

CRM 시스템은 우선 조직의 CRM 전략에서 필요로 하는 모든 기능적 요구사항을 충족시켜야 한다. 자사의 CRM 전략에 비해 CRM 시스템의 기능이 너무 크다면 불필요한 자원낭비이고, 반대로 너무 작다면 필요에 따라 시스템 개발 요건이 계속 늘어날 것이다. 따라서, CRM 솔루션을 성공적으로 구축하기 위해서는 시스템의 구성요건(configuration)이 자사의 CRM 전략범위에 부합해야 한다는 것이다. 이를 위해 고려 중인 정보시스템이 제공하는 기능적인 범위와 깊이, 그리고 기존 레거시 시스템(Legacy system)과의 연계 및 통합성을 반드시 검토해야 한다.

시스템의 품질

정보시스템의 품질 평가는 경영정보시스템(MIS: Management Information Systems) 분야에서 가장 오랫동안, 그리고 가장 활발하게 연구해 온 주제 중 하나다. 그만큼 정보시스템의 품질은 정보시스템의 성공적인 구축에서 빼놓을 수 없는 주요 기준으로 고려해야 한다는 것이다. CRM 시스템에서도 이 점은 예외가 아니다. CRM 솔루션의 기능적 범위와 깊이가 충분하고, 다른 시스템과의 통합성이 우수해도 정작 그 시스템의 질적 측면에서 떨어지면 조직의 CRM 전략을 효과적으로 지원할 수 없기 때문이다. 정보시스템의 품질은 시스템의 안정성이나 호환성, 속도와 같은 시스템 자체의 품질뿐만 아니라, 그 시스템이 제공해주는 정보의 정확성이나 적시성 같은 정보의 품질 또한 고려되어야 한다

시스템의 직무 적합성

과거에는 위에서 논의된 두 가지 정보시스템의 기준요건인 정보시스템의 구성요건과 품질만으로도 훌륭한 정보시스템의 조건을 갖추었다고 말할 수 있었다. 그러나, 지금은 무엇보다 시스템의 직무 적합성(fitness)이 더 중요한 조건으로 부각되고 있다. CRM 시스템의 직무 적합성은 해당 시스템의 직무 활용 정도나 직무 영향력, 그리고 시스템의 사용자 만족도 등으로 평가될 수 있다. CRM 시스템의 적합성이 높아지기 위해서는 정보시스템 구축과정 이전에 CRM 전략이 사전에 정의되어야 하고, 이를 기반으로 한 사용자의 시스템적 요구사항이 반영되어야 한다. 개발과정에서도 향후 CRM 시스템을 이용할 실무자가 개발과정에 지속적으로 참여할

수 있도록 TFT에 포함시켜야 한다.

ESSENTIAL

성공적인 CRM 시스템 구축의 제1원칙

성공적인 정보시스템 구축을 위해서 고려해야 할 요소는 너무나 많다. 그러나, 그 중 한 가지만 먼저 고르라면, 기업이 추진할 CRM 전략을 명확하게 구체화한 이후에 시스템을 고려하라는 것이다. 쉽게 말해 무엇을 할 것인지 결정하고 나서 그 일을 지원할 도구를 고려해야 한다는 말이다. 너무나 단순한 원칙이지만, 너무나 자주 위배되는 원칙이기도 하다.

17

개인정보의 활용과 보호*

CRM이 기존 경영전략에 비해 보다 정교하고 과학적일 수 있는 이유는 고객의 개인정보를 수집할 수 있는 채널과 기술이 발전했기 때문일 것이다. 정보기술이 급속히 발전하면서 기업은 고객에 대한 빅데이터(big data)를 수집하고, 이를 분석하여 고객의 상황과 니즈에 보다 밀접한 접근을 시도하고 있으며, 이러한 빅데이터 분석 기반의 경영전략은 CRM이라는 기업의 고객전략을 보다 강력하게 만들고 있다. 그러나, 나무가 크면 그늘도 큰 법. 기업이 수집하는 고객의 개인정보가 증대하면서 보다 고객지향적인 기업활동이 가능해진 반면, 한편으로는 개인정보의 유출사고나 개인의 프라이버시 침해 가능성과 같은 고객정보 활용에 대한 부정적인 이슈도 늘 존재해 왔다. 만약 개인정보 유출과 프라이버시 침해와 같은 사회적인 우려가 CRM 활동을 통해 기업과 고객이 얻는 가치보다

---

* 본 장은 2014년 사단법인 한국CRM협회가 수행한 미래창조과학부의 "개인정보 보호와 활용에 대한 정책 연구" 결과물의 일부를 참고하여 작성하였다.

크다는 인식이 커진다면 빅데이터 분석이든 CRM 전략이든 개인정보를 기반으로 한 과학적 경영전략은 설 자리를 잃어갈 수밖에 없을 것이다. 따라서, 개인정보를 취급하는 조직이라면 개인정보를 수집·활용하는 과정에서 발생할 수 있는 문제는 무엇인지, CRM과 관련된 개인정보 관련 법규와 제도는 무엇이 있는지, 그리고 나아가 안전한 개인정보 활용을 위해 개인정보 관련 당사자로서 기업과 개인이 취해야 할 노력에는 무엇이 있는지 고민해보는 것이 필요하다.

■■ 개인정보 관련 사고의 유형

'개인정보'라 함은 개인정보보호법을 통해 '살아 있는 개인(자연인)에 관한 정보로서 성명, 주민등록번호 및 영상 등을 통하여 개인을 식별할 수 있는 정보'라고 정의하고 있다. 여기에서 개인을 식별할 수 있는 정보란 개별 정보만으로는 특정 개인을 알아볼 수 없더라도 다른 정보와 쉽게 결합되어 그 개인을 알아볼 수 있는 정보 역시 포함한다. 이러한 고객의 개인정보는 기업의 활동에 의해 고객으로부터 직접 수집되기도 하고, 고객이 인식하지 못하더라도 다양한 채널과 방식에 의해 자동적으로 수집될 수 있다. 이러한 개인정보는 기업의 CRM 활동에 근간이 되는 자원으로서 그 활용가치가 높지만, 한편으로는 개인의 사생활 침해와 개인정보를 악용한 각종 사고와 범죄가 발생할 수 있기 때문에 개인정보의 보호는 매우 중요하다. 기업에서 개인정보에 관련된 사고의 유형은 크게 개인정보의 유출과 프라이버시 침해로 구분할 수 있다.

개인정보의 유출

기업에서 발생할 수 있는 고객의 개인정보 관련 사고 유형 중 가장 자주 발생하는 사고가 고객정보의 유출이다. 개인정보 유출사고는 크게 내부인에 의한 정보유출과 외부인에 의한 도난사고에 의해 발생한다. 기업 내부인에 의한 개인정보 유출은 마케팅, CRM 혹은 정보시스템 부서 등 고객정보를 직접 관리하거나 활용하는 직원이 일정의 목적을 가지고 의도적으로 유출하거나 관리 소홀로 인해 외부로 반출되는 것을 말한다. 2014년 국내 신용카드 3사에서 1억 4백만 건의 개인정보가 유출된 사고나 2013년 일본의 JR동일본이라는 철도회사가 결제기술 협력사인 히타치에 JR 정기권 이용자들의 개인정보를 제공한 사건이 내부인에 의한 정보유출 사고에 해당한다.

한편, 외부인에 의한 개인정보 도난사고는 주로 해킹이나 크래킹 기술을 활용하여 조직의 정보시스템 보안망을 뚫고 개인정보를 빼내는 행위를 의미한다. 2014년 KT 홈페이지 고객 1,200만 명의 개인정보 유출사고나 네이버의 개인계정 560만 개가 유출되어 무단 도용된 사건, 미국에서 CRM 분석을 통한 과학적인 개인화 추천사례로 유명한 타깃(Target) 쇼핑몰의 1억 1,000명의 개인정보 및 결제정보 도난사건, 그리고 무국적 해커 조직인 어나니머스(Anonymous) 해커그룹이 소니를 대상으로 DDos 공격을 하여 서버를 다운시키고, 고객 데이터베이스를 해킹하여 회원정보 7,700만 건을 빼낸 사건이 대표적인 외부세력에 의한 고객정보 유출사건이다.

내부인에 의한 유출이든 외부세력에 의한 도난이든 개인정보 유출사고가 발생하면 대개 큰 사회적 이슈로 부각되기 때문에 개인들의 실질적인 피해 여부와 관계없이 기업의 CRM 활동이나 빅데이터 분석활동은 크게 위축된다. 기업의 개인정보 취급에 대한 보다 엄격한 규제가 필요하다는 사회적 이슈가 강조되고, 보다 까다로운 보안기술의 적용이 부각되기 때문이다. 그러나, 엄밀히 말해 지금까지 발생한 개인정보 유출사고는 개인정보 관련 법규나 정보기술적인 해결방안으로는 방지되기 어렵다. 이것은 사실 고객정보라는 기업의 내부 자원이 유출된 도난사고이기 때문에 영업기밀 유출과 같은 형사법의 차원에서 다루어지는 게 마땅하다.

ESSENTIAL

규제와 기술로 개인정보 유출을 막을 수 있을까?
한마디로 불가능하다. 개인정보 취급에 관한 법적 규제가 아무리 강화되더라도 작정한 도둑의 심리를 누를 수 없고, 보안기술이 아무리 발전해도 해커들은 곧바로 그 기술을 격파할 수 있는 해킹기술을 개발하기 때문이다.

프라이버시의 침해

개인정보 활용에 관련된 또 다른 사고의 유형이 개인의 프라이버시, 즉 사생활의 침해이다. 프라이버시 침해는 개인의 의사에 반하는 개인정보 활용에 의해 개인의 사적인 부문이 노출되어 개인의 존엄성이 저하되거나 피해를 입은 경우를 의미한다. 프라이버시는 주체를 식별할 수 있는 개인을 대상으로 하지만, 자기 정보에 대한 통제권이라는 적극적인 의미를 갖고 있으므로 어떤 정보가 비록 사소하다 하더라도 정보주체의 의사에 반하는 경우라면 보호 대상에 해당된다. 이에 미국은 1980년 '사생활보호법(Privacy Protection Act)'을 제정하여 연방정부나 주정부가 공공에게 유포할 목적으로 어떤 자료를 조사·이용하는 것을 불법화하도록 법령을 제정하였다. 한국도 '개인정보보호법'을 통해 개인의 프라이버시 보호방안을 강구하고 있다. 개인정보에 관련된 프라이버시 침해 유형은 크게 과도한 개인정보 수집, 개인정보 수집 목적의 미고지, 정보주체의 동의 없는 개인정보의 제3자 제공 등이 있다.

프라이버시 침해의 논란이 많았던 가장 대표적인 사례는 고객이 스스로 입력한 개인정보나 사용자 PC의 쿠키정보를 활용하여 고객들의 취향이나 니즈를 유추하고, 이에 따라 글이나 광고를 게시하는 활동이다. 구글(Google)에서 고객들의 검색어 이력이나 사용자의 이메일 콘텐츠 분석을 통해 연관된 상품이나 서비스의 링크를 제공하는 것도 같은 맥락에서 이해할 수 있다. 이런 활동들이 프라이버시 침해로 판단될 수 있는 이유는 쿠키 설정을 사용자가 직접 할 수 있고, 각종 고객정보를 자발적으로 제공했다 하더라도 이를 상업적으로 활용하는 점에 대해 명시적인 동의를 구하지는 않았기 때문이다. 게다가 개인에게서 수집한 이용자 정보를 종종 금전적인 대가를 받고 다른 광고주나 기업에 제공하는 행위는 프라이버시 침해를 넘어 개인정보의 유출사고에 직결됨으로써 더 큰 문제를 야기할 수 있다.

한편, 개인의 프라이버시 침해논란은 스마트폰 사용자의 폭발적인 증가에 의해 더욱 심화되고 있다. 사용자들은 스마트폰을 통해 매우 다양한 커뮤니케이션과 정보서비스 혜택을 누리고 있지만, 스마트폰을 사용하는 행위 자체에서 개인의 특성 정보가 발생하기 때문에 기업은 더욱 개인화된 취향에 맞추어 서비스를 제공할 수 있는 기반이 마련된 반면에, 개인의 프라이버시를 침해할 소지가 매우 커졌다는 사회적 우려가 커지고 있다.

가령, 스마트폰 사용의 확대에 따라 사용자가 폭발적으로 늘고 있는 페이스북(Facebook)의 경우, 로그인되어 있는 8억 명의 방문기록을 바탕으로 개인화된 맞춤 정보를 제공하고, 표적 광고의 기반으로 활용하고 있다. 그러나 로그아웃된 이후에도 사용자에 대한 정보 추적이 가능하다는 주장이 불거지면서 프라이버시 침해 논란이 발생하였고, 결국 2012년 캘리포니아의 연방법원에 150억 달러 규모의 손해배상 소송을 당한 바 있다. 또한, 페이스북의 개인정보와 포스퀘어(위치정보 알림 서비스 어플)의 위치정보를 결합하여 주변에 있는 여자들의 위치와 신상정보를 알려주는 '내 주변 여자(Girls Around Me)' 앱의 경우, 이용자가 공개에 동의한 정보와 포스퀘어에서 체크인한 위치정보를 활용하기 때문에 불법적인 요인은 없으나 미국과 유럽에서 프라이버시 침해라는 여론이 거세게 들끓자 결국 이 서비스를 폐쇄하게 되었다.

개인정보 활용에 의한 프라이버시의 침해는 개인정보의 유출사고처럼 명백한 범죄행위라고 판단하기는 어려울 뿐더러 프라이버시에 대한 기준 역시 개인에 따라 다르게 생각할 수 있기 때문에 논란의 소지는 여전히 많다. 가령, 범죄 예방과 보안을 위해 거리 곳곳에 설치해 둔 방범용 CCTV조차 일부에서는 지나친 프라이버시 침해라는 주장을 하고 있다. 그러나, 한 가지 분명한 것은 전 세계적으로 빅데이터의 수집과 활용이 점차 가속화되고 있는 시기에 과거와 같은 수준의 사생활 보호는 쉽지 않을 것이라는 점이다. 사실 과거와 같은 사생활의 수준은 정보기술이 덜 발달되었기 때문에 '단절'될 수 있었던 시대적 상황이 있었기에 가능한 것이었다. 관련하여 일부 전문가들은 향후 10여 년 후에는 개인의 프라이버시 자체가 존재하지 않을 것이라는 극단적인 주장도 제기하고 있으며, 일부 부유층에서만 과거와 같은 개인의 프라이버시를 영위할 수 있을 것이라는 씁쓸한 전망도 제기하고 있다.

국가별 기업의 개인정보 활용 수준

국가별로 개인정보를 보호하는 법이나 정책의 수준이 다르기 때문에 각 나라에 속한 기업들 역시 고객정보의 활용 특성이 달라지게 된다. 크게 미국, 유럽, 일본의 개인정보보호체계나 활용수준의 특징을 살펴보고, 우리나라는 어느 수준인지 비교해보자.

미국

미국은 지금까지 개인정보의 완벽한 보호보다는 개인정보를 활용한 기업의 입장에 초점이 맞춰진 시스템과 정책을 운영해 왔다. 즉, 정부 및 기업의 개인정보 이용의 효율성과 이익이 개인의 자기결정권보다 중요하게 평가되었던 것이다. 따라서, 미국의 개인정보보호와 관련된 법체계는 특정 영역이나 업종별로 마련된 개별법에 의한 규제를 받는 부문별 법제 방식을 취하고 있다. 또한, 개인정보에 관련된 행정기관 역시 우리나라와 같은 중앙의 정보보호기구가 존재하는 것이 아니라, 독립기관인 연방거래위원회(FTC)가 소비자의 프라이버시 보호 관점에서 정보보호 직무를 담당하고 있을 뿐이다.

이에 따라 미국은 지금까지 개인정보의 수집과 활용에 대해서는 다른 어떤 국가보다도 앞서 가는 기술력을 보유해 왔던 것이 사실이다. 미국은 국가보안과 테러방지를 위해 국내외 금융 시스템상의 모든 개인과 기관에 대한 금융거래 관련 빅데이터를 수집 분석하고 있으며, 필박스(Pillbox)라는 프로젝트를 통해서 수천만 종에 달하는 의약품 정보를 일반인이 효과적으로 검색할 수 있게 함으로써 대국민 의료서비스의 혁신 기반을 제공하고 있다. 또한, 상거래 영역에서 Target이나 Amazon과 같은 유통기업은 고객 관련 빅데이터 분석과 알고리즘을 통해 고객의 마음까지 꿰뚫는 개인화된 상품추천으로 이미 과학적인 CRM 활동의 대명사로 알려진 지 오래다.

최근에는 스마트 공개라는 제도를 통해 국민들의 개인정보를 보다 효율적으로 공유하고 활용할 수 있는 기반을 마련하고 있다. 스마트 공개란 기계 또는 시스템이 판독할 수 있는 표준화된 형식으로 개인의 정보를 적시에 제공하는 기반을 의미하는데, 가정의 에너지 사용량에 대한 정보를 확인할 수 있도록 정보를 제공하는 기능인 Green Data Button, 환자가 자신의 의료정보를 쉽게 다운받아 자신의 주치의나 기타 관련 기관에 제공할 수 있도록 하는 기능인 Blue Data Button, 그리고, 학생들이 자신의 학적기록을 다운로드하여 제3자와 공유할 수 있도록 하는 기능인 MyData Button을 포함한다.

한편, 이렇게 개인정보의 수집과 활용에 대해 비교적 긍정적인 입장을 가지고 있던 미국에서도 최근 몇 년간 개인정보 유출사고와 프라이버시 침해 관련 소송이 잇따라 발생하면서 일부에서는 미국이 지나치게 기업 입장에서 개인정보보호제도를 구축했다는 문제점을 제기하고 있다. 이에 미국에서도 최근에는 개인정보에 대한 보호 인식이 강해지고 있으며, 현재 프라이버시 및 개인정보보호에 관련된 입법활동이 활발하게 진행되고 있는 실정이다.

유럽

유럽은 미국과는 반대로 프라이버시를 엄격히 수호해야 하는 기본인권 중 하나로 간주하여 강력하게 개인정보를 보호하고 있다. 유럽에서는 정보의 주체, 즉 개인이 자신의 정보 삭제를 요청하는 경우 더 이상 해당 정보를 보유해야 할 합당한 근거가 존재하지 않는 한 정보처리자는 그의 요청에 따라야 한다는 '잊혀질 권리(right to be forgotten)'를 매우 중요시하고 있다. 따라서, 미국과 달리 기업보다는 프라이버시를 보호받을 권리가 있는 개인에게 더 무게 중심을 두는 것이 특징이다.

이렇게 유럽지역의 전반적인 개인정보보호에 관한 보수적인 입장은 관련법의 제정과 운영방식에서도 나타나고 있다. 지금까지 유럽연합(EU)은 유럽 전체에 영향을 미칠 수 있는 헌장·조약·지침 등을 통해 개인정보보호에 대한 기본적인 틀을 제공해 왔으며, 이를 바탕으로 유럽연합의 각 회원국이 개별법으로 개인정보보호법률을 제정하고 시행해 왔다. 즉, 유럽연합이 중앙에서 개인정보보호지침을 각국에 전달하면 각국은 그 기조에 맞춰 국가별 개인정보보호법을 제정하고, 구체적인 실행을 위해 중앙의 개인정보보호기구를 두는 이른바 하향식(top-down) 시스템을 운영해 왔다.

그러나, 유럽지역에서도 정보기술의 발전으로 인한 기업의 개인정보 수집 및 분석능력이 중요시되고 있는 시점에서 강력한 개인정보의 보안과 프라이버시 보호라는 과거의 입장만을 고수할 수는 없게 되었다. 개인정보의 수집 활용에 대한 강력한 제한은 곧 기업 경쟁력의 약화를 초래할 수 있고, 이는 곧 상대적으로 개인정보 활용 역량이 뛰어난 미국 기업에 비해 점차 글로벌 경쟁력을 잃어갈 수도 있다는 것을 의미하기 때문이다. 이에 영국을 비롯한 유럽의 각 국가들은 기업의 개인정보 수집 및 활용의 수준이 점점 높아지고 있는 점을 인정하여 개인의 인권과 기업의 경쟁력을 동시에 고려하기 위해 다각도로 노력하고 있다.

가령, 영국의 'midata'라는 캠페인 프로그램은 'Better Choices: Better Deals'라는 모토를 앞세워 기업이 개인정보 활용을 통해 더 나은 상품과 서비스로 고객에게 다가갈 수 있다는 점을 부각하면서 기업이 관리하고 있는 고객정보를 해당 고객에게 제공함으로써 고객이 직접 자신의 정보에 접근하여 수정할 수 있도록 하였다. 이 캠페인은 개인정보에 관한 기존의 보수적인 관점에서 벗어나 적절한 방식에 의하여 개인정보를 취급하면 기업과 개인, 그리고 정부가 함께 시너지를 창출할 수 있다는 가능성을 피력하고 있다는 점에서 의미가 있다.

일본

일본 역시 유럽과 마찬가지로 개인의 정보에 대해 비교적 강력한 법적·제도적인 보호정책을 수립해 왔다. 일본의 개인정보보호법은 크게 공공 및 민간에 공통으로 적용되는 부분과, 민간사업자의 의무를 정한 부분으로 구성되어 있다. 일본은 일반법 차원의 개인정보보호법을 기반으로 민간 부문에서 22개 분야에 35개 '개인정보보호 가이드라인'이 작성되었으며, 각 영역의 개인정보 취급 사업자는 해당 분야의 가이드라인에 따라 개인정보보호정책을 수행하도록 하고 있다. 일본 정부가 제시하는 개인정보보호의 원칙은 크게 수집제한의 원칙, 이용제한의 원칙, 개인 참여의 원칙, 적정 관리의 원칙, 그리고 책임 명확화의 원칙 등으로 세분화됨으로써 개인정보에 대한 관리운영지침이 비교적 상세하게 규정되어 있다는 것을 알 수 있다. 그러나, 일본은 개인정보보호만을 전담하는 별도의 독립감독기관은 존재하지 않는다. 내각부에서 공공·민간 부문을 총괄하는 일본 전체의 개인정보보호제도를 제정하고 있으며, 총무성에서는 특별히 행정기관 및 독립행정법인 등에 대한 개인정보보호 담당업무를 책임지고 있다.

한편, 일본에서도 개인의 프라이버시에 대한 이슈가 높아지고 있음에도 불구하고, 개인정보 활용에 대한 과도한 제한은 일본의 전반적인 산업 발전을 저해한다는 비판이 일면서 개인정보에 대한 보호와 활용을 주장하는 양쪽의 의견이 팽팽하게 맞서고 있는 실정이다. 이러한 과정에서 일본 정부는 2013년 9월 IT 종합 전략본부 산하 사무국인 '개인정보 검토회'를 설립하여 기업의 개인정보 활용과 보안이라는 양쪽 측면을 동시에 고려하는 정책을 개발하고 있다. 이 기관에서는 기업이 안전하면서도 효율적인 개인정보의 수집과 활용이 가능하도록 체계적인 가이드라인을 제공하는 동시에, 개인정보에 관련된 분쟁이 발생했을 때 제3자의 위치에서 이에 관한 행정처리를 담당할 수 있는 전담기구 설치를 모색하고 있으며, 관련 법안 제출도 기획하고 있다.

한국

우리나라의 개인정보 수집과 활용에 대한 수준은 지금까지 미국과 유럽의 중간 정도 수준이었다. IT 강국으로 거듭난 우리나라에서 소비자들의 다양한 정보는 세계 어느 나라보다 용이하게 획득 활용할 수 있는 기술적 기반이 자리잡은 반면에, 주민등록번호라는 독특한 개인식별체계가 존재하기 때문에 다른 나라보다 엄격한 개인정보보호제도가 존재해 왔던 것이 사실이다. 최근에는 지난 몇 년간 연달아 발생한 개인정보 유출사고들로 인해 개인정보보호에 대한 제도적 규제가 더욱 강화되고 있는 실정이다.

가령, 2012년에 개인정보보호법이 시행되면서 금융·신용, 정보통신, 교육, 의료 등의 각 분야별로 존재하던 개별 개인정보 관련법이 모든 산업을 총괄하는 일반법의 기준을 따르는 하향식 제도로 전환됨으로써 산업의 유형에 관계없이 개인정보에 대한 보호와 처리 규제가 강화되었으며, 2014년 8월부터는 정보 주체의 동의가 있다 하더라도 기업이 개인의 주민등록번호를 수집하거나 활용하는 일이 불가능해졌다.

사실 우리나라가 가진 주민등록번호 시스템은 주민등록번호 자체가 나이, 성별, 출생지 등의 개인 신상정보를 내포하고 있고, 각 기관에서 관리하고 있는 개인의 학력·재산·건강 등의 민감정보 체계에 접근할 수 있는 주요 단초를 제공하기 때문에 개인정보에 관련된 각종 사고의 위험이 존재해 왔다는 점에서 주민등록번호 수집 및 활용에 대한 규제 강화는 바람직한 것으로 평가되고 있다. 그러나, 주민등록번호 수집 및 활용 규제 외에도 현재의 개인정보보호에 관련된 법적·제도적인 규제는 기업에 필요한 개인정보의 취급과 열람, 분석 및 활용에 대한 광범위한 제약이 가해지고, 기업에 강력한 의무와 책임을 부여하고 있을 뿐, CRM과 같은 빅데이터 기반의 경영전략에 대해서는 이렇다 할 가이드라인이나 대책이 고려되고 있지 않기 때문에 국가산업발전의 저해요인이 될 가능성이 높다는 지적을 받고 있는 것이 사실이다.

ESSENTIAL

개인정보보호와 활용에 대한 균형적인 시각
개인정보 수집과 활용이 비교적 자유로웠던 미국은 조금 더 보수적인 관점으로 바뀌고 있고, 비교적 까다로운 법적·제도적인 장치로 개인정보 수집과 활용이 쉽지 않았던 유럽과 일본은 산업발전이라는 목표 아래 보다 진보적인 방향으로 전환되고 있다. 우리나라도 개인정보보호와 활용이라는 양쪽의 이슈를 함께 고려한 균형 잡힌 정책이 필요하다.

개인정보보호를 위한 법률과 인증제도

개인정보보호 관련 법체계의 변화

우리나라에서는 1994년에 제정·시행된 '공공기관의 개인정보보호에 관한 법률'이 개인정보보호에 관련된 최초의 법률이라고 할 수 있다. 이 법률은 공공기관에서 개인정보보호를 위한 기반 및 역량 강화, 정보 주체인 국민의 권익 보호, 개인정보 처리단계별 관리업무 등의 3가지 기본 내용을 중심으로 구 행정안전부에서 총괄하여 17년간 유지되었다. 그러나, 당시 이 법률은 정부 부처별로 적용되는 개별법에 의해 개인정보를 관리함으로써 규제의 사각지대가 발생하는 문제점이 나타나고, 점차 민간기업에서도 개인정보보호의 중요성이 높아짐에 따라 공공과 민간부문을 아우르는 일반법의 필요성이 제기되어 2011년 9월 개인정보보호법으로 대체되었다. 개인정보보호법을 통해 공공과 민간부문의 모든 개인정보처리자가 개인정보보호 조치를 의무적으로 이행하도록 제도화하여 과거 개인정보 관련 법률의 사각지대 문제를 해소하였다.

한편, 현재 우리나라의 개인정보 관련 법규는 공공·민간 부문과 전체 산업영역을 총괄하는 개인정보보호법 이외에도 정보통신·금융·의료·교육 등 분야별로 개별 개인정보 관련 법규가 있다. 따라서, 특정 산업의 경우 해당 산업에 적용되는 개별법과 일반법인 개인정보보호법의 두 가지 기준을 따라야 하는 혼란이 올 수 있다. 이에 따라 개인정보보호법 제6조에서는 산업별로 개인정보보호에 관련된 특별한 규정이 있는 경우 해당 조항을 우선적으로 적용 받도록 규정하였다. 즉, 개인정보보호법은 일반법으로서 전체를 포괄하되, 정보통신망법과 같은 특별법이 존재하는 경우 정보통신 관련 산업체들은 정보통신망법에서 규정하는 개인정보보호 규정에 우선 적용된다. 가령, 2014년 8월 개정안 시행 전까지 개인정보보호법에서는 주민등록번호 수집을 금지하는 규정이 없었지만, 정보통신망법에서는 이미 온라인상에서의 주민등록번호 수집을 금지하고 있었기 때문에 인터넷 쇼핑몰과 같은 온라인 서비스 업체들은 개인정보보호법 개정안이 시행되기 전부터 개인의 주민등록번호 수집이 금지되었다.

개인정보보호법과 CRM

공공 및 민간부문을 총괄하는 일반법으로서의 개인정보보호법을 조금 더 자세히 알아보자. 2011년에 처음 시행되고, 2012년 개정된 개인정보보호법은 총 9장 75조로 구성되어 있으며, 주요 내용으로는 개인정보에 관한 주요 사항을 심의 및 의결하는 기능을 수행하는 개인정보보호위원회의 설치, 개인정보 생명주기 단계별 보호기준 마련, 주민등록번호 등 고유식별 정보의 처리 제한, 영상정보

처리기기의 설치 및 운영 제한, 개인정보의 안전한 관리를 위한 개인 정보 영향평가제도의 도입, 개인정보 유출 사실에 대한 통지 및 신고제도 도입, 정보 주체의 권리행사 방법에 대한 규정, 그리고 개인정보 관련 집단분쟁 조정제도와 단체소송제도의 도입 등의 내용을 포함하고 있다.

우리나라의 개인정보보호법이 규정하는 개인정보란 '살아 있는 개인에 관한 정보로서 성명, 주민등록번호 및 영상 등을 통하여 개인을 알아볼 수 있는 정보(해당 정보만으로는 특정 개인을 알아볼 수 없더라도 다른 정보와 쉽게 결합하여 특정 개인을 알아볼 수 있는 것을 포함한다.)'를 의미한다. 따라서, 개인정보는 성명, 주민등록번호, 생년월일 등의 인적 사항뿐만 아니라, 개인의 신념 · 성향 · 종교 등을 포함하는 매우 광범위한 개념이라고 할 수 있다. 한편, 안전행정부에서 제시하는 개인정보의 유형과 종류는 아래와 같다.

[개인정보 유형별 분류기준]

유형	개인정보의 종류
인적 사항	성명, 주민등록번호, 주소, 본적지, 전화번호 등 연락처, 생년월일, 출생지, 이메일 주소, 가족관계 및 가족 구성원 정보 등
신체적 정보	[신체정보] 얼굴, 지문, 홍채, 음성, 유전자정보, 키, 몸무게 등 [의료 · 건강 정보] 건강상태, 진료기록, 신체장애, 장애등급, 병력 등
정신적 정보	[성향정보] 도서, 비디오 등 대여기록, 잡지구독정보, 물품구매내역, 웹사이트 검색내역 등 [내면의 비밀 등] 사상, 신조, 종교, 가치관, 정당, 노조가입 및 활동내역 등

재산적 정보	[개인금융정보] 소득, 신용카드번호, 통장 계좌번호, 동산, 부동산 보유내역, 저축내역 등 [신용정보] 개인신용평가정보, 대출 또는 담보설정 내역, 신용카드 사용내역 등
사회적 정보	[교육정보] 학력, 성적, 출석성향, 자격증 보유내역, 상벌기록, 생활기록부 등 [법적정보] 전과, 범죄기록, 재판기록, 과태료 납부내역 등 [근로정보] 직장, 고용주, 근무처, 근로경력, 상벌기록, 직무평가기록 등 [병역정보] 병역 여부, 군번, 계급, 근무부대 등
기타	전화통화내역, IP 주소, 웹사이트 접속내역, 이메일 또는 전화 메시지, 기타 GPS 등에 의한 개인 위치정보 등

(출처: 안전행정부)

한편, 우리나라를 포함한 OECD(경제협력개발기구)에 가입된 회원국의 개인정보보호는 OECD가 제시한 개인정보보호 8원칙에 따라 지켜져야 한다. OECD의 개인정보보호 8원칙은 1) 수집 제한의 원칙, 2) 정보 정확성의 원칙, 3) 목적 명시의 원칙, 4) 이용 제한의 원칙, 5) 안전성 확보의 원칙, 6) 공개의 원칙, 7) 개인참가의 원칙, 그리고 8) 책임의 원칙을 포함한다. 이를 요약하자면 개인정보의 수집에 있어서 목적 범위 내에서 고객의 사전 동의를 얻어 자유롭게 처리하되 해당 본인에게는 투명한 공개를 해야 하며, 제3자에게는 엄격한 열람을 규제해야 한다는 것을 주요 내용으로 하고 있다. OECD의 개인정보보호 8원칙 중 기업의 마케팅이나 CRM 활동에 직접적으로 관련된 우리나라의 개인정보보호법 조항들과 CRM 및 빅데이터 기반 산업경쟁력 강화를 위해 고려되어야 할 개선사항은 다음과 같다.

■ **제3조 제1항** 우리나라의 개인정보보호법 제3조 1항에서는 "개인정보 처리자는 개인정보의 처리 목적을 명확하게 하여야 하고 그 목적에 필요한 범위에서 최소한의 개인정보만을 적법하고 정당하게 수집하여야 한다."라고 규정되어 있으며, 이는 곧 OECD의 개인정보보호 8원칙 중 수집 제한의 원칙에 해당하는 내용이다. 본 조항에서는 가능한 최소한의 개인정보만을 수집해야 한다고 명시되어 있지만, 이는 최대한의 정보 수집과 활용을 필요로 하는 CRM이나 빅데이터 경영의 개념에는 다소 상충되는 부분이 있으며, 수집 가능 정보의 범위에도 다소 모호성이 존재한다. 따라서, 개인정보 수집의 사전동의 제도와 개인정보 삭제 청구권의 실효성을 확고히 함으로써 CRM 활용에 전제되는 정보 수집을 허용하는 방향으로 해석할 수 있는 가이드라인이 필요하다.

■ **제3조 제2항** 개인정보보호법 제3조 2항에서는 "개인정보 처리자는 개인정보의 처리 목적에 필요한 범위에서 적합하게 개인정보를 처리하여야 하며, 그 목적 외의 용도로 활용하여서는 아니 된다."라고 규정되어 있으며, 이는 OECD의 개인정보보호 8원칙 중 목적명시의 원칙과 이용제한의 원칙에 관련된 내용이다. 그러나, CRM과 같은 데이터사이언스 기반의 경영전략에서는 직접 수집되는 개별 정보항목들만을 사용할 뿐만 아니라, 정보항목들의 적절한 조합에 의해 처음에는 의도하지 않았던 새로운 가치를 창출하는 것을 주요 목표로 삼는 만큼 처음부터 정보활용 목적을 구체적으로 명시하는 데 한계가 있다. 따라서, 사전에 고객에게 동의를 얻은 목적 범위 외의 사용은 원칙적으로 금지해야 하지만, 목적의

범위를 지나치게 구체적으로 적시할 필요 없이 다소 완화된 기준을 적용할 수 있도록 탄력적인 운용이 가능하도록 해야 한다.

제4조 제2항 개인정보보호법 제4조 2항에서는 "정보 주체는 자신의 개인정보 처리와 관련하여 개인정보의 처리에 관한 동의 여부, 동의 범위 등을 선택하고 결정할 권리를 가진다."라고 규정하고 있다. 이 조항은 OECD의 개인정보보호 8원칙 중 개인참가의 원칙에 해당하는 내용으로서, 개인정보보호 수집과 활용을 하기 위해 사전에 동의를 구하도록 하는 옵트인(opt-in) 제도를 구체화한 것이라고 할 수 있다. 그러나, 이 조항 역시 문자 그대로 해석하여 CRM에 적용하기에는 한계가 있다. 개인정보의 다양한 조합에 의해 창출될 수 있는 새로운 활용범위에 대해 개인이 일일이 결합 가능성과 정도를 결정해야 한다면 개인에게 매우 번거로운 일이 될 수 있거나, 아니면 고객정보 활용이 지나치게 제한될 가능성이 높아지기 때문이다. 따라서, 개인정보의 성질과 활용 가능 범위에 따라 옵트인 제도를 탄력적으로 설정할 수 있는 별도의 가이드라인이 필요하다.

제17조 제1항 개인정보보호법 제17조 1항에서는 "개인정보 처리자는 정보 주체의 동의를 받은 경우와 수집 목적 범위 내에서 개인정보를 제공하는 경우에 정보 주체의 개인정보를 제3자에게 제공 및 공유할 수 있다."라고 규정하고 있으며, 이는 OECD의 개인정보보호 8원칙 중 이용 제한의 원칙과 관련된 내용이라고 할 수 있다. 이 조항의 경우 동일 그룹 내의 계열사 간 통합 로그인이

가능한 패밀리 사이트 제도에서도 정보공유에 대한 고객들의 별도 동의가 필요한가 아닌가에 대한 의문이 존재한다. 현재 규정에 의하면 원칙적으로는 같은 그룹 내의 계열사라고 하더라도 사업범위가 다를 경우 제3자에 해당하므로 정보 주체의 동의 없이 정보를 공유하게 되면 형사법에 의거한 처벌을 받게 된다. 따라서, 멤버십 프로그램과 같은 이종 업체 간 전략적 제휴가 활발히 일어나고 있는 현재의 경영환경에 맞도록 현재의 제17조 1항의 내용이 다소 완화될 필요가 있다.

제18조 제2항 우리나라의 개인정보보호법 제18조 2항에서는 "개인정보 처리자는 제3자의 이익을 부당하게 침해할 우려가 있을 때를 제외하는 경우로서, 특정 개인을 알아볼 수 없는 형태로 개인정보를 제공하는 경우, 정보 주체로부터 별도의 동의를 받은 경우와 통계작성 및 학술연구 등의 목적을 위하여 필요한 개인정보를 목적 외의 용도로 이용하거나 이를 제3자에게 제공할 수 있다."고 명시하였으며, 이 조항 역시 OECD의 개인정보보호 8원칙 중 이용 제한의 원칙과 관련된 내용이라고 할 수 있다. 즉, 식별이 불가능하도록 고객 정보를 비식별화 및 익명화한다면 정보 제공자로부터 별도의 동의가 없이도 개인정보를 통계작성 및 학술연구로 처리가 가능하다는 것이다. 그러나, 다변량 통계분석기법을 통해 개인을 추정할 수 있는 통계처리도 존재한다는 점과 영리사업을 촉진하는 산학협력 형태의 학술연구 주제도 존재한다는 점 때문에 이 조항에 의한 목적 외 활용범위의 규정은 다소 모호할 수 있다. 따라서, 기업이 수행할 수 있는 개인정보 활용을 통한

통계처리의 수준과 학술연구의 범위를 보다 명확히 규정할 필요가 있다.

> ESSENTIAL
>
> **귀에 걸면 귀걸이, 코에 걸면 코걸이**
>
> 기업의 CRM 관련 임직원들이 종종 우리나라의 개인정보보호법에 대해 얘기하는 아쉬움의 표현이다. 현재 우리나라의 개인정보보호법은 OECD가 제시하는 개인정보보호 8원칙을 충실히 따르고 있지만, 빅데이터 기반의 경영 관점에서 개인정보 자체의 범위와 수집가능 범위, 활용목적의 범위, 제3자의 범위, 그리고 목적 외 활용의 범위 등에서 모호함이 존재하는 것이 사실이다. 국내의 경영환경을 반영하고, 앞서가는 IT 기술 기반의 산업경쟁력을 든든히 뒷받침해줄 수 있도록 관련 법규 조항의 명확화나 개인정보 활용에 대한 가이드라인 개발이 절실하다.

개인정보보호를 위한 기업 인증제도

법규를 준수하는 것 외에도, 개인정보보호에 대한 기업의 적극적인 노력을 평가하고 인증하기 위한 제도적 장치도 마련되어 있다. 현재 국내에서 시행하고 있는 정보보호에 관련된 인증제도는 ISMS, PIMS, 그리고 PIPL 등 총 세 가지다.

■ **ISMS(Information Security Management System)** 기업의 정보보호 대책들이 유기적이고 통합적으로 구성되어 운영되는지에 대해 한국인터넷진흥원(KISA)이 평가하여 적합 여부를 보증해주는 제도이다. 조직에 적합한 정보보호를 위한 정책 및 조직을 수립하였는지 여부와 위험관리·대책구현·사후관리 등의 정보보호

관리과정에 대한 객관적이고 독립적인 평가가 이루어진다. 그러나, ISMS는 엄밀히 말해 개인정보보호에 관련된 인증제도라기보다는 기업이 취급하는 정보자산이라는 포괄적인 대상물에 대한 인증제도로서 정보관리에 대한 안전성 및 신뢰성을 향상시키고, 정보보호서비스 산업의 활성화가 주요 취지라고 할 수 있다.

■ **PIMS(Personal Information Management System)** 기업이 개인정보 보호활동을 체계적이고 지속적으로 수행하기 위해 필요한 보호조치 체계를 구축하였는지를 평가하여 인증을 부여하는 제도로서 ISMS와 마찬가지로 한국인터넷진흥원에서 주관하고 있다. 기업이 자율적으로 심사를 신청하는 '기업자율제도'인 PIMS에서는 기업이 개인정보보호를 위해 무엇을(what to do), 어떻게(how to do) 조치하여야 하는지에 대한 기준과 가이드라인을 제시하는데 그 목적이 있으며, 인증제도의 객관성 및 신뢰성 확보를 위해 인정기관, 인증위원회, 그리고 인증기관을 분리하여 운영하고 있다. PIMS의 인정기관은 방송통신위원회가, 인증위원회는 관련 분야의 업계, 학계, 정부기관의 전문가 집단이, 그리고 인증기관으로 한국인터넷진흥원이 담당하고 있다.

■ **PIPL(Personal Information Protection Level)** PIPL은 개인정보보호법을 준수해야 하는 기업 및 공공기관이 필수조치사항을 이행하고, 일정한 보호수준을 갖춘 경우 인증마크를 부여하는 제도로서 한국정보화진흥원(NIA)에서 주관하고 있다. PIPL의 인증 취지가 PIMS와 유사하지만, PIMS의 경우 '정보통신망 이용 촉진

및 정보보호 등에 관한 법률'을 기준으로 심사항목을 구성하고 있어, 정보통신망법 적용대상이 아닌 경우에는 PIMS 인증을 획득하기 어렵다. 그러나, PIPL은 일반법인 개인정보보호법을 기준으로 심사항목을 구성하고 있기 때문에 개인정보보호법을 적용 받는 조직이라면 해당 인증을 받을 수 있다.

ESSENTIAL

개인정보의 마케팅 활용 관점의 인증제도 필요

개인정보보호를 위한 법적·기술적 요건 충족을 중심으로 운영되고 있는 현재의 인증제도 외에도 안전한 빅데이터 경영을 촉진할 수 있도록 고객정보의 마케팅 활용 관점의 인증제도가 필요하다. 이러한 인증제도는 아마도 고객정보를 수집하고, 활용하는 수준에 따라 기업을 유형화할 수 있고, 각 유형에 따라 필요한 관련 법규 조항, 기업 내부의 기술 및 정책, 업무 프로세스, 그리고 교육 및 훈련 등에 대한 가이드라인을 체계적으로 제공할 수 있어야 할 것이다.

■■ 안전한 개인정보 활용을 위한 노력

아무리 개인정보보호에 관련된 법적·제도적·기술적인 발전이 이루어진다고 하더라도, 개인정보의 취급 당사자인 기업과 개인정보의 제공 당사자인 개인의 노력이 없다면 개인정보 유출과 프라이버시의 침해와 같은 개인정보 관련 사고는 끊임없이 일어날 수밖에 없다. 개인정보가 존재하는 한 이러한 사고는 앞으로도 발생할 수 있겠지만, 기업과 개인의 노력 여하에 따라 그 정도는 확연히 줄어들 수 있다.

기업의 노력

고객의 개인정보를 취급하는 기업은 무엇보다 고객 개인정보가 정보 주체의 것이고, 사업자는 서비스를 제공하기 위해 이용자의 고객정보를 수집·이용할 뿐이라는 사실을 언제나 명심하여 다음과 같은 권고사항을 준수하도록 노력해야 한다.

■ **직접 수집항목의 단편화** 우리나라는 세계 어느 나라보다 개인의 정보를 과도하게 직접적으로 요구하는 경우가 많다. 최근 들어 개인정보의 직접 획득항목 수준이 낮아진 것은 사실이지만, 다른 나라에 비해 여전히 많은 정보를 요구하고 있으며, 이는 기업의 분석 역량을 오히려 떨어뜨리게 된다. 따라서, 고객을 통해 직접적으로 획득하고자 하는 개인정보 항목은 가급적 단편화하되, 고객과의 관계진화 단계에 따라 점진적으로 정보획득을 추구하거나, 고객접점채널을 통해 유입되는 고객의 행태 데이터를 분석하여 고객지식을 확대시켜 나가는 것이 필요하다.

■ **접근권한 최소화** 기업은 개인정보에 대한 접근권한을 최소한의 인원으로 제한하여 정보가 유실될 가능성을 배제하는 노력을 해야 한다. 일반적인 기업에서 개인정보에 대한 접근권한을 가진 대상은 (1) 고객을 직접적인 대상으로 마케팅 업무를 수행하는 자, (2) 개인정보 관리 책임자 및 담당자, (3) 개인정보 관리업무를 수행하는 자, 그리고 (4) 기타 업무상 개인정보의 취급이 불가피한 자로 구분할 수 있다.

정보이용 및 보유기간 설정 및 즉시 파기 기업은 수집된 개인정보를 회원의 탈퇴 시 또는 동의 철회 시까지만 이용 보관하며, 수집 및 이용 목적이 달성된 후에는 회원의 개인정보를 지체 없이 파기해야 한다. 다만, 상법·전자상거래 등에서의 소비자보호에 관한 법률 등 관련 법령의 규정에 의하여 보존할 필요성이 있는 경우에는 예외로 할 수 있다.

정보의 이력 추적 관리 기업은 문서의 유통 이력 및 경로를 추적·관리하고, 정보의 변경이력 추적관리 및 증빙체계를 수립해야 한다. 이를 기반으로 고객의 정보확인 요구에 신속하게 대응하고, 증빙자료를 제출함으로써 고객에게 개인정보 보안에 대한 신뢰감을 제공할 수 있어야 한다.

정보보호 인증제도 취득 및 지속적 관리 개인정보보호에 대한 기업의 노력이 유효한 수준인지를 객관적으로 판단하고, 지속적인 유지·관리를 위해 공인된 기관의 인증제도를 취득하려는 노력이 필요하다. 이러한 인증획득은 고객의 개인정보를 안전하게 보호하기 위한 다양한 보호대책을 지속적으로 관리·운영하고 있음을 보여주는 것이다. 그럼으로써 개인정보보호에 대한 객관성 및 신뢰성이 확보될 수 있기 때문이다.

적절한 보안기술의 활용 개인정보의 수집 및 관리 수준에 따라 암호화, 방화벽, 침입탐지시스템, 혹은 전사통합보안관리시스템 등과 같은 보안기술을 적절히 활용해야 한다.

■ **내부직원 교육 강화** 개인정보 유출사고의 많은 경우가 내부직원의 직접적인 소행이거나, 최소한 간접적인 공조로 이루어지는 것으로 나타났다. 직원 개인의 심리를 완벽하게 통제할 수는 없겠지만, 최소한 안전한 개인정보 취급방법과 조치사항, 그리고 개인정보보호법을 포함한 관련 법규와 위반 시의 처벌 내용 등에 대한 강력한 보안교육이 지속적으로 제공되어야 한다.

개인의 노력

개인정보보호의 근본적인 의미가 자신에 관한 정보가 언제, 어떻게, 그리고 어느 범위까지 타인에게 전달되고 이용될 수 있는지를 그 정보 주체가 스스로 결정할 수 있는 권리인 "개인정보 자기결정권"을 보장하는 것이니만큼, 개인정보보호를 위해서는 개인의 노력도 필수적이다. 개인정보보호를 위한 개인의 노력으로서 관련 분야 전문가들은 개인정보를 제공하는 서비스 이용자의 수칙을 권장하고 있으며, 정보 주체로서 개인이 주장할 수 있는 권리를 숙지하고 있을 것을 당부하고 있다.

개인정보 제공자에게 권장되는 서비스 이용자 수칙에는 다음과 같은 내용을 포함한다.

- 개인정보 제공은 필요한 경우에만 제공한다.
- 개인정보 제공 시 기업의 개인정보보호방침을 반드시 확인한다.
- 개인정보의 공개, 비공개를 선택할 수 있는 경우 반드시 비공개를 선택한다.
- 블로그, 게시판 등에 자신 및 타인의 개인정보를 함부로 게재하

지 않는다.

- 주기적으로 검색 포털을 통해 자신의 이름, 핸드폰 번호 등을 검색하여 개인정보 노출 여부를 점검한다.
- 자신의 개인정보가 노출된 사실을 발견했을 경우 해당 웹사이트 또는 검색포털 사이트 등에 삭제 요청 등 적극적으로 조치를 요구한다.

한편, 개인의 동의를 바탕으로 기업에 정보를 제공한 경우라도 개인정보보호법이나 신용정보의 이용 및 보호에 관한 법률, 혹은 신용정보업 감독규정 등에 따라 정보 주체로서의 권리가 보장되어 있는 만큼 관련 내용을 파악하고 있는 것도 개인정보보호를 위한 개인의 노력 중 하나라고 볼 수 있다. 개인정보보호를 위한 정보 주체의 권리를 요약하면 다음과 같다.

[개인정보 제공자로서의 정보 주체의 권리]

정보 주체의 권리	내용	법적 근거
개인(신용)정보 열람 및 정정·삭제 요구권	본인의 개인(신용)정보에 대한 열람을 요구할 수 있는 권리 및 자신의 개인(신용)정보를 열람한 후 사실과 다르거나 확인할 수 없는 개인(신용)정보에 대하여 정정 또는 삭제를 요구할 수 있는 권리	개인정보보호법 제35조, 제36조
신용정보 제공사실 통보 요구권	신용정보회사 등이 본인에 관한 신용정보를 제공한 경우 제공받은 자, 신용정보회사 등에 제공한 신용정보의 주요 내용, 제공받은 자, 이용 목적 등의 통보를 요구할 수 있는 권리	신용정보의 이용 및 보호에 관한 법률 제35조

신용정보 열람 및 정정요구권	신용정보회사 등이 보유하는 본인의 신용정보의 제공 또는 열람을 요구할 수 있는 권리 및 본인의 신용정보가 사실과 다른 경우 이에 대한 정정을 요구하고, 정정 처리결과에 이의가 있는 경우 금융위원회에 시정조치를 요구할 수 있는 권리	신용정보의 이용 및 보호에 관한 법률 제38조
개인정보의 처리 정지 요구권	가입 신청 시 동의한 본인 개인(신용)정보의 제3자 제공 등 영업목적의 사용에 대하여 전체 또는 사안별로 처리의 정지를 요구할 수 있는 권리	개인정보보호법 제37조 제1항, 정보통신망 이용촉진 및 정보보호 등에 관한 법률 제30조 제1항, 신용정보의 이용 및 보호에 관한 법률 제37조

한편, 개인정보보호법 제37조 제2항에서는 이러한 정보 주체로서의 개인의 처리정지 및 요구권도 거절될 수 있음을 시사하고 있다. 법률에 특별한 규정이 있거나, 법령상의 의무를 준수하기 위하여 불가피한 경우, 다른 사람의 생명·신체를 해할 우려가 있거나 다른 사람의 재산과 그 밖의 이익을 부당하게 침해할 우려가 있는 경우, 그리고 개인(신용)정보를 처리하지 아니하면 정보 주체와 약정한 서비스를 제공하지 못하는 등 계약의 이행이 곤란한 경우로서 정보 주체가 그 계약의 해지 의사를 명확하게 밝히지 아니한 경우에 해당한다.